"十三五"国家重点出版物出版规划项目

现代机械工程系列精品教材

新工科·普通高等教育汽车类系列教材

智能车辆控制基础

黄妙华　喻厚宇　裴晓飞　刘建国　秦　岭　编著

机械工业出版社

本书力求在阐明车辆控制基本知识的基础上，紧密结合车辆控制技术的发展，联系科研实际，对智能车辆控制涉及的基本理论及关键技术做出全面论述。本书主要分为控制原理、智能车辆运动控制和智能车辆感知与决策三大部分内容，共分7章。第1章主要为智能车辆控制理论基础，第2章到第4章为车辆纵向、横向、垂向及综合运动控制等内容，第5章至第7章分别为智能车辆决策控制、智能车辆感知系统和智能车辆定位导航。

本书可作为车辆工程专业课程教材，也可作为自动化、计算机等专业的参考教材，还可供从事智能车辆相关工作的技术人员阅读参考。

本书配有PPT课件，采用本书作为教材的教师，可以登录www.cmpedu.com注册下载，或联系编辑（tian. lee9913@ 163. com）索取。

图书在版编目（CIP）数据

智能车辆控制基础/黄妙华等编著. —北京：机械工业出版社，2020.8
（2025.3重印）

"十三五"国家重点出版物出版规划项目　现代机械工程系列精品教材
新工科·普通高等教育汽车类系列教材

ISBN 978-7-111-66213-6

Ⅰ.①智…　Ⅱ.①黄…　Ⅲ.①智能控制-汽车-高等学校-教材
Ⅳ.①U46

中国版本图书馆 CIP 数据核字（2020）第 137388 号

机械工业出版社（北京市百万庄大街 22 号　邮政编码 100037）
策划编辑：宋学敏　责任编辑：宋学敏　尹法欣
责任校对：樊钟英　封面设计：张　静
责任印制：邰　敏
北京中科印刷有限公司印刷
2025 年 3 月第 1 版第 3 次印刷
184mm×260mm·15.75 印张·385 千字
标准书号：ISBN 978-7-111-66213-6
定价：42.00 元

电话服务　　　　　　　　网络服务
客服电话：010-88361066　机 工 官 网：www.cmpbook.com
　　　　　010-88379833　机 工 官 博：weibo.com/cmp1952
　　　　　010-68326294　金 书 网：www.golden-book.com
封底无防伪标均为盗版　机工教育服务网：www.cmpedu.com

前　言

随着科学技术的飞速发展，人工智能技术、互联网技术、5G 技术突飞猛进，新能源汽车产业被列为《中国制造 2025》及"互联网+"重点领域，发展新能源汽车和汽车智能化对满足国家发展战略需求，促进我国产业转型升级具有重大战略意义。

国民经济转型升级，极大地促进与推动了科技创新，并为汽车产业的发展带来了前所未有的机遇。智能网联汽车产业作为新兴产业，是全球创新热点和未来产业发展的制高点，是国际公认的未来发展方向和关注焦点，在教育领域属于涉及汽车、电子、通信、交通、自动化等专业交叉的新工科范畴，将控制理论、人工智能应用于车辆工程的重要性日益突出，且智能车辆发展人才奇缺。在武汉理工大学相关学院的大力支持下，对"智能车辆控制基础"课程、教材及国家级在线课程资源库进行了同步建设。

智能车辆控制与传统车辆控制有较大区别，传统车辆上人的感知和控制在智能车辆上是由机器来完成的。因此，本书除了讲述传统车辆纵向、横向和垂向控制外，还专门讲述了替代人的感知和控制的机器视觉、决策和控制。

本书由黄妙华教授，喻厚宇、裴晓飞、刘建国、秦岭副教授共同编写。具体编写分工如下：第 1 章、第 4 章、第 7 章由黄妙华编写，第 2 章由裴晓飞编写，第 3 章由喻厚宇编写，第 5 章由秦岭编写，第 6 章由刘建国编写。武汉理工大学智能车实验室研究生刘若璎、黄文锦、夏志远、童祺堃、杭鹏、柳子晗、王玉玖为部分章节的编写工作提供了支持。

在本书的编写过程中，编者参考了大量国内外发表的资料，在此向相关作者表示感谢，同时感谢机械工业出版社的大力支持。

由于编者经验不足，水平有限，时间仓促，书中难免还存在不少错误或不妥之处，恳请广大读者批评指正，我们将不胜感激并持续改进。

编　者

第1章

m	质量	$G_{\mathrm{B}}(\mathrm{j}\omega)$	系统的闭环频率特性
c	黏性阻尼系数	$n(t)$	干扰信号
k	弹簧刚度	$N(s)$	$L[n(t)]$
R	电阻	n	单独使用时一般表示转速
C	电容	ω	角速度
L	电感	T	时间常数或时间
K	增益或放大系数	τ	延迟时间或时间
$f(t)$	外力	ω_{n}	无阻尼固有频率
$L[\cdot]$	拉普拉斯变换	ω_{d}	有阻尼固有频率
$F[\cdot]$	傅里叶变换	ω_{T}	转角频率
$x_{\mathrm{i}}(t)$	输入（激励）	ω_{g}	相位交接频率
$X_{\mathrm{i}}(s)$	$L[x_{\mathrm{i}}(t)]$	ω_{c}	增益交接频率或剪切频率
$x_{\mathrm{o}}(t)$	输出（响应）	ω_{b}	截止频率
$X_{\mathrm{o}}(s)$	$L[x_{\mathrm{o}}(t)]$	ω_{r}	谐振频率
$X_{\mathrm{i}}(\mathrm{j}\omega)$	$F[x_{\mathrm{i}}(t)]$	ξ	阻尼比
$X_{\mathrm{o}}(\mathrm{j}\omega)$	$F[x_{\mathrm{o}}(t)]$	M_{r}	相对谐振峰值
$\delta(t)$	单位脉冲函数	M_{p}	超调量
$u(t)$	单位阶跃函数	M_{g}	增益裕度
$r(t)$	单位斜坡函数	γ	相位裕度
$\omega(t)$	单位脉冲响应函数	u	电压
$G(s)$	传递函数或前向通道传递函数	i	一般表示电流
$G(\mathrm{j}\omega)$	频率特性	$\varepsilon(t)$	偏差
$H(s)$	反馈回路传递函数	$E(s)$	$L[\varepsilon(t)]$
$H(\mathrm{j}\omega)$	反馈回路频率特性	$e(t)$	误差
$B(s)$	闭环系统反馈信号	$E_{1}(s)$	$L[e(t)]$
$G_{\mathrm{K}}(s)$	系统的开环传递函数	$\varphi,\ \theta$	一般表示相位
$G_{\mathrm{B}}(s)$	系统的闭环传递函数	$x^{*}(t)$	$x(t)$ 采样后的时间序列
$G_{\mathrm{K}}(\mathrm{j}\omega)$	系统的开环频率特性	f_{s}	采样频率

$Z[\cdot]$	Z 变换	$G(z)$	离散系统的传递函数
$X(z)$	$Z[x(t)]$		（或称脉冲传递函数）

第 2 章~第 4 章

u	纵向车速	m_T	车辆总质量
v	横向车速	m_h	簧上质量
r	横摆角速度	I_z	车辆绕 z 轴转动惯量
Φ	车身侧倾角	I_x	车辆绕 x 轴转动惯量
δ	前轮绕主销转向角	I_{xz}	车辆绕 xz 轴惯性积
β	车身质心侧偏角	a	质心至前轴距离
L	轴距	b	质心至后轴距离
φ	转向盘转角	h	侧倾力臂
R	车辆转弯半径	B_r	后轮距
U_{wi}	第 i 轮轮心线速度	B_f	前轮距
R_i	第 i 轮转弯半径	$C_{\phi 1}$	前悬架侧倾角刚度
ω_{wi}	第 i 轮角速度	$C_{\phi 2}$	后悬架侧倾角刚度
r_{wi}	第 i 轮滚动半径	D_f	前悬架侧倾角阻尼系数
K	稳定性因数	D_r	后悬架侧倾角阻尼系数
T_{sw}	驾驶人施加在转向盘上的转向转矩	E_f	前侧倾转向系数
ΔF_{x1}	左右前轮纵向力差	E_r	后侧倾转向系数
ΔF_{x2}	左右后轮纵向力差	k_f	前轮有效侧偏刚度
η	质量分配系数	k_r	后轮有效侧偏刚度
$\rho(3)$	车辆绕 z 轴的惯性半径	i_s	转向系统传动比
N_c	控制时域	I_{sw}	转向盘转动惯量
N_p	预测时域	α_{sc}	转向柱与 z 轴夹角
a_y	侧向加速度	I_s	前轮绕主销转动惯量
μ	路面附着系数	k_w	转向系统阻尼系数
V	合成车速	C_w	转向系统对车身刚度
T	前视时间	D_w	回正力臂
t_d	驾驶人神经系统的反应滞后时间	e	前轮印迹中心与主销接
T_h	驾驶人手臂与转向盘惯		地点的横向偏距
	量等的反应滞后时间		

第5章~第7章

k_1	引力场中位置增益系数	SGD	随机梯度下降算法
ρ_0	障碍物的影响距离常数	TSR	道路交通标识识别
k_B	玻尔兹曼常数	CTSD	中国交通标识数据集
ρ_1	斥力场中位置增益系数	L_K	车宽
d_{min}	目标车辆与障碍物间的最短距离	L_f	车辆前悬
E	温度 T 时的内能	R_{min}	车辆最小转弯半径
Δt	衰减因子	DSI	视差空间图像
ΔE	温度 T 时的内能改变量	AD	灰度值的绝对值差
L_c	车长	SAD	灰度值的绝对值差值之和
L	车辆轴距	ZSAD	零均值灰度值的绝对值差值之和
L_r	车辆后悬	TAD	截断上限灰度值的绝对值差值
R_M	车辆的后轴中点的转弯半径	NCC	归一化交叉相关
ADAS	高级驾驶辅助系统	CT	统计变化
GPS	全球定位系统	CCC	交叉比较统计
GLONASS	全球卫星导航系统	SVM	支持向量机
GALILEO	欧洲全球定位系统	RANSAC	随机抽样一致算法
INS	惯性导航	VPP	消失点预测
DR	航迹推算	FCN	全卷积网络
MM	地图匹配	HOG	方向梯度直方图
SLAM	同时定位与地图创建	Gamma	亮度与输入电压的非线性关系
NIR	近红外光	LBP	局部二值模式
LDW	车道偏离预警	SIFT	尺度不变特征变换
FCW	前方碰撞预警	SURF	加速稳健特征算法
AEBS	自动紧急制动系统	ORB	快速特征点提取和描述的算法
CCD	电荷耦合器件	AP	平均精度
CMOS	互补金属氧化物半导体传感器	FPS	每秒帧率
IR	红外传感器	RPN	区域提案网络
WTA	赢家通吃	CRT	霍夫圆变换
LRC check	左右一致性检测		
MF	中值滤波		

目　录

第1章

智能车辆控制理论基础

本章首先介绍了智能车辆广义概念以及智能车辆控制系统整体框架,其次分析了控制系统基本知识、系统分类以及控制系统的基本要求,然后介绍了控制系统的数学模型概念,以及模型建立的方法,最后介绍了系统的时频响应的基本组成以及响应的特点。

1.1 智能车辆控制系统概述

1.1.1 智能车辆定义

智能车辆(intelligent vehicle, IV)是搭载先进的车载传感器(雷达、摄像)、控制器、执行器等装置,并融合现代通信与网络技术,实现车与 X(人、车、路、后台)等的智能信息交换共享,具备复杂的环境感知、智能决策、协调控制和执行等功能,可实现安全、舒适、节能、高效行驶,并最终可替代人来操作的新一代汽车。智能车辆是一个广义的概念,自动驾驶(autonomous drive, AD)、无人驾驶汽车(driverless cars, DC)、自主驾驶汽车(self-driving automobile, SA)、智能网联汽车(intelligent connected vehicle, ICV)、先进驾驶辅助系统(advanced driver assistance system, ADAS)都属于智能车辆的范畴。智能车辆是集传感技术、自动控制、人工智能、信息融合、视觉计算、组合导航等技术于一体的智能化系统,智能车辆不仅具有加速、减速、转向、制动、前进、后退等常规车辆的功能,还具有车道跟踪、车距保持、定速巡航、环境感知、路径规划及跟随、自主决策等类似人类的智能行为。

智能车辆既可以是传统的内燃机汽车,也可以是新能源汽车。智能车辆的广义概念如图 1-1 所示,图中横坐标是消耗电能的程度,纵坐标是智能化程度,清楚地表达了传统内燃机汽车、新能源汽车及智能汽车之间的相互关系。从消耗电能的程度可以看出,不消耗电能的是传统内燃机汽车,按消耗电能的多少可以分成弱混、中混和强混合动力汽车,全部用电的是纯电动汽车。

智能车辆按智能化程度分为五级:

(1) 0级无智能化阶段 由驾驶人时刻完全地控制汽车的原始底层结构,包括制动器、转向器、加速踏板以及起动机,也就是大部分没有任何辅助驾驶功能的传统汽车和新能源汽车。

(2) 1级辅助驾驶阶段 该层级汽车具有一个或多个特殊自动控制功能,通过警告防范车祸于未然,如先进驾驶辅助系统(ADAS)、车道偏离警告系统(lane departure waring, LDW)、正面碰撞警告系统(forword collision waring, FCW)、盲点信息系统(blind spot information system, BLIS)。

(3) 2级半自动驾驶阶段 该层级汽车具有至少两个原始控制功能融合在一起实现的系

统，完全不需要驾驶人对这些功能进行控制，如紧急自动制动系统（autonomous emergence braking，AEB）、紧急车道辅助系统（emergence lane assistance，ELA）。

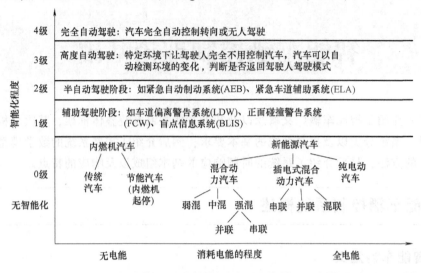

图1-1　智能车辆的广义概念图

（4）3级高度自动驾驶阶段　该层级汽车能够在某个特定的驾驶交通环境下让驾驶人完全不用控制汽车，而且汽车可以自动检测环境的变化以判断是否返回驾驶人驾驶模式。

（5）4级完全自动驾驶阶段　该层级汽车完全自动控制车辆，全程检测交通环境，能够实现所有的驾驶目标，驾驶人只需提供目的地或者输入导航信息，在任何时候都不需要对车辆进行操控。

1.1.2　智能车辆控制系统整体框架

从智能化程度由0级到4级也可以看出，智能车辆是在现在车辆控制技术之上新增一些替代人的技术达到完全自动驾驶。智能车辆新增了哪些技术？智能车辆控制系统整体构架又是如何？图1-2给出了智能车辆整体框架，智能车辆控制系统整体构架主要包括采用线控底盘的车辆平台、硬件、软件和云服务平台，而基础编程能力是智能车辆控制系统的基础，放在这里是为了更清楚地说明这是基础，智能车辆控制系统的学习建立在此基础上。

除了云服务平台在云端工作外，线控底盘在车上，剩下的软、硬件模块如果实时运行在车上，称为自主驾驶；如果实时运行在路侧或云端，称为网联驾驶。

软件平台最为重要，其分为三层，最底层是实时操作系统（real time operation system，RTOS），第二层是运行软件所需的框架环境（runtime framework），上层是各个子模块［地图引擎、定位（第7章）、感知（第6章）、规划及控制（第5章）、端到端、人机界面］。

硬件平台包含了控制器（上层）、GPS/IMU、HMI device（显示器）、激光雷达（Li-DAR）、摄像头（camera）、毫米波雷达（radar）和black box（黑匣子），也包含线控驱动车辆（drive-by-wire vehicle）（下层）。

采用线控底盘的车辆平台主要包括车辆电子控制系统和车载语音交互系统，采用AU-TOSAR（automotive open system architecture）汽车开发系统构架，它定义了支持分布式的、功能驱动的汽车电子软件开发方法和电子控制单元上的软件构架标准化方案。车辆电子控制系统包括转向系统控制（车辆纵向运动控制，第2章）、动力系统控制和制动系统控制（车辆横向运动控制，第3章）、悬架系统控制（车辆垂向运动控制，第4章）等。

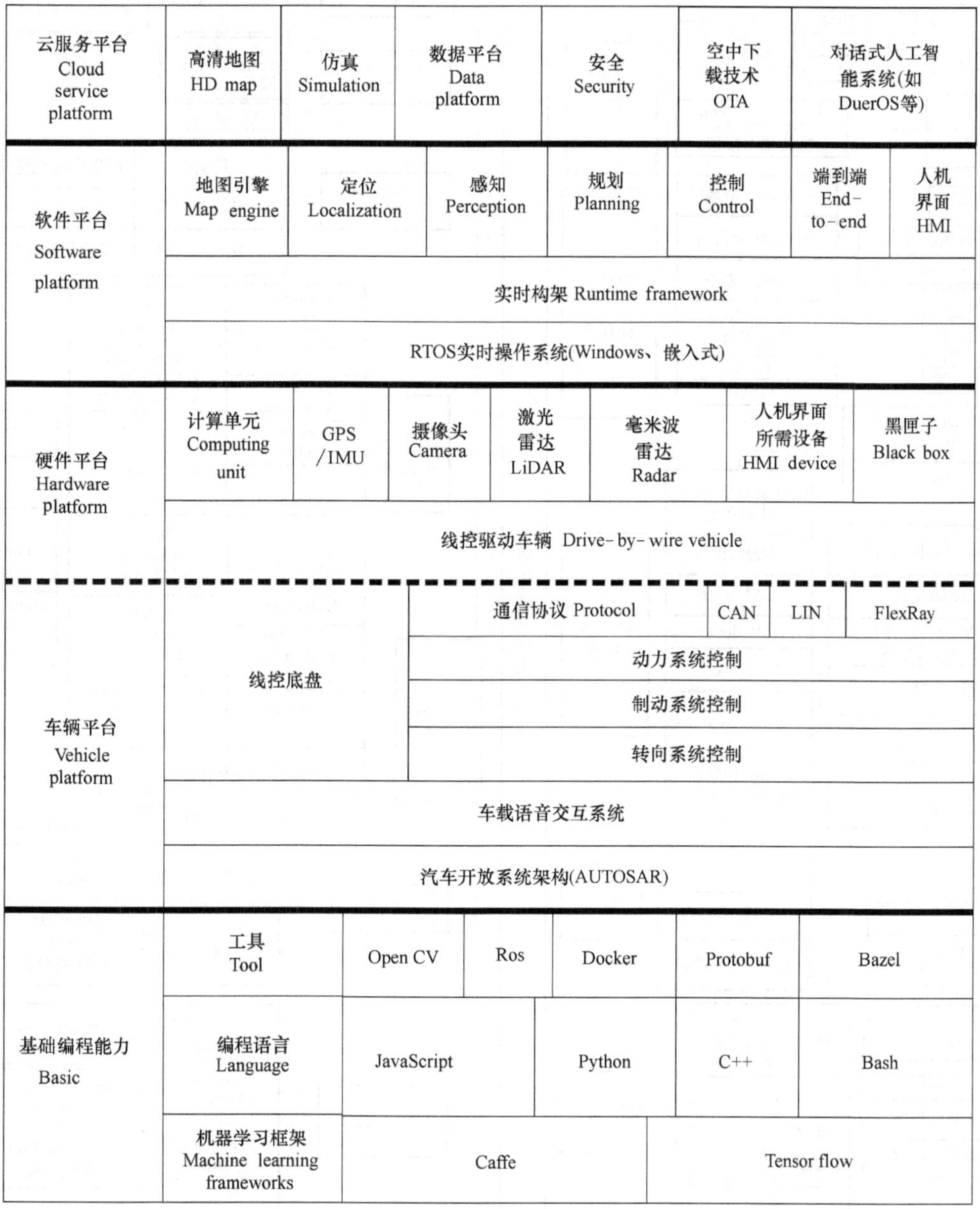

云服务平台 Cloud service platform	高清地图 HD map	仿真 Simulation	数据平台 Data platform	安全 Security	空中下载技术 OTA	对话式人工智能系统(如DuerOS等)	
软件平台 Software platform	地图引擎 Map engine	定位 Localization	感知 Perception	规划 Planning	控制 Control	端到端 End-to-end	人机界面 HMI
	实时构架 Runtime framework						
	RTOS实时操作系统(Windows、嵌入式)						
硬件平台 Hardware platform	计算单元 Computing unit	GPS/IMU	摄像头 Camera	激光雷达 LiDAR	毫米波雷达 Radar	人机界面所需设备 HMI device	黑匣子 Black box
	线控驱动车辆 Drive-by-wire vehicle						
车辆平台 Vehicle platform	线控底盘		通信协议 Protocol		CAN	LIN	FlexRay
			动力系统控制				
			制动系统控制				
			转向系统控制				
	车载语音交互系统						
	汽车开放系统架构(AUTOSAR)						
基础编程能力 Basic	工具 Tool	Open CV	Ros	Docker	Protobuf	Bazel	
	编程语言 Language	JavaScript		Python	C++	Bash	
	机器学习框架 Machine learning frameworks	Caffe			Tensor flow		

图 1-2　智能车辆整体框架

为说明智能车辆控制系统技术，找到它们之间的关联，建立对智能车辆控制技术的宏观认知，方便全面了解、快速学习，编制了图1-3。图1-3给出了智能车辆相关技术内容及关联关系，可以对智能车辆所涉及的技术领域有一个清晰的、全面的认识。实际上图1-3细化了图1-2的内容，涵盖智能车辆7大技术能力、30多个技术分支及90多个技术节点，较完整地展示了智能车辆相关技术。

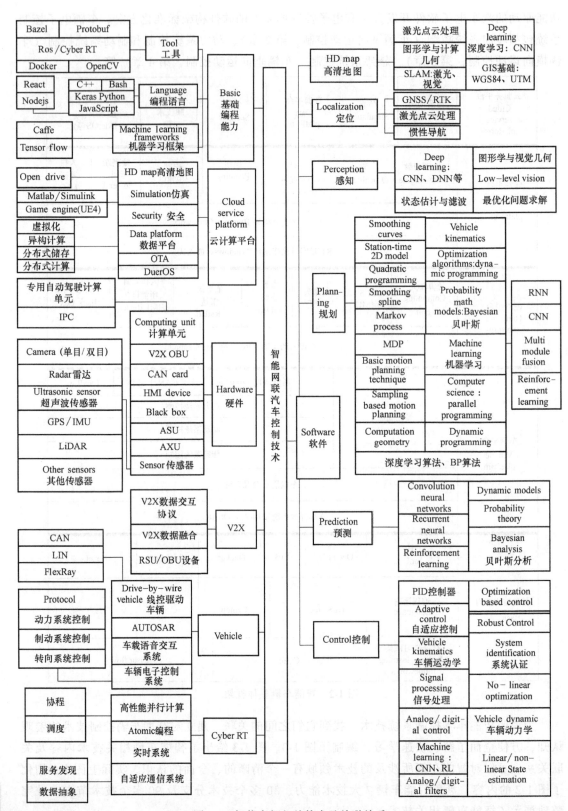

图1-3 智能车辆相关技术及关联关系

7大技术能力包括基础编程能力（basic）、云端服务（cloud service）、硬件（hardware）、软件（software）、车辆平台（vehicle platform）、V2X、Cyber RT。

30多个技术分支包括基础编程能力（basic），如工具、语言和机器学习；云端服务（cloud service），如仿真（simulation）、数据平台（date platform）、安全（security）、OTA、DuerOS；硬件（hardware）；软件（software），如高精度地图（HD map）、定位（localization）、感知（perception）、规划（planning）、预测（prediction）、控制（control）；车辆平台（vehicle platform），如线控底盘、车载语音交互系统、汽车开放系统构架（AUTOSAR）；V2X，如V2X数据交互协议、V2X数据融合、RUS/OBU设备；Cyber RT，如高性能并行计算、自适应通信系统、atomic编程、实时系统。

90多个技术节点包括基础编程能力（basic），如工具（tool）、语言（language）和机器学习（machine learning）；云端服务（cloud service）；硬件（hardware）；软件（software）；车辆平台（vehicle platform）；V2X；Cyber RT等。

对于车路协同方案涵盖了研究V2X在软件、硬件、云端服务所必需的RSU/OBU、数据交换协议、数据融合等内容。

1.1.3 控制系统开发流程

图1-4所示为智能车辆控制系统开发流程，一般在整体设计完成后，再逐步展开控制对象的研发。图1-5所示为基于V模型建立的广义软件开发流程图。从系统设计、控制系统设计、ECU开发、控制系统验证、系统验证五个方面展开。

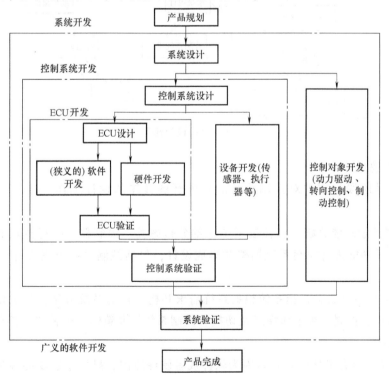

图1-4 智能车辆系统开发流程

1. 系统设计

系统设计是系统开发的初级阶段，是按商品规划书和相关法律法规来进行系统整体设计的阶段，图 1-6 所示为系统设计流程，其有四个方面的工作：

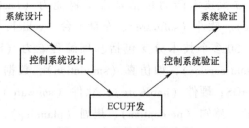

图 1-5　广义软件开发流程

（1）**系统要求分析**　要明确整个系统应该具有的功能、开发约束条件。

（2）**控制对象功能设计和控制系统功能设计**　控制对象和控制系统并行开发。

（3）**系统可行性研究**　通过控制对象与控制系统来研究系统要求实现的可能性。

（4）**系统设计阶段输出结果**　系统设计阶段输出结果包括系统构架和系统可行性分析报告。

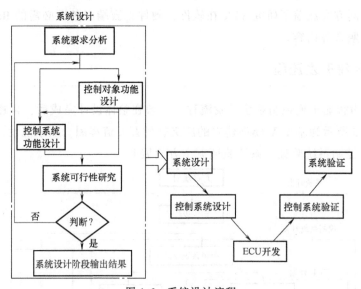

图 1-6　系统设计流程

2. 控制系统设计

按系统设计阶段设定的对控制系统的要求开展具体的设计工作，有三个方面的工作（图 1-7）：

（1）**控制系统功能分析**　将控制系统三部分传感器、控制器、执行器功能分解，按照控制系统分解的功能进行控制系统构架和集成设计，包括控制系统方案设计、PHA 和控制系统 FMEA。

1）控制系统方案设计是指系统根据系统需求和构架得的系统方案，形成设计文档，包括系统构架描述、控制系统工作模式及切换、控制系统控制策略、电控单元接口定义、控制系统安全策略等。

2）PHA（先期有害分析）是指因为软件或者硬件原因，导致系统功能丧失并因此带来的行车危害，PHA 一般通过对整车功能分析和故障树的制订进行定义。

3）FMEA（故障模式有效分析）设计是指根据系统功能和系统结构进行初始系统 FMEA 分析，并提供作为软硬件开发的依据。

（2）**网络通信设计**　包括控制系统网络通信构架设计，通信数据库和仿真分析、整车控制器 CAN 设计。

（3）**控制系统设计阶段输出结果**　包括控制系统技术规范、接口描述文档、控制系统方案、网络通信构架、整车 CAN 技术规范等。

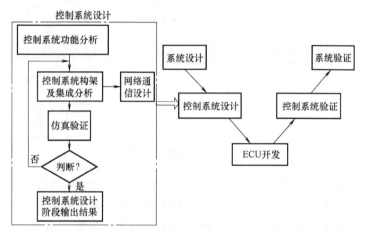

图 1-7　控制系统设计

3. ECU 开发

ECU 开发是指根据控制系统技术规范和接口描述文件等进行软件构架设计和软件编写，并将其植入 ECU 中的过程，图 1-8 所示为 ECU 开发流程。编写的软件分为底层程序和应用程序，底层程序相当于操作系统，主要依存于 ECU 硬件中，应用程序主要编写控制内容。ECU 开发阶段输出结果：软件模型、模型测试报告及模型在环（model in the loop，MIL）测试报告。

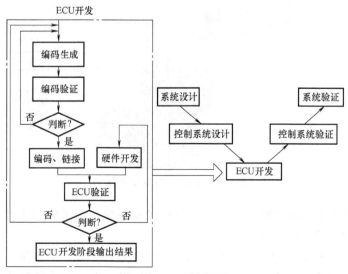

图 1-8　ECU 开发流程

4. 控制系统验证

ECU 开发之后，需要将传感器、执行器和开发的 ECU 控制器结合测试，验证其是否符合预期的设计要求，图 1-9 所示为控制系统验证流程。

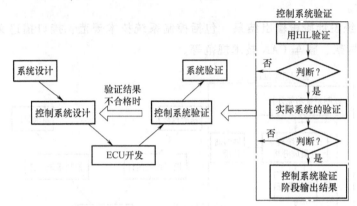

图 1-9　控制系统验证流程

控制系统验证采用的是硬件在环（hardware in the loop，HIL）测试系统，这是一种通过控制器产品和 I/O 应用层的连接，在实时处理器上运用虚拟的计算模型，来仿真控制器在运作中的状态，从而实现控制系统的测试。ECU 开发测试流程如图 1-10 所示。考虑到安全性、可行性测试的成本，HIL 测试已成为 ECU 开发中非常重要的一个部分，它可以有效减少实车路测的次数，缩短开发时间和降低开发成本。同时，HIL 测试提升了 ECU 软件的质量，降低了整车开发的风险。

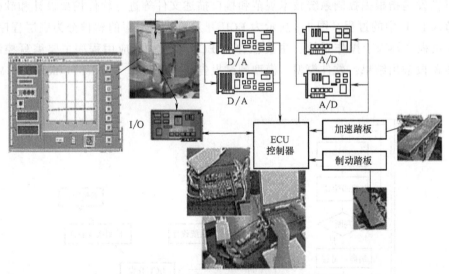

图 1-10　ECU 开发测试流程

目前车用 HIL 软件有 dSPACE 及 ETAS 的 LabCar 系统，为了能够实时仿真虚拟车辆模型，应由硬件连接传输实时信号。

由于 HIL 验证存在有一定的局限性，需要在实际系统测试。一般情况，先在台架测试之后，再在实车系统测试验证。此阶段要输出：HIL 测试报告、功能测试报告和台架测试报告。

5. 系统验证

系统验证是开发的最后阶段，将控制系统和控制对象组合作为整个系统来验证其是否满足设定的系统要求，图 1-11 所示为系统验证流程，主要工作是决定控制常量。ECU 的动作由控制策略和算法及其附带的控制常量决定，如智能车辆控制系统包括硬件和软件，硬件部分就包括传感器及线控底盘（包括动力系统、电机、电池等），与之相应的，包括许多控制器，比如整车控制器、电池控制器、动力系统控制器。智能车辆控制系统标定的内容包括源代码和数据，源代码是控制策略的体现，包括控制模块，控制算法，硬件输入输出处理和通信协议等方面的内容。标定数据，对于特殊算法和控制策略量化的精确控制是十分重要的，一般标定数据在软件中体现为常量、曲线、曲面和其他形式的内部参数。求出最佳控制的控制常量称为标定，控制策略和算法是控制的基础，是标定时实现控制目标的方法。此阶段要输出：标定计划、各阶段标定报告和标定数据、实验报告。

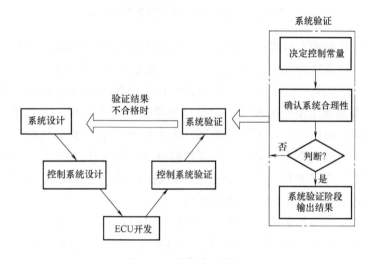

图 1-11 系统验证流程

1.2 控制系统基本知识及基本要求

1.2.1 控制系统基本知识

什么是控制？控制系统是怎样构成的？控制系统要解决什么样的问题？下面以使车内的温度保持在所期望温度为例加以说明。如图 1-12 所示，假定车内温度比期望温度低，只要将主开关打开到"ON"，并把风扇开关旋转一段，风机就会接通较低电源电压，由于电路内有电阻器，电流较小，风机做慢速运转，开始出热风，只要进一步旋转风扇开关，在风机上就会接通更高蓄电池电压，电流增大，使风机运转加快，更多热风被送入，温度会升高，这样的车内温度的操作称为控制。所谓控制，一般是指"对对象施加操作，使构成对象的物体做所希望的动作"。由于车外温度的变化以及门、窗的开关会引起车内温度的变化，要使车内温度精确地保持在期望值，需要温度传感器测量车内温度，实测温度值与期望温度值之差，通过自动调节电动机电流，控制送风量来控制车内温度。

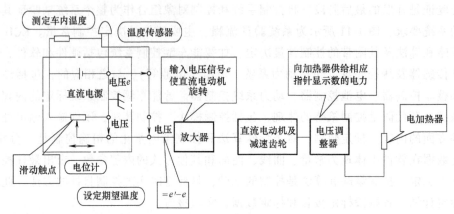

图 1-12　具有反馈的车内暖风控制系统

将完成一件工作的若干构成称为系统，将不需借助人的操作即能自动进行工作的机械称为自动控制装置，依靠这种装置完成一件工作的系统称为自动控制系统。

将在电位计、放大器、直流电动机等机器间传送的物理量（电压或电流、角度、温度等）称为信号。如果使用图形来表示它们是以怎样的关系传送的，就很容易理解控制系统的整体构成和性质，对应图 1-13 系统的框图。图 1-13 中，有箭头的线段是信号，它向箭头的方向传递。长方形框（方框）是机器及被控制对象，进入长方形框（方框）的信号叫作它的输入。由长方形框（方框）出来的信号叫做输出。例如，电加热器的输入是电力，输出是每单位时间的热量。图 1-13 的线图叫框图。

就车内温度控制的问题来说，电加热器每单位时间的热量（输入）是使车内温度上升的原因，升高的车内温度（输出）是结果。如同图 1-13 中粗实线表示的那样，结果（室温）返回到比较器（热的发生）的路径称为反馈路径。依靠它，可使室内温度保持在期望温度值范围内。具有反馈路径的控制系统称为反馈控制系统或闭环控制系统；不具有反馈的称为前馈控制系统或开环控制系统。

1. 控制系统的基本概念

通过实例可以得到控制系统的基本概念如下。

（1）**控制**　通过对一定对象实施一定的操作，使其按照预定的规律运动或变化的过程。

（2）**被控对象**　在控制理论和控制技术中，运动规律或状态需要控制的装置称为被控对象（控制对象）。被控对象可大可小，可"虚"可"实"。

（3）**控制器**　在控制系统中，除被控对象以外的所有装置称为控制器。

（4）**给定元件**　控制系统中，主要用于产生给定量（输入量，希望值）的元件。

（5）**反馈元件**　（测量元件）控制系统中，用来测量被控量（输出量）并产生反馈量的元件。反馈量与输入量往往存在一定的函数关系。

（6）**比较元件**　控制系统中，用来比较输入量与反馈量并求取偏差量的元件。有时它并非为物理元件，可以通过物理定律或其他定律实现。

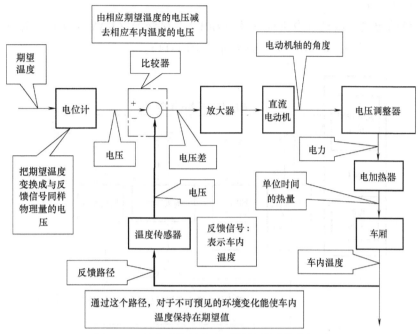

图 1-13 具有反馈的车内暖风控制系统的框图

（7）**放大元件** 控制系统中，对控制量进行幅值放大或功率放大的元件。

（8）**执行元件** 控制系统中，直接对被控对象进行操作的元件。

（9）**被控制量** 表征被控对象运动规律或状态的物理量，实质上是系统的输出（输出量）。

（10）**希望值** 希望的被控对象运动规律或状态的物理量（输入量、系统输入）。

（11）**偏差** 系统的输入量与反馈量之差或之和（比较环节的输出量）。

（12）**控制量** 被控对象的输入量。由于往往是偏差量的某种函数，也可将偏差量作为控制量。

（13）**扰动量（干扰）** 除给定量以外，所有使得被控制量偏离给定值的因素。扰动量包括因系统外部因素发生变化而引起的外扰动量和因系统内部因素所引起的内扰动量。

（14）**人工控制** 在人直接参与的情况下，使被控对象的被控量按预定的规律运动或变化的控制方式。

（15）**自动控制** 在无人直接参与的情况下，利用一组装置使被控对象的被控量按预定的规律运动或变化的控制方式。

（16）**自动控制系统** 被控对象和参与实现其被控量自动控制的装置或元件、部件的组合。

2. 控制系统的组成与工作原理

图 1-12 所示的控制系统的所有信号在时间上是连续的，将这样的系统叫连续时间系统。如图 1-13 所示，车内温度随时间连续变化，这种连续时间系统用微机（微型计算机）来控制，控制中会遇到什么问题？如何解决呢？在回答这个问题之前，先回顾一下微机是怎样构

成的，又是怎样工作的。

（1）微机的组成 微机由中央处理器（CPU）、存储器（RAM/ROM）、输入/输出接口（I/O 接口）、信息传输总线（BUS）等所组成（图 1-14）。

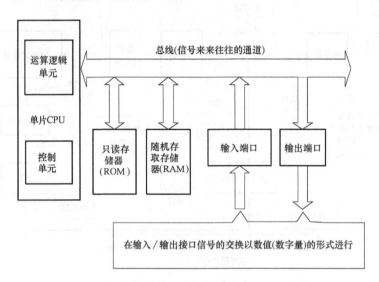

图 1-14 微机的基本构成

1）中央处理器（central processing unit，CPU）。CPU 是核心部件，它通过接口向系统各受控部件发出指令，同时进行运算、数据处理和逻辑判断。①运算/逻辑装置（ALU）：进行加法、减法、逻辑运算、移位操作等。②寄存器：包括通用寄存器、暂存寄存器。③控制器：发响应的控制指令，使系统按一定的时序进行操作。

在大规模集成电路（LSI）中，大都有 CPU、存储器、输入/输出接口（I/O 接口）。只用 LSI 当作微机用的称为单片机。汽车控制系统中的燃油喷射控制装置、变速器控制、ABS控制等都是用单片机。

2）存储器（RAM/ROM）。①ROM（read-only memory），只读存储器用于存放程序、表格和常数。断电后其内容不会丢失。汽车控制系统程序、特性曲线、MAP 图、换档规律等通常存于此。②RAM（random access memory），读写存储器或随机存取存储器，用于存放现场输入、输出数据、运算的中间结果以及各种临时性信息。

3）I/O（input/output）接口。I/O 接口是 CPU 与外界进行通信和数据交换的通道，从外界来的信息经 I/O 接口送入 CPU，CPU 发出的控制指令通过 I/O 接口送到外设。

4）BUS 总线。总线是在 CPU、存储器和 I/O 接口等各部分之间传递信息（二进制数值，高电压电平对应 1，低电压电平对应 0）的导线。微机处理的信号都是二进制 1 和 0 信号，用 1 和 0 分别代表高电平和低电平，高电压电平为 2.7~5V，低电压电平为 0~0.7V。高、低电平及沿跳变如图 1-15 所示，A 为高电平，B 为低电平，占空比为

$$占空比 = A/(A+B) \times 100\% \tag{1-1}$$

（2）微机的动作 微机动作的程序（指令的集合）被顺序地记忆在存储器内，微机按

程序的顺序进行动作。

按所记忆的序号依次读出指令（读出动作），CPU 解读这些指令（判断动作），然后实施这些指令（实施动作），读到"终止"指令，重复上述步骤。

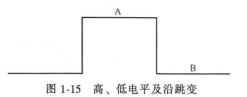

图 1-15　高、低电平及沿跳变

以上这些动作，是以 CPU 时钟信号为基础，按规定的时间来实施的。时钟信号是规则的脉冲信号，时钟脉冲每发生一次，CPU 的内部状态就发生变化一次。时钟信号的频率，如 8 位 CPU 的 Z80 是 2.5MHz（2.5×10^6Hz），是指以每秒 250 万个脉冲动作。

（3）控制系统的组成　如图 1-16 所示，从车内暖风控制系统组成实例中，可以看出控制系统组成的三大部分：传感器、电子控制单元（ECU）和执行器。

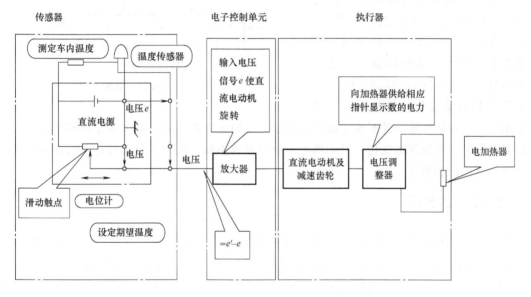

图 1-16　车内暖风控制系统组成

如图 1-16 所示，温度传感器采集车内温度信号，作为控制的输入，电子控制单元（ECU）对传感器的各个输入信号进行分析处理，向被控对象——电动机输出控制信号，被控对象（执行器）——电动机根据 ECU 的输出信号完成对加热器的加热操作。ECU 到底怎样控制直流电动机的？这就涉及软件控制方法的问题。

（4）控制方法　常用的控制方法有 PID 控制（比例积分微分控制）、最优控制、自适应控制等。

PID 控制属于经典控制，它是连续系统中技术成熟、应用广泛的一种控制方法，其优点是不需要了解被控对象的数学模型，只需要根据经验进行参数调节即可获得满意的结果，缺点是对被控对象参数变化比较敏感。PID 控制用微机实现成为数字 PID 控制器（图 1-17），广泛用于汽车动力传动系统中，如节气门开度控制、离合器结合控制。

最优控制属于经典控制，不适用于多变量、时变、非线性系统，而这些系统在汽车工程中大量用到，因此，必须采用现代控制理论所提供的状态空间设计法，确定系统的控制规

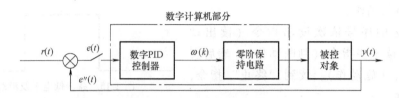

图 1-17 数字 PID 控制器系统框图

律，使控制系统达到要求的性能指标。现代控制理论既适用于单变量、定常量系统和线性系统，也适用于多变量、时变系统和非线性系统。

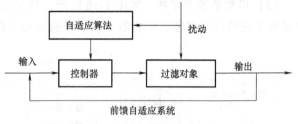

图 1-18 自适应控制系统框图

自适应控制系统（图 1-18）是综合运用现代控制理论的一门新兴技术，研究对象是具有不确定性的系统。在反馈控制系统中，系统的微小变化对动态特性的影响可以被减弱，但当系统的参数和环境变化比较显著时，只有采用具有一定适应能力的系统才能满足要求。所谓适应能力就是系统本身能够随着环境条件或者结构的不可预测的变化，自动调整或修改系统参数，这种本身具有适应能力的控制系统称为自适应控制系统。

1.2.2 系统的分类

系统是由相互联系、相互作用的若干部分构成且具有一定运动规律的一个有机整体。

如图 1-19 所示，其中输入是外界对系统的作用，也可认为是系统对外部的感知，输出是指系统对外界的作用。系统可大可小，可"实"可"虚"，完全由研究的需要而定，因而将它称为广义系统。

车辆控制实质上是研究车辆控制技术中广义系统动力学问题。具体地说，它研究车辆控制广义系统在一定的外界条件（即输入或激励、干扰）作用下，从系统的一定的初始状态出发，所经历的由其

图 1-19 系统的框图

内部的固有特性（即由系统的结构与参数所决定的特性）所决定的整个动态历程，研究这一系统与其输入、输出三者之间的动态关系。

1. 车辆控制系统的研究任务

如图 1-19 所示，从系统、输入、输出三者之间的关系出发，根据已知条件与求解问题的不同，车辆控制系统的任务可以分为五个方面。

（1）系统分析问题 已知系统和输入，求输出（或响应），并通过响应来研究系统本身的问题。

（2）最优控制问题 已知系统和理想输出，求最优输入，使实际输出满足要求。

（3）最优设计问题 已知输入，设计系统，使输出满足要求。

（4）**滤波与预测问题**　设计或选择合适的系统，以便由输出识别输入或输入中的有关信息。

（5）**系统辨识问题**　已知输入和输出，要识别系统的结构和参数，建立系统的数学模型。

2. 系统框图及其组成

系统框图由许多对信号（量）进行单向传递的元件框图和一些连线组成，表征了系统各元件之间及系统与外界进行信息交互的关系，如图 1-20 所示。

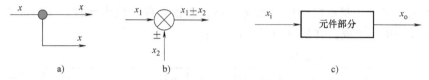

图 1-20　系统框图基本单元

（1）**系统框图的组成**　系统框图包括以下三个基本的单元：

1）引出点（分支点）：表示信号的引出或信号的分支，箭头表示信号的传递方向，线上标记信号的名称，如图 1-20a 所示。

2）比较点（相加点）：表示两个或两个以上的信号进行相加或相减运算。"+"表示信号相加，"−"表示信号相减，如图 1-20b 所示。

3）元件框：框中写入元件、部件的名称，进入箭头表示其输入信号，引出箭头表示其输出信号，如图 1-20c 所示。

（2）**建立系统框图的步骤**　建立系统框图的步骤如下：

1）建立系统（或元件）的原始微分方程。

2）对这些原始微分方程在初始状态为零的条件下进行拉普拉斯（Laplace）变换，并根据各个变换式的因果关系分别绘出相应的框图。

3）从系统的输入量与主反馈信号进行叠加的比较环节开始，沿信号流动的方向，通过传递函数框将所有的中间变量之间的关系一一画出，直至画出系统的输出量与主反馈信号。

3. 信息及信息反馈

（1）**信息**　一切能表达一定意义的信号、符号和密码等统称为信息，也可以定义为事物运动的状态或方式。

（2）**反馈（信息反馈）**　将系统的输出通过一定的方式返回到系统的输入端并共同作用于系统的过程称为反馈或信息反馈。

（3）**内反馈**　在系统或过程中存在的各种自然形成的反馈，称为内反馈。它是系统内部各个元素之间相互耦合的结果。内反馈是造成机械系统存在一定动态特性的根本原因，纷繁复杂的内反馈的存在，使得机械系统变得异常复杂。对于机械系统中普遍存在的内反馈应引起足够的重视。

（4）**外反馈**　在自动控制系统中，为达到某种控制目的而人为加入的反馈称为外反馈。

4. 开环系统及闭环系统

广义系统按反馈的情况可以分为开环系统和闭环系统两类。

（1）**开环系统** 当一个系统以所需的框图表示而没有反馈回路时，称之为开环控制系统或开环系统。开环控制系统一般由给定元件、放大元件、执行元件、被控对象等单元组成，其框图如图 1-21 所示。

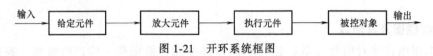

图 1-21　开环系统框图

（2）**闭环系统** 当一个系统以所需的框图表示而存在反馈回路时，称之为闭环控制系统或闭环系统。闭环控制系统一般由给定元件、比较元件、放大元件、执行元件、被控对象、测量元件等单元组成，其框图如图 1-22 所示。

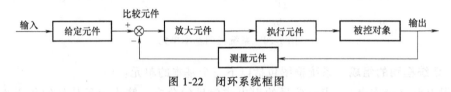

图 1-22　闭环系统框图

若将控制系统按被控对象和控制器两部分进行划分，则开环系统和闭环系统还可以分别表示成如图 1-23a、图 1-23b 所示的形式。

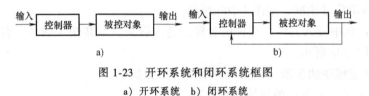

图 1-23　开环系统和闭环系统框图

a）开环系统　b）闭环系统

一个闭环自动控制系统的工作过程大体可以分为以下三个步骤：

1）测量被控量的实际值。

2）将实际值与给定值进行比较，求出偏差的大小和方向。

3）根据偏差的大小与方向进行控制，以纠正偏差。

实际上，闭环自动控制系统工作过程就是一个"检测偏差并纠正偏差"的过程。因此，闭环控制系统的控制精度一般比开环控制系统的要高。

按反馈的作用不同，可以将反馈分为正反馈和负反馈，其中，能使系统偏差的绝对值增大的反馈，称为正反馈，而能使系统偏差的绝对值减小的反馈，称为负反馈。

1.2.3　控制系统基本要求

（1）**系统的稳定性** 系统的稳定性是指动态过程的振荡倾向和系统能够恢复平衡状态的能力。稳定性是系统工作的首要条件。

（2）**系统响应的快速性** 系统响应的快速性是指当系统输出量与希望值之间产生偏差时，消除这种偏差的快速程度。

（3）**系统响应的准确性** 准确性是指系统在调整过程结束后输出量与给定量之间的偏差，也称为静态精度。

1.3 控制系统数学模型

控制系统如何表示？就是建立数学模型。系统的数学模型是系统动态特性的数学描述。数学模型有多种表示方式：时域数学模型，如微分方程（连续系统）、差分方程（离散系统）和状态方程；复域数学模型，如传递函数（连续系统）、Z传递函数（离散系统）；频域数学模型，如频率特性等。

系统可以分为线性系统和非线性系统，如果系统的运动状态，能用线性方程表示，则此系统为线性系统。线性系统的一个最主要的特征，就是满足叠加原理。线性系统又可分为线性定常系统和线性时变系统。系统是否具有线性或非线性不会随模型形式的不同而改变，线性与非线性是系统的固有特性，完全由系统的结构与参数确定。

系统建模是经典控制理论和现代控制理论的基础，建立系统数学模型的方法有分析法和实验法两种。分析法根据系统所遵循的有关定律来建模，而实验法根据实验数据整理拟合模型。对于复杂系统的建模，往往分析法与实验法相结合。

1.3.1 系统的微分方程

例1 图1-24所示为悬架系统 m-c-k，写出其微分方程。

解

1) 确定：系统输入 $f(t)$，系统输出 $x(t)$。

2) 根据牛顿第二定律列写原始微分方程：

$$f - kx - c\dot{x} = m\ddot{x}$$

3) 整理：$m\ddot{x} + c\dot{x} + kx = f$。

列写微分方程的一般方法：

1) 确定系统的输入量和输出量。注意：输入量包括给定输入量和扰动量。

2) 按信息传递顺序，从系统输入端出发，根据各变量所遵循的物理定律，列写系统中各环节动态微分方程。注意：负载效应，非线性项的线性化。

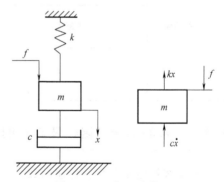

图 1-24 悬架系统模型

3) 消除中间变量，得到只包含输入量和输出量的微分方程。

4) 整理微分方程。输出的有关项放在方程左侧，输入的有关项放在方程右侧，各阶导数项降阶排列，有

$$a_n x_o^{(n)}(t) + a_{n-1} x_o^{(n-1)}(t) + \cdots + a_1 \dot{x}_o(t) + a_0 x_o(t)$$
$$= b_m x_i^{(m)}(t) + b_{m-1} x_i^{(m-1)}(t) + \cdots + b_1 \dot{x}_i(t) + b_0 x_i(t) \quad (n \geqslant m) \tag{1-2}$$

式中，$x_o(t)$、$x_i(t)$ 分别为系统输出和输入；a_i（$i = 0, 1, 2, \cdots, n$）、b_i（$i = 0, 1, 2, \cdots, m$）为微分方程系数。

若所有系数都不是输入、输出及其各阶导数的函数，则微分方程表示的系统为线性系统；否则，系统为非线性系统。对线性系统，若系数为常数，则为线性定常系统。

$$\ddot{x}_\text{o}(t)+3\dot{x}_\text{o}(t)+7x_\text{o}(t)=4\dot{x}_\text{i}(t)+5x_\text{i}(t) \quad \text{线性定常系统}$$

$$\ddot{x}_\text{o}(t)+3\dot{x}_\text{o}(t)+7x_\text{o}(t)=4t_2\dot{x}_\text{i}(t)+5x_\text{i}(t) \quad \text{线性时变系统}$$

$$\ddot{x}_\text{o}(t)+3x_\text{o}\dot{x}_\text{o}(t)+7x_\text{o}(t)=4t_2\dot{x}_\text{i}(t)+5x_\text{i}(t) \quad \text{非线性系统}$$

在写微分方程时，掌握组成系统的各个元件或环节所遵循的有关定律非常关键，常见元件的物理定律见表 1-1。

表 1-1　常见元件的物理定律

系统类别	元件名称及代号	符号	所遵循的物理定律
机械系统	质量元件 m		$f=m\ddot{x}$
	弹性元件 k		$f=k(x_2-x_1)$
	阻尼元件 c		$f=c(\dot{x}_2-\dot{x}_1)$
电网络系统	电容 C		$i=C(\dot{u}_2-\dot{u}_1)$
	电感 L		$u_2-u_1=L\dfrac{\mathrm{d}i}{\mathrm{d}t}$
	电阻 R		$i=\dfrac{1}{R}(u_2-u_1)$

1.3.2　系统的传递函数及其框图

对于线性定常系统，传递函数是一种常用的数学模型。

1. 传递函数的定义

在零初始条件下，系统输出量的拉普拉斯变换与引起该输出的输入量的拉普拉斯变换之比称为传递函数。

若线性定常系统输入 $x_\text{i}(t)$ 与输出 $x_\text{o}(t)$ 之间关系的微分方程为

$$a_n x_\text{o}^{(n)}(t)+a_{n-1}x_\text{o}^{(n-1)}(t)+\cdots+a_1\dot{x}_\text{o}(t)+a_0 x_\text{o}(t)$$
$$=b_m x_\text{i}^{(m)}(t)+b_{m-1}x_\text{i}^{(m-1)}(t)+\cdots+b_1\dot{x}_\text{i}(t)+b_0 x_\text{i}(t) \quad (n\geqslant m)$$

在零初始条件下，对方程两边进行拉普拉斯变换，得

$$(a_n s^n+a_{n-1}s^{n-1}+\cdots+a_1 s+a_0)X_\text{o}(s)=(b_m s^m+b_{m-1}s^{m-1}+\cdots+b_1 s+b_0)X_\text{i}(s) \tag{1-3}$$

$$\frac{X_\text{o}(s)}{X_\text{i}(s)}=\frac{b_m s^m+b_{m-1}s^{m-1}+\cdots+b_1 s+b_0}{a_n s^n+a_{n-1}s^{n-1}+\cdots+a_1 s+a_0} \quad (n\geqslant m) \tag{1-4}$$

则系统以 $x_o(t)$ 为输出、$x_i(t)$ 为输入的传递函数 $G(s)$ 可表示成

$$G(s) = \frac{X_o(s)}{X_i(s)} = \frac{b_m s^m + b_{m-1} s^{m-1} + \cdots + b_1 s + b_0}{a_n s^n + a_{n-1} s^{n-1} + \cdots + a_1 s + a_0} \quad (n \geq m) \quad (1\text{-}5)$$

或

$$X_o(s) = G(s) X_i(s) \quad (1\text{-}6)$$

可用框图表示，如图1-25所示。

例2 写出图1-24的传递函数。

解

1）确定输入、输出，列方程为

图1-25 传递函数框图

$$m\ddot{x} + c\dot{x} + kx = f$$

2）在零初始条件下，进行拉普拉斯变换，传递函数为

$$G(s) = \frac{1}{ms^2 + cs + k}$$

对于

$$\ddot{x}_o(t) + 2\xi\omega_n \dot{x}_o(t) + \omega_n^2 x_o(t) = \omega_n^2 x_i(t)$$

传递函数为

$$G(s) = \frac{\omega_n^2}{s^2 + 2\xi\omega_n s + \omega_n^2}$$

其中

$$\omega_n = \sqrt{\frac{k}{m}}, \quad \xi = \frac{c}{2\sqrt{mk}}$$

系统传递函数框图如图1-26所示。

2. 传递函数特点

1）传递函数是关于复变量 s 的复变函数，为复域数学模型。

2）传递函数的分母反映系统本身与外界无关的固有特性，传递函数的分子反映系统与外界的联系。

$$X_i(s) \longrightarrow \boxed{\frac{\omega_n^2}{s^2 + 2\xi\omega_n s + \omega_n^2}} \longrightarrow X_o(s)$$

图1-26 系统传递函数框图

3）在零初始条件下，当输入确定时，系统的输出完全取决于系统传递函数。

4）物理性质不同的系统，可以具有相同的传递函数（相似系统）。

5）传递函数存在零点、极点和放大系数。

对于式（1-6）系统传递函数为

$$G(s) = \frac{X_o(s)}{X_i(s)} = \frac{b_m s^m + b_{m-1} s^{m-1} + \cdots + b_1 s + b_0}{a_n s^n + a_{n-1} s^{n-1} + \cdots + a_1 s + a_0} \quad (n \geq m)$$

传递函数的零极点模型为

$$G(s) = \frac{K(s-z_1)(s-z_2)\cdots(s-z_m)}{(s-p_1)(s-p_2)\cdots(s-p_n)} \quad (1\text{-}7)$$

极点：p_1，p_2，$\cdots$，p_n 为微分方程的特征根，决定系统瞬态响应的收敛性，决定稳定性。

零点：z_1，z_2，$\cdots$，z_m 影响瞬态响应曲线的形状，不影响稳定性。

放大系数（增益）：

$$G(0) = \frac{K(-z_1)(-z_2)\cdots(-z_m)}{(-p_1)(-p_2)\cdots(-p_n)} = \frac{b_0}{a_0} \quad (1\text{-}8)$$

设阶跃信号输入为 $\qquad X_i(t) = k, \quad X_i(s) = k/s$

系统的稳态输出为 $\qquad \lim\limits_{t \to \infty} x_o(t) = \lim\limits_{s \to 0} s X_o(s)$

$$= \lim\limits_{s \to 0} s G(s) X_i(s) = \lim\limits_{s \to 0} s G(s) k/s = G(0) \cdot k$$

对系统的研究可以转化为对系统传递函数零点、极点、放大系数的研究。

3. 系统传递函数框图

传递函数框图是将组成系统的各个环节用传递函数方框表示，并将相应的变量按信息流动的方向连接起来构成的图形。

与系统框图相对应，它包含传递函数方框、相加点和分支点三种基本要素，分别如图 1-27、图 1-28 和图 1-29 所示。

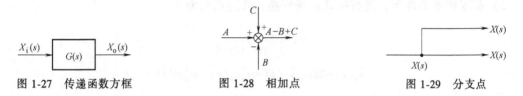

图 1-27　传递函数方框　　　　图 1-28　相加点　　　　图 1-29　分支点

建立传递函数框图的步骤如下：

1）列写各元件微分方程。

2）在零初始条件下，对上述微分方程进行拉普拉斯变换。

3）按因果关系，绘制各环节框图。

4）按信号流向，依次连接各环节框图，左边输入，右边输出，反馈则"倒流"。

例 3　画出图 1-30 所示系统传递函数框图。

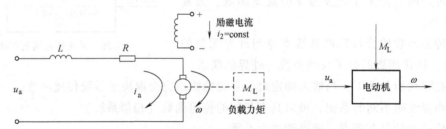

图 1-30　电枢控制式直流电动机原理图

图 1-30 所示为电枢控制式直流电动机原理图，设 u_a 为电枢两端的控制电压，ω 为电动机角速度，M_L 为折算到电动机轴上的总负载力矩。当励磁不变时，用电枢控制的情况下，u_a 为给定输入，M_L 为干扰输入，ω 为输出。系统中 e_d 为电动机旋转时电枢两端的反电动势，i_a 为电动机电枢电流，M 为电动机电磁力矩。

解

1）列写微分方程：根据基尔霍夫（Kirchhoff）定律，电动机电枢回路的方程为

$$L \frac{di_a}{dt} + i_a R + e_d = u_a$$

式中，R 为电阻；L 为电感。

当磁通固定不变时，e_d 与转速 ω 成正比，即

$$e_d = k_d \omega$$

式中，k_d 为反电动势常数。

根据刚体的转动定律，电动机转子的运动方程为

$$J \frac{d\omega}{dt} = M - M_L$$

式中，J 为转动部分折合到电动机轴上总的转动惯量。

当励磁磁通固定不变时，电动机电磁力矩 M 与电动机电枢电流 i_a 成成正比，即

$$M = k_m i_a$$

式中，k_m 为电动机电磁力矩常数。

消除中间项并整理：

令
$$T_a = \frac{L}{R}, \quad T_m = \frac{RJ}{k_d k_m}, \quad C_d = \frac{1}{k_d}, \quad C_m = \frac{T_m}{J}$$

得
$$T_a T_m \frac{d^2 \omega}{dt^2} + T_m \frac{d\omega}{dt} + \omega = C_d u_a - C_m T_a \frac{dM_L}{dt} - C_m M_L \qquad (1\text{-}9)$$

式（1-9）即为电枢控制直流电动机的数学模型，可以看出，转速 ω 既由 u_a 控制，又受 M_L 影响。

2）拉普拉斯变换：将式（1-9）进行拉普拉斯变换，得

$$(L_s + R) I_a + E_d = U_a, \quad M = k_m I_a,$$
$$Js\Omega = M - M_L, \quad E_d = k_d \Omega \qquad (1\text{-}10)$$

3）局部传递函数框图，如图 1-31 所示。

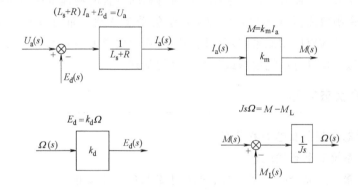

图 1-31　局部传递函数框图

4）系统传递函数框图，如图 1-32 所示。

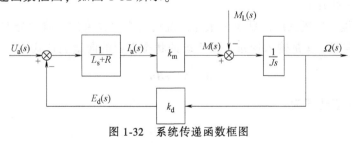

图 1-32　系统传递函数框图

4. 相似系统

能够用形式相同的数学模型来描述的物理系统（环节）称为相似系统（环节）。相似系统图解如图 1-33 所示。

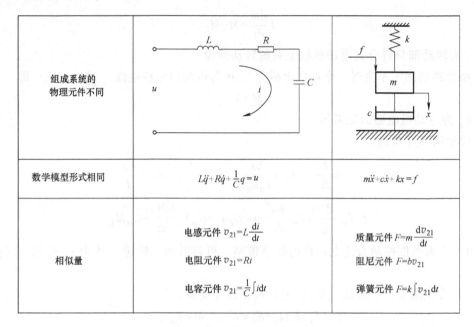

组成系统的 物理元件不同		
数学模型形式相同	$L\ddot{q}+R\dot{q}+\dfrac{1}{C}q=u$	$m\ddot{x}+c\dot{x}+kx=f$
相似量	电感元件 $v_{21}=L\dfrac{\mathrm{d}i}{\mathrm{d}t}$ 电阻元件 $v_{21}=Ri$ 电容元件 $v_{21}=\dfrac{1}{C}\int i\mathrm{d}t$	质量元件 $F=m\dfrac{\mathrm{d}v_{21}}{\mathrm{d}t}$ 阻尼元件 $F=bv_{21}$ 弹簧元件 $F=k\int v_{21}\mathrm{d}t$

图 1-33　相似系统图解

相似量：对相似系统而言，在数学模型中占有相同位置的物理量称为相似量。

由于系统传递函数或微分方程表示的是系统的动态特性，而与系统具体的物理构成无关，因此，不同物理构成的相似系统可以用相同形式的数学模型表示，它们具有相似的动态特性。系统的相似性是进行系统模拟或系统仿真的基础。

1.3.3　系统的状态方程

1. 状态、状态变量及状态方程定义

（1）**状态**　系统的动态状况。

（2）**状态变量**　能完全确定系统状态的最小数目的一组变量。

（3）**状态向量**　由描述系统的所有状态变量作为分量所构成的向量。

（4）**状态空间**　状态向量的所有可能值的集合所在的空间。系统在任一时刻的状态可用状态空间中的一点表示。

（5）**状态方程**　描述系统的状态变量与系统输入之间关系的一阶微分方程组。

设 **X** 是状态向量，**u** 是输入向量，则系统的状态方程的向量表达式为

$$\dot{X}=AX+Bu \tag{1-11}$$

其输出方程的向量表达式为

$$Y=CX+Du \tag{1-12}$$

式中，$X = \begin{pmatrix} x_1 \\ x_2 \\ \vdots \\ x_n \end{pmatrix}$ 为 n 维状态向量；$Y = \begin{pmatrix} y_1 \\ y_2 \\ \vdots \\ y_n \end{pmatrix}$ 为 n 维输出向量；$u = \begin{pmatrix} u_1 \\ u_2 \\ \vdots \\ u_r \end{pmatrix}$ 为 r 维控制向量；

$A = \begin{pmatrix} a_{11} & a_{12} & \cdots & a_{1n} \\ a_{21} & a_{22} & \cdots & a_{2n} \\ \vdots & \vdots & & \vdots \\ a_{n1} & a_{n2} & \cdots & a_{nn} \end{pmatrix}$ 为 $n \times n$ 系统矩阵；$B = \begin{pmatrix} b_{11} & b_{12} & \cdots & b_{1r} \\ b_{21} & b_{22} & \cdots & b_{2r} \\ \vdots & \vdots & & \vdots \\ b_{n1} & b_{n2} & \cdots & b_{nr} \end{pmatrix}$ 为 $n \times r$ 控制矩阵；$C =$

$\begin{pmatrix} c_{11} & c_{12} & \cdots & c_{1n} \\ c_{21} & c_{22} & \cdots & c_{2n} \\ \vdots & \vdots & & \vdots \\ c_{m1} & c_{m2} & \cdots & c_{mn} \end{pmatrix}$ 为 $m \times n$ 输出矩阵；$D = \begin{pmatrix} d_{11} & d_{12} & \cdots & d_{1r} \\ d_{21} & d_{22} & \cdots & d_{2r} \\ \vdots & \vdots & & \vdots \\ d_{m1} & d_{m2} & \cdots & d_{mr} \end{pmatrix}$ 为 $m \times r$ 直接传递矩阵。

特别的，对于单输入单输出系统，若其微分方程为

$$y^{(n)} + a_1 y^{(n-1)} + \cdots + a_{n-1} \dot{y} + a_n y = u \tag{1-13}$$

令
$$A = \begin{pmatrix} 0 & 1 & 0 & \cdots & 0 \\ 0 & 0 & 1 & \cdots & 0 \\ \vdots & \vdots & \vdots & & \vdots \\ 0 & 0 & 0 & \cdots & 1 \\ -a_n & -a_{n-1} & -a_{n-2} & \cdots & -a_1 \end{pmatrix}, \quad B = \begin{pmatrix} 0 \\ 0 \\ \vdots \\ 1 \end{pmatrix}$$

$$C^{\mathrm{T}} = \begin{bmatrix} 1 & 0 & \cdots & 0 \end{bmatrix}, \quad D = 0$$

则其状态方程及输出方程为

$$\dot{X} = AX + Bu, \quad Y = C^{\mathrm{T}} X + Du \tag{1-14}$$

2. 传递函数与状态方程之间的关系

对于单输入单输出关系，在零初始条件下分别对式（1-11）、式（1-14）进行拉普拉斯变换，有

$$(sI - A) X(s) = BU(s) \tag{1-15}$$

$$Y(s) = C^{\mathrm{T}} X(s) + DU(s) \tag{1-16}$$

由式（1-15），有
$$X(s) = (sI - A)^{-1} BU(s)$$

代入式（1-16），有
$$Y(s) = \begin{bmatrix} C^{\mathrm{T}} (sI - A)^{-1} B + D \end{bmatrix} U(s)$$

则
$$G(s) = \frac{Y(s)}{U(s)} = C^{\mathrm{T}} (sI - A)^{-1} B + D$$

式中，I 为单位矩阵。

例 4 已知 RLC 电路，如图 1-34 所示。确定电路的状态变量和状态方程。

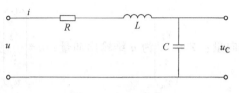

图 1-34 RLC 电路

解 微分方程模型为

$$L\frac{\mathrm{d}i}{\mathrm{d}t} + Ri + \frac{1}{C}\int i\mathrm{d}t = u \tag{1-17}$$

选 i 和 u_C 为状态变量，即

$$\begin{cases} x_1 = i = C\dfrac{\mathrm{d}u_C}{\mathrm{d}t} \\[2mm] x_2 = u_C \end{cases} \tag{1-18}$$

式（1-17）可以写成

$$L\dot{x}_1 + Rx_1 + x_2 = u$$

将式（1-17）和式（1-18）整理为状态方程，有

$$\begin{cases} \dot{x}_1 = -\dfrac{R}{L}x_1 - \dfrac{1}{L}x_2 + \dfrac{u}{L} \\[3mm] \dot{x}_2 = \dfrac{1}{C}x_1 \end{cases} \tag{1-19}$$

写成矩阵

$$\begin{pmatrix} \dot{x}_1 \\ \dot{x}_2 \end{pmatrix} = \begin{pmatrix} -\dfrac{R}{L} & -\dfrac{1}{L} \\[3mm] -\dfrac{1}{C} & 0 \end{pmatrix} \begin{pmatrix} x_1 \\ x_2 \end{pmatrix} + \begin{pmatrix} \dfrac{1}{L} \\[3mm] 0 \end{pmatrix} u \tag{1-20}$$

若令

$$\dot{X} = \begin{pmatrix} \dot{x}_1 \\ \dot{x}_2 \end{pmatrix}, \quad X = \begin{pmatrix} x_1 \\ x_2 \end{pmatrix}, \quad A = \begin{pmatrix} -\dfrac{R}{L} & -\dfrac{1}{L} \\[3mm] -\dfrac{1}{C} & 0 \end{pmatrix}, \quad B = \begin{pmatrix} \dfrac{1}{L} \\[3mm] 0 \end{pmatrix}$$

则式（1-20）可以写成：$\dot{X} = AX + Bu$

状态向量：

$$X = \begin{pmatrix} x_1 \\ x_2 \end{pmatrix}$$

系统输出方程：

$$y = x_2$$

写成矩阵形式：

$$y = \begin{bmatrix} 0 & 1 \end{bmatrix} \begin{pmatrix} x_1 \\ x_2 \end{pmatrix}$$

令

$$C^{\mathrm{T}} = \begin{bmatrix} 1 & 0 \end{bmatrix}, \quad X = \begin{pmatrix} x_1 \\ x_2 \end{pmatrix}$$

则式（1-20）可以写成

$$Y = C^{\mathrm{T}}X$$

状态方程与输出方程构成对系统动态的完整描述，称为系统的状态空间表达或系统的状态方程。

1.4 系统的时频响应

系统的时频响应包括系统的时间响应和频率响应，有些信号在时域上是很难看出什么特征的，但将信号变换到频域之后，就很容易看出特征了，这就是很多信号分析采用频域特性分析的原因。

1.4.1 时间响应及其组成

1. 时间响应

时间响应是系统的响应（输出）在时域上的表现形式，即系统微分方程在一定初始条件下的解。

系统在外界（输入或扰动）的作用下，从一定的初始状态出发，所经历的由其固有特性所决定的动态历程。

研究时间响应的目的在于分析系统的稳定性、响应的快速性与响应的准确性等系统的动态性能。

例5 求 $\ddot{y} + 7\dot{y} + 12y = 6\dot{r} + 12r$ [其中，$r(t)$ 和 $y(t)$ 分别为系统的输入和输出] 在 $r(0_-)$、$y(0_-)$、$\dot{y}(0_-)$ 时的解。

解 在初始条件下，对微分方程两边分别进行拉普拉斯变换得

$$[s^2 Y(s) - sy(0_-) - \dot{y}(0_-)] + 7[sY(s) - y(0_-)] + 12Y(s)$$
$$= 6[sR(s) - r(0_-)] + 12R(s)$$

$$Y(s) = \frac{6(s+2)}{s^2 + 7s + 12}R(s) + \frac{(s+7)y(0_-) + \dot{y}(0_-) - 6r(0_-)}{s^2 + 7s + 12}$$

$$y(t) = L^{-1}[Y(s)] = L^{-1}\left[\frac{6(s+2)}{s^2+7s+12}R(s)\right] + L^{-1}\left[\frac{(s+7)y(0_-)+\dot{y}(0_-)-6r(0_-)}{s^2+7s+12}\right]$$

$$= L^{-1}[G(s)R(s)] + L^{-1}\left[\frac{(s+7)y(0_-)+\dot{y}(0_-)-6r(0_-)}{s^2+7s+12}\right]$$

零态响应(零初始状态下，完全由输入所引起)　　零输入响应(系统无输入，完全由初始状态所定)

若 $r(t) = u(t)$，$r(0_-) = 0$，$y(0_-) = 1$，$\dot{y}(0_-) = 1$，此时，$R(s) = \dfrac{1}{s}$

$$y(t) = L^{-1}\left[\frac{6(s+2)}{s^2+7s+12} \cdot \frac{1}{s}\right] + L^{-1}\left[\frac{(s+7)+1}{s^2+7s+12}\right]$$

$$= L^{-1}\left(\frac{1}{s} + \frac{2}{s+3} + \frac{-3}{s+4}\right) + L^{-1}\left(\frac{5}{s+3} + \frac{-4}{s+4}\right)$$

$$= \boxed{1+2e^{-3t}-3e^{-4t}} + \boxed{5e^{-3t}-4e^{-4t}} = \boxed{u(t)+7e^{-3t}} - \boxed{7e^{-4t}}$$

零状态响应 　　　零输入响应 　　　强迫响应 　　　自由响应

式中，-3和-4是系统传递函数的极点（特征根）。

2. 时间响应的组成

对于一个 n 阶系统，其微分方程为

$$a_n y^{(n)}+a_{n-1}y^{(n-1)}+\cdots+a_1\dot{y}+a_0y=$$
$$b_m x^{(m)}+b_{m-1}x^{(m-1)}+\cdots+b_1\dot{x}+b_0x \tag{1-21}$$

零状态响应项： $\qquad\qquad B(t)+\sum_{i=1}^{n}A_{1i}es_it$

零输入响应项： $\qquad\qquad\qquad \sum_{i=1}^{n}A_{2i}es_it$

系统时间响应可表示为

$$y(t)=B(t)+\sum_{i=1}^{n}A_{1i}es_it+\sum_{i=1}^{n}A_{2i}es_it \tag{1-22}$$

在控制中若无特殊说明，通常所述时间响应仅指零状态响应。

3. 系统特征根与自由响应的关系

系统特征根的实部决定了系统是否稳定，特征根的正负决定自由响应的收敛性。特征根实部小于零，自由响应收敛，绝对值越大收敛越快；特征根实部大于零，自由响应发散，绝对值越大发散越快。特征根实部的大小决定自由响应的振荡频率。

若系统所有特征根具有负实部，系统自由响应收敛，系统稳定。自由响应称为系统瞬态响应；强迫响应称为系统稳态响应。

若存在特征根的实部大于零，则系统不稳定，系统自由响应发散。

若有一对特征根的实部为零，其余特征根均小于零，则系统自由响应最终为等幅振荡，系统临界稳定。

4. 典型输入信号

在控制工程中，常用的输入信号有两大类，其一是系统正常工作时的输入信号，其二是外加的测试信号，如图 1-35 所示，包括：单位脉冲信号（图 1-35a），单位阶跃信号（图 1-35b），单位斜坡信号（图 1-35c），单位抛物线信号（图 1-35d）、正弦信号（图 1-35e）和某些随机信号（图 1-35f），输入信号的选择要综合考虑系统的工作条件和试验目的。

5. 一阶系统的时间响应

一阶系统的微分方程

$$T\frac{dx_o(t)}{dt}+x_o(t)=x_i(t) \tag{1-23}$$

传递函数 $\qquad\qquad\qquad G(s)=\dfrac{1}{Ts+1} \tag{1-24}$

式中，T 为一阶系统时间常数。

（1）一阶系统单位脉冲响应 $\omega(t)$ 如图 1-36 所示。

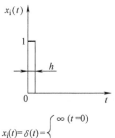

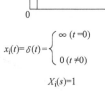

$$x_i(t) = \delta(t) = \begin{cases} \infty & (t=0) \\ 0 & (t \neq 0) \end{cases}$$

$$X_i(s) = 1$$

a)

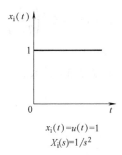

$$x_i(t) = u(t) = 1$$
$$X_i(s) = 1/s^2$$

b)

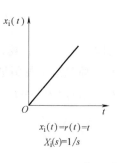

$$x_i(t) = r(t) = t$$
$$X_i(s) = 1/s$$

c)

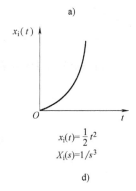

$$x_i(t) = \frac{1}{2}t^2$$
$$X_i(s) = 1/s^3$$

d)

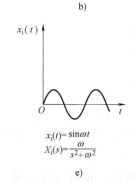

$$x_i(t) = \sin\omega t$$
$$X_i(s) = \frac{\omega}{s^2 + \omega^2}$$

e)

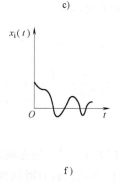

f)

图 1-35 典型输入信号

a) 单位脉冲信号 b) 单位阶跃信号 c) 单位斜坡信号 d) 单位抛物线信号

e) 正弦信号 f) 随机信号

输入为单位脉冲 $\qquad x_i(t) = \delta(t)$

输出称为单位脉冲响应函数，也称单位脉冲响应。

$$X_i(s) = 1, \quad X_o(s) = G(s)X_i(s) = \frac{1}{Ts+1}$$

单位脉冲响应函数等于传递函数的拉普拉斯逆变换。

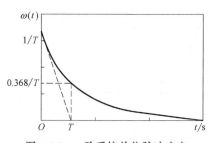

图 1-36 一阶系统单位脉冲响应

$$x_o(t) = L^{-1}[X_o(s)] = L^{-1}\left(\frac{1}{Ts+1}\right) = \frac{1}{T}e^{-t/T} \quad (1-25)$$

瞬态响应为 $\frac{1}{T}e^{-t/T}$，稳态响应为 0。

（2）一阶系统单位阶跃响应 如图 1-37 所示。

输入 $\quad x_i(t) = u(t) = 1$

$\qquad X_i(s) = 1/s$

输出 $\quad X_o(s) = G(s)X_i(s) = \dfrac{1}{Ts+1} \cdot \dfrac{1}{s}$

单位阶跃响应

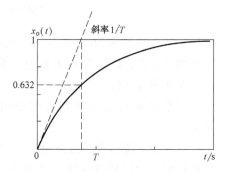

图 1-37 一阶系统单位阶跃响应

$$x_o(t) = L^{-1}[X_o(s)] = L^{-1}\left(\frac{1}{Ts+1} \cdot \frac{1}{s}\right) = 1 - e^{-t/T} \qquad (1-26)$$

瞬态响应为 $-e^{-t/T}$，稳态响应为 1。

（3）一阶系统单位斜坡响应 如图 1-38 所示。

输入 $x_i(t) = r(t) = t$

$$X_i(s) = \frac{1}{s^2}$$

输出 $X_o(s) = G(s)X_i(s) = G(s) \cdot \frac{1}{s^2}$

单位斜坡响应

$$x_o(t) = L^{-1}[X_o(s)] = L^{-1}\left[G(s) \cdot \frac{1}{s^2}\right]$$

$$= L^{-1}\left(\frac{1}{Ts+1} \cdot \frac{1}{s^2}\right) = L^{-1}\left(\frac{1}{s^2} - \frac{T}{s} + \frac{1}{s+\frac{1}{T}}\right)$$

$$x_o(t) = t - T + Te^{-t/T} \qquad (t \geqslant 0) \qquad (1-27)$$

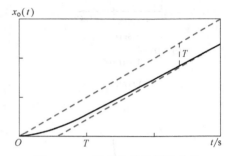

图 1-38 一阶系统单位斜坡响应

瞬态响应为 $Te^{-t/T}$，稳态响应为 $t-T$。

（4）时间常数对时间响应的影响 如图 1-39 所示。

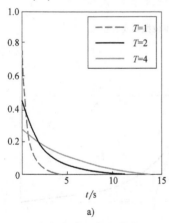

a)

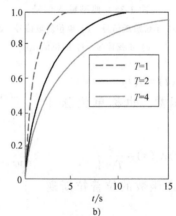

b)

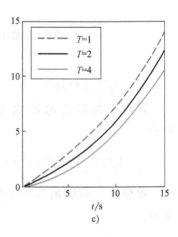

c)

图 1-39 时间常数对时间响应的影响

a) 单位脉冲响应 b) 单位阶跃响应 c) 单位斜坡响应

结论：时间常数 T 越小，系统惯性越小，系统响应越快；时间常数 T 越大，系统惯性越大，系统响应越慢。

调整时间 t_s 对时间响应的影响如图 1-40 所示。

对一阶系统而言，过渡过程还可以定义为其阶跃响应增长到稳态值 $1-\Delta$ 之前的过程，Δ 为容许误差。可以算得：当 Δ 等于 2% 时，相

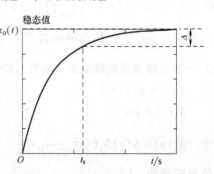

图 1-40 调整时间 t_s 对时间响应的影响

应的时间约为 $4T$，当 Δ 等于 5% 时，相应的时间约为 $3T$，T 值越小，系统的响应就越快，因此时间 T 反映了一阶系统的固有特性。

6. 二阶系统的时间响应

（1）二阶系统

传递函数
$$G(s)=\frac{X_o(s)}{X_i(s)}=\frac{\omega_n^2}{s^2+2\xi\omega_n s+\omega_n^2} \qquad (1\text{-}28)$$

特征方程
$$s^2+2\xi\omega_n s+\omega_n^2=0$$

特征根
$$s_{1,2}=-\xi\omega_n\pm\omega_n\sqrt{\xi^2-1}$$

式中，ω_n 为无阻尼固有频率；ξ 为阻尼比。

阻尼比不同，二阶系统的特征根就不同，传递函数的极值点分布就不同，如图 1-41 所示。

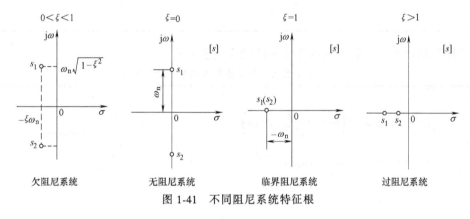

图 1-41 不同阻尼系统特征根

（2）二阶系统的单位脉冲响应和二阶系统的单位阶跃响应 在不同阻尼比下，二阶系统的单位脉冲响应见表 1-2。

表 1-2 不同阻尼比下二阶系统的单位脉冲响应

阻尼比	单位脉冲响应	单位脉冲响应图
$0<\xi<1$	$\omega(t)=\dfrac{\omega_n}{\sqrt{1-\xi^2}}e^{-\xi\omega_n t}\sin\omega_d t$	
$\xi=0$	$\omega(t)=L^{-1}\left(\omega_n\cdot\dfrac{\omega_n}{s^2+\omega_n^2}\right)=\omega_n\sin\omega_d t$	

(续)

阻尼比	单位脉冲响应	单位脉冲响应图
$\xi=1$	$\omega(t)=L^{-1}\left[\dfrac{\omega_n}{(s+\omega_n)^2}\right]=\omega_n^2 te^{-\omega_n t}$	
$\xi>1$	$\omega(t)=\dfrac{\omega_n}{2\sqrt{1-\xi^2}}$ $\left[e^{-\left(\xi-\sqrt{\xi^2-1}\right)\omega_n t}-e^{-\left(\xi+\sqrt{\xi^2-1}\right)\omega_n t}\right]$	

在不同阻尼比下，二阶系统的单位阶跃响应见表1-3。

表1-3　不同阻尼比下二阶系统的单位阶跃响应

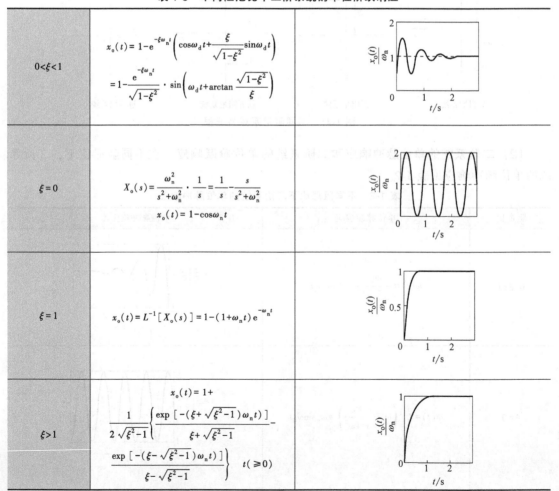

阻尼比	单位阶跃响应	单位阶跃响应图
$0<\xi<1$	$x_o(t)=1-e^{-\xi\omega_n t}\left(\cos\omega_d t+\dfrac{\xi}{\sqrt{1-\xi^2}}\sin\omega_d t\right)$ $=1-\dfrac{e^{-\xi\omega_n t}}{\sqrt{1-\xi^2}}\cdot\sin\left(\omega_d t+\arctan\dfrac{\sqrt{1-\xi^2}}{\xi}\right)$	
$\xi=0$	$X_o(s)=\dfrac{\omega_n^2}{s^2+\omega_n^2}\cdot\dfrac{1}{s}=\dfrac{1}{s}-\dfrac{s}{s^2+\omega_n^2}$ $x_o(t)=1-\cos\omega_n t$	
$\xi=1$	$x_o(t)=L^{-1}[X_o(s)]=1-(1+\omega_n t)e^{-\omega_n t}$	
$\xi>1$	$x_o(t)=1+$ $\dfrac{1}{2\sqrt{\xi^2-1}}\left\{\dfrac{\exp[-(\xi+\sqrt{\xi^2-1})\omega_n t)]}{\xi+\sqrt{\xi^2-1}}-\right.$ $\left.\dfrac{\exp[-(\xi-\sqrt{\xi^2-1})\omega_n t)]}{\xi-\sqrt{\xi^2-1}}\right\}\quad t(\geq 0)$	

表 1-2、表 1-3 中 $\omega_d = \omega_n \sqrt{1-\xi^2}$。

二阶系统响应如图 1-42 所示。

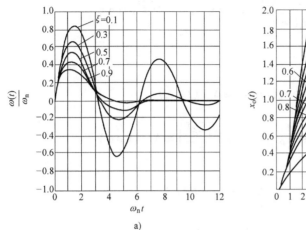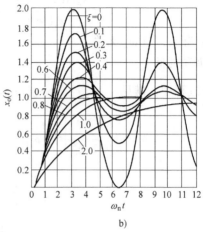

a)   b)

图 1-42 二阶系统响应图

a) 二阶系统单位脉冲响应 b) 二阶系统单位阶跃响应

从图中可以看出：

$0 < \xi < 1$ 时，ξ 越小，振荡衰减越慢，振荡越剧烈。

$\xi = 0$ 时，振荡无衰减，为等幅振荡。

$\xi = 1$ 时，无振荡。

$\xi > 1$ 时，无振荡。

（3）二阶系统响应的性能指标 二阶欠阻尼系统单位阶跃响应如图 1-43 所示。

$$x_o(t) = 1 - \frac{e^{-\xi\omega_n t}}{\sqrt{1-\xi^2}} \cdot \sin\left(\omega_d t + \arctan\frac{\sqrt{1-\xi^2}}{\xi}\right) \quad (1\text{-}29)$$

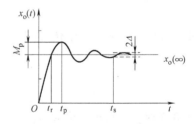

性能指标如下：

1）上升时间 t_r，达到稳定值时，有

$$1 = 1 - \frac{e^{-\xi\omega_n t}}{\sqrt{1-\xi^2}} \cdot \sin\left(\omega_d t + \arctan\frac{\sqrt{1-\xi^2}}{\xi}\right)$$

$$\sin\left(\omega_d t_r + \arctan\frac{\sqrt{1-\xi^2}}{\xi}\right) = 0$$

图 1-43 二阶欠阻尼系统
单位阶跃响应图

则上升时间 $\qquad\qquad t_r = \dfrac{\pi - \arctan(\sqrt{1-\xi^2}/\xi)}{\omega_d} \qquad\qquad\qquad (1\text{-}30)$

ξ 一定，增大 ω_n，上升时间减小；ω_n 一定，ξ 减小，上升时间增大。

2）峰值时间 t_p。

令 $\qquad\qquad x_o(t)\big|_{t=t_d} = 0$，得 $\sin\omega_d t_p = 0$，$\omega_d t_p = \pi$

$$t_p = \frac{\pi}{\omega_d} \qquad\qquad\qquad\qquad (1\text{-}31)$$

峰值时间为振荡周期的一半。

3）最大超调量 M_p。

$$M_p = \frac{x_o(t_p) - x_o(\infty)}{x_o(\infty)} \times 100\% = e^{-\xi\pi/\sqrt{1-\xi^2}} \times 100\% \qquad (1\text{-}32)$$

M_p 只与 ξ 有关，与 ω_n 无关。

4）调整时间 t_s。

过渡过程中，满足 $\qquad |x_o(t) - 1| \leqslant \Delta \quad (t \geqslant t_s)$

带入 $\qquad \left| \dfrac{e^{-\xi\omega_n t}}{\sqrt{1-\xi^2}} \right| \left| \sin\left(\omega_d t + \arctan\dfrac{\sqrt{1-\xi^2}}{\xi}\right) \right| \leqslant \Delta \quad (t \geqslant t_s)$

考虑包络线 $\qquad \left| \dfrac{e^{-\xi\omega_n t}}{\sqrt{1-\xi^2}} \right| \leqslant \Delta \quad (t \geqslant t_s)$

解得 $\qquad t_s \geqslant \dfrac{1}{\xi\omega_n} \ln\dfrac{1}{\Delta\sqrt{1-\xi^2}} \qquad (1\text{-}33)$

当 $0 < \xi < 0.7$ 时，$t_s \approx \dfrac{4}{\xi\omega_n}$（$\Delta = 2\%$）；$t_s \approx \dfrac{3}{\xi\omega_n}$（$\Delta = 5\%$）。

Δ、ω_n 一定，增大 ξ，t_s 减小；Δ、ξ 一定，增大 ω_n，t_s 减小。

5）振荡次数 N。

$$N = \frac{t_s}{T} = \frac{t_s}{2\pi/\omega_d} \qquad (1\text{-}34)$$

从上面指标

$$M_p = e^{-\xi\pi/\sqrt{1-\xi^2}} \times 100\%$$

可以看出，ξ 越大，则 M_p 越小。

$$t_s \geqslant \frac{1}{\xi\omega_n} \ln\frac{1}{\Delta\sqrt{1-\xi^2}}$$

$\xi \approx 0.7$ 时，t_s 较小，增大 ω_n，t_s 变小。

要使二阶系统动态特性好，需选择合适的 ω_n 和 $\xi(\approx 0.7)$，通常根据允许的超调量 M_p 来选择阻尼比 ξ。

例 6 如图 1-44 所示，$\xi = 0.6$，$\omega_n = 5\text{s}^{-1}$，求系统瞬态响应性能指标。

解

1）传递函数为

$$G(s) = \frac{\omega_n^2}{s^2 + 2\xi\omega_n s + \omega_n^2}$$

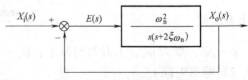

图 1-44　系统传递函数框图

且 $\xi = 0.6$，$\omega_n = 5\text{s}^{-1}$，则 $\omega_d = \omega_n\sqrt{1-\xi^2} = 4\text{s}^{-1}$

2）上升时间为

$$t_r = \frac{\pi - \arctan(\sqrt{1-\xi^2}/\xi)}{\omega_d} = 0.55\text{s}$$

3）峰值时间为

$$t_p = \frac{\pi}{\omega_d} = 0.785\text{s}$$

4）超调量为

$$M_p = e^{-\xi\pi/\sqrt{1-\xi^2}} \times 100\% = 9.5\%$$

5）调整时间为

$$t_s = \frac{4}{\xi\omega_n} = 1.33\text{s} \quad (\Delta = 2\%)$$

$$t_s = \frac{3}{\xi\omega_n} = 1\text{s} \quad (\Delta = 5\%)$$

6）振荡次数为

$$N = \frac{t_s}{2\pi/\omega_d} = 0.85 \approx 1 \quad (\Delta = 2\%)$$

$$N = \frac{t_s}{2\pi/\omega_d} = 0.63 \approx 1 \quad (\Delta = 5\%)$$

例7 汽车单质量系统，在质块 m 上施加 $x_i(t) = 8.9\text{N}$ 阶跃力后，质块的时间响应 $x_o(t)$ 如图 1-45 所示，求 m、k、c。

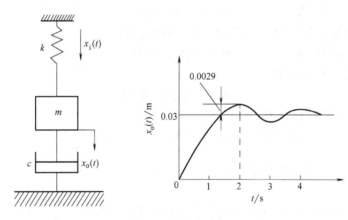

图 1-45 单质量系统及阶跃时间响应

解 $x_i(t) = 8.9\text{N}$，$x_o(\infty) = 0.03\text{m}$

$x_o(t_p) - x_o(\infty) = 0.0029\text{m}$，$t_p = 2\text{s}$

$$G(s) = \frac{X_o(s)}{X_i(s)} = \frac{1}{ms^2 + cs + k}, \quad X_i(s) = \frac{8.9}{s}$$

1）求 k。

$$x_o(\infty) = \lim_{t \to \infty} x_o(t) = \lim_{s \to 0} s \cdot X_o(s) = \lim_{s \to 0} s \cdot \frac{1}{ms^2 + cs + k} \cdot \frac{8.9}{s} = \frac{8.9}{k}\text{N}$$

故 $k = 297\text{N/m}$。

2）求 m。

$$M_p = e^{-\xi\pi/\sqrt{1-\xi^2}} \times 100\% = \frac{0.0029}{0.03} \times 100\% = 9.6\%, \quad 得 \xi = 0.6。$$

$$t_{\mathrm{p}}=\frac{\pi}{\omega_{\mathrm{d}}}=\frac{\pi}{\omega_{\mathrm{n}}\sqrt{1-\xi^2}}=2\,,\ 得\ \omega_{\mathrm{n}}=1.96\mathrm{s}^{-1}\,。$$

$$\omega_{\mathrm{n}}^2=\frac{k}{m}\,,\ 得\ m=77.3\mathrm{kg}\,。$$

3）求 c。

由 $2\xi\omega_{\mathrm{n}}=c/m$，得 $c=181.8\mathrm{N}\cdot\mathrm{s/m}$。

7. 系统误差计算与分析

（1）系统误差与偏差　对于图 1-46 所示系统，$x_{\mathrm{or}}(t)$ 为理想输出，$x_{\mathrm{o}}(t)$ 为实际输出。

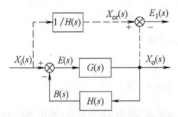

图 1-46　$E(s)$ 与 $E_1(s)$ 关系框图

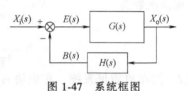

图 1-47　系统框图

在输出端误差 $e(t)$ 为　　　　　$e(t)=x_{\mathrm{or}}(t)-x_{\mathrm{o}}(t)$

拉普拉斯变换为 $E_1(s)$ 为　　　$E_1(s)=X_{\mathrm{or}}(s)-X_{\mathrm{o}}(s)$

在输入端偏差 $\varepsilon(t)$ 为　　　　$\varepsilon(t)=x_{\mathrm{i}}(t)-b(t)$

拉普拉斯变换为 $E(s)$，有

$$E(s)=X_{\mathrm{i}}(s)-B(s)$$

$E_1(s)=0$ 时，希望 $E(s)=0$。

$$E(s)=X_{\mathrm{i}}(s)-B(s)=X_{\mathrm{i}}(s)-X_{\mathrm{o}}(s)H(s)=0$$

$$X_{\mathrm{i}}(s)-X_{\mathrm{or}}(s)H(s)=0\,,\quad X_{\mathrm{or}}(s)=\frac{1}{H(s)}X_{\mathrm{i}}(s)$$

$$E_1(s)=X_{\mathrm{or}}(s)-X_{\mathrm{o}}(s)=\frac{1}{H(s)}[X_{\mathrm{i}}(s)-X_{\mathrm{o}}(s)H(s)]=\frac{1}{H(s)}E(s)$$

控制系统误差和偏差一般不相等，只有单位反馈系统的偏差才等于误差。

（2）系统的稳态误差与偏差

系统框图如图 1-47 所示。

稳态误差　　　　　　　$\displaystyle e_{\mathrm{ss}}=\lim_{t\to\infty}e(t)=\lim_{s\to0}sE_1(s)$

稳态偏差　　　　　　　$\displaystyle \varepsilon_{\mathrm{ss}}=\lim_{t\to\infty}\varepsilon(t)=\lim_{s\to0}sE(s)$

$$E(s)=X_{\mathrm{i}}(s)-X_{\mathrm{o}}(s)H(s)=X_{\mathrm{i}}(s)-H(s)G(s)E(s)$$

$$E(s)=\frac{X_{\mathrm{i}}(s)}{1+H(s)G(s)}$$

$$\varepsilon_{\mathrm{ss}}=\lim_{t\to\infty}\varepsilon(t)=\lim_{s\to0}sE(s)=\lim_{s\to0}s\frac{X_{\mathrm{i}}(s)}{1+H(s)G(s)}$$

$$E_1(s)=X_{\mathrm{or}}(s)-X_{\mathrm{o}}(s)=\frac{1}{H(s)}[X_{\mathrm{i}}(s)-H(s)X_{\mathrm{o}}(s)]=\frac{1}{H(s)}E(s)$$

当 $H(s)=1$ 时，$E(s)=E_1(s)$。

稳态偏差与输入有关，稳态偏差与系统开环有关。

1.4.2 频率响应特性

时域分析：重点研究过渡过程，通过阶跃或脉冲输入下系统的瞬态时间响应来研究系统的性能。

频域分析：通过系统在不同频率 ω 的谐波（正弦）输入作用下的稳态响应来研究系统的性能。

1. 频率响应与频率特性

频率响应：线性定常系统对谐波输入的稳态响应称为频率响应，如图 1-48 所示。

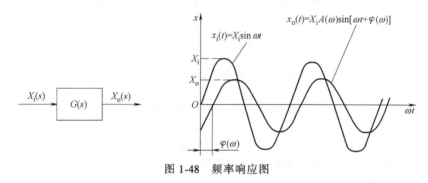

图 1-48 频率响应图

若输入信号为 $x_i(t)=X_i\sin\omega t$，则稳态输出为频率响应：

$$x_o(t)=X_iA(\omega)\sin[\omega t+\varphi(\omega)] \tag{1-35}$$

揭示了系统的频率响应特性：同频率，但振幅和相位一般不同。频率特性是 ω 的复变函数，其幅值为 $A(\omega)$，相位为 $\varphi(\omega)$。

幅频特性：稳态输出与输入谐波的幅值比，即

$$A(\omega)=\frac{X_o(\omega)}{X_i} \tag{1-36}$$

相频特性：稳态输出与输入谐波的相位差 $\varphi(\omega)$，将幅频特性和相频特性统称频率特性。

2. 频率特性与传递函数的关系

设系统的传递函数为

$$G(s)=\frac{X_o(s)}{X_i(s)}=\frac{b_ms^m+b_{m-1}s^{m-1}+\cdots+b_1s+b_0}{a_ns^n+a_{n-1}s^{n-1}+\cdots+a_1s+a_0}$$

输入信号为

$$x_i(t)=X_i\sin\omega t$$

拉普拉斯变换为

$$X_i(s)=\frac{X_i\omega}{s^2+\omega^2}$$

则

$$X_o(s)=G(s)X_i(s)=\frac{b_ms^m+b_{m-1}s^{m-1}+\cdots+b_1s+b_0}{a_ns^n+a_{n-1}s^{n-1}+\cdots+a_1s+a_0}\cdot\frac{X_i\omega}{s^2+\omega^2}$$

若无重极点，则有
$$X_o(s) = \sum_{i=1}^{n} \frac{A_i}{s - s_i} + \left(\frac{B}{s - j\omega} + \frac{B^*}{s + j\omega} \right)$$

故
$$x_o(t) = \sum_{i=1}^{n} A_i e^{s_i t} + (B e^{j\omega t} + B^* e^{j\omega t})$$

若系统稳定，则有
$$x_o(t) = B e^{j\omega t} + B^* e^{j\omega t}$$

其中
$$B = G(s) \frac{X_i \omega}{(s - j\omega)(s + j\omega)} (s - j\omega) \bigg|_{s = j\omega} = G(s) \frac{X_i \omega}{(s + j\omega)} \bigg|_{s = j\omega}$$
$$= G(j\omega) \cdot \frac{X_i}{2j} = |G(j\omega)| e^{j \angle G(j\omega)} \cdot \frac{X_i}{2j}$$

同理
$$B^* = G(-j\omega) \cdot \frac{X_i}{-2j} = |G(j\omega)| e^{-j \angle G(j\omega)} \cdot \frac{X_i}{2j}$$

所以
$$x_o(t) = |G(j\omega)| X_i \frac{e^{j[\omega t + \angle G(j\omega)]} - e^{-j[\omega t + \angle G(j\omega)]}}{2j}$$
$$= |G(j\omega)| X_i \sin[\omega t \angle G(j\omega)]$$

即
$$\begin{cases} A(\omega) = \dfrac{X_o(\omega)}{X_i} = |G(j\omega)| \\ \Psi(\omega) = \angle G(j\omega) \end{cases}$$

故 $G(j\omega) = |G(j\omega)| e^{j \angle G(j\omega)}$ 就是系统的频率特性。

3. 频率特性的求法

（1）利用频率特性的定义来求取 设系统或元件的传递函数为 $G(s)$，输入为谐波输入
$$x_i(t) = X_i \sin\omega t$$

则系统的输出为
$$x_o(t) = L^{-1} \left[G(s) \frac{X_i \omega}{s^2 + \omega^2} \right]$$

系统的稳态输出为
$$x_{oss} = \lim_{t \to \infty} x_o(t) = X_o(\omega) \sin[\omega t + \varphi(t)]$$

根据频率特性的定义即可求出其幅频特性和相频特性。

（2）在传递函数 $G(s)$ 中令 $s = j\omega$ 来求取 系统的频率特性为
$$G(s) = G(s) \big|_{s = j\omega}$$

其中，幅频特性为 $|G(j\omega)|$，相频特性为 $\angle G(j\omega)$。

（3）用试验方法求取 根据频率特性的定义，首先，改变输入谐波信号 $X_i \sin\omega t$ 的频率 ω，并测出与此相应的稳态输出的幅值 $X_o(\omega)$ 与相位差 $\varphi(\omega)$。然后，作出幅值比 $X_o(w)/X_i$ 对频率 ω 的函数曲线，此即幅频特性曲线；作出相位差 $\varphi(\omega)$ 对频率 ω 的函数曲线，此即相频特性曲线。最后，对以上曲线进行辨识即可得到系统的频率特性。

4. 频率特性的表示

（1）代数表示法 系统的频率特性为
$$G(j\omega) = |G(j\omega)| e^{i \angle G(j\omega)}$$
$$G(j\omega) = \text{Re}[G(j\omega)] + \text{Im}[G(j\omega)] = u(\omega) + jv(\omega)$$

式中，$|G(j\omega)|$ 称为幅频特性；$\angle G(j\omega)$ 称为相频特性；$u(\omega)$ 称为实频特性；$v(\omega)$ 称为

虚频特性。

（2）**图示法**　频率特性常用的几何表示方法有 Nyquist 图、Bode 图等。频率特性的极坐标图是指在复平面 $[G(j\omega)]$ 上表示 $G(j\omega)$ 的幅值 $|G(j\omega)|$ 和相位 $\angle G(j\omega)$ 随频率 ω 的改变而变化的关系的图形。这种图形称为频率特性的极坐标图，又称为 Nyquist 图。图中矢量 $G(j\omega)$ 的长度为其幅值 $|G(j\omega)|$，与正实轴的夹角为其辐角 $\angle G(j\omega)$，当频率 ω 从零变化到无穷大时，矢量 $G(j\omega)$ 在复平面上移动所描绘出的矢端轨迹就是系统频率特性 Nyquist 图。

（3）**绘制频率特性 Nyquist 图的步骤**

1）在系统传递函数中令 $s=j\omega$，写出系统频率特性 $G(j\omega)$。

2）写出系统的幅频特性 $|G(j\omega)|$、相频特性 $\angle G(j\omega)$、实频特性 $u(\omega)$ 和虚频特性 $v(\omega)$。

3）令 $\omega=0$，求出 $\omega=0$ 时的 $|G(j\omega)|$、$\angle G(j\omega)$、$u(\omega)$、$v(\omega)$。

4）若频率特性矢端轨迹与实轴、虚轴存在交点，求出这些交点。令 $u(\omega)=0$，求出 ω，然后代入 $v(\omega)$ 的表达式即求得矢端轨迹与虚轴的交点；令 $v(\omega)=0$，求出 ω，然后代入 $u(\omega)$ 表达式即求得矢端轨迹与实轴的交点。

5）对于二阶振荡环节（或二阶系统），还要求 $\omega=\omega_n$ 时的 $|G(j\omega)|$、$\angle G(j\omega)$、$u(\omega)$、$v(\omega)$。若此环节（或系统）的阻尼比 $\xi=0\sim0.707$，则还要计算谐振频率 ω_r、谐振峰值 M_r 及 $\omega=\omega_r$ 时的 $u(\omega)$、$v(\omega)$。其中，谐振频率 ω_r、谐振峰值 M_r 可由下式得到：

$$\omega_r=\omega_n\sqrt{1-2\xi^2}, \quad M_r=\frac{1}{2\xi\sqrt{1-\xi^2}}=|G(j\omega_r)|$$

6）在 $0<\omega<\infty$ 的范围内再取若干点分别求 $|G(j\omega)|$、$\angle G(j\omega)$、$u(\omega)$、$v(\omega)$。

7）令 $\omega=\infty$，求出 $\omega=\infty$ 时的 $|G(j\omega)|$、$\angle G(j\omega)$、$u(\omega)$、$v(\omega)$。

8）在复平面 $[G(j\omega)]$ 中，标明实轴、原点、虚轴和复平面名称 $[G(j\omega)]$。在此坐标系中，分别描出以上所求各点，并按 ω 增大的方向将上述各点连成一条曲线，在该曲线旁标出 ω 增大的方向。

常见的 Nyquist 图见表 1-4。

表 1-4　常见的 Nyquist 图

序　号	环节或系统频率特性	Nyquist 图
1	比例环节 K	
2	积分环节 $\dfrac{1}{j\omega}$	
3	微分环节 $j\omega$	

（续）

序　号	环节或系统频率特性	Nyquist 图
4	惯性环节 $\dfrac{1}{1+\mathrm{j}T\omega}$	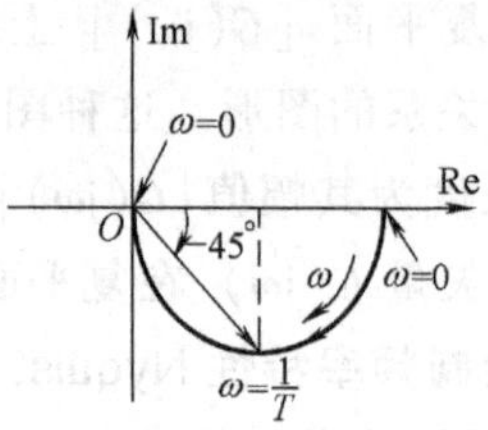 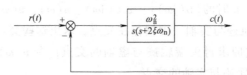

例 8 系统传递函数框图如图 1-49 所示，当系统输入 $r(t)=2\sin t$ 时，测得系统输出 $c(t)=4\sin(t-45°)$，试确定该系统的参数 ξ、ω_{n}。

$$\xymatrix{} \quad r(t) \xrightarrow{\ \ } \otimes \xrightarrow{\ \ } \boxed{\dfrac{\omega_{\mathrm{n}}^2}{s(s+2\xi\omega_{\mathrm{n}})}} \xrightarrow{\ \ } c(t)$$

图 1-49　系统传递函数框图

解 系统的闭环传递函数为 $\qquad G_{\mathrm{B}}(s)=\dfrac{\omega_{\mathrm{n}}^2}{s^2+2\xi\omega_{\mathrm{n}}s+\omega_{\mathrm{n}}^2}$

系统的频率特性为 $\qquad G_{\mathrm{B}}(\mathrm{j}\omega)=\dfrac{\omega_{\mathrm{n}}^2}{\omega_{\mathrm{n}}^2-\omega^2+2\mathrm{j}\xi\omega_{\mathrm{n}}\omega}$

其中，幅频特性为 $\qquad |G_{\mathrm{B}}(\mathrm{j}\omega)|=\dfrac{\omega_{\mathrm{n}}^2}{\sqrt{(\omega_{\mathrm{n}}^2-\omega^2)^2+(2\xi\omega_{\mathrm{n}}\omega)^2}}$

相频特性为 $\qquad\qquad\qquad \angle G_{\mathrm{B}}(\mathrm{j}\omega)=-\arctan\dfrac{2\xi\omega\omega_{\mathrm{n}}}{\omega_{\mathrm{n}}^2-\omega^2}$

由已知条件知，当 $\omega=1$ 时，有

$$\angle G_{\mathrm{B}}(\mathrm{j}\omega)=-\arctan\dfrac{2\xi\omega\omega_{\mathrm{n}}}{\omega_{\mathrm{n}}^2-\omega^2}\bigg|_{\omega=1}=-45°$$

$$|G_{\mathrm{B}}(\mathrm{j}\omega)|=\dfrac{\omega_{\mathrm{n}}^2}{\sqrt{(\omega_{\mathrm{n}}^2-\omega^2)^2+(2\xi\omega_{\mathrm{n}}\omega)^2}}\bigg|_{\omega=1}=2$$

即 $\qquad \dfrac{\omega_{\mathrm{n}}^2}{\sqrt{(\omega_{\mathrm{n}}^2-\omega^2)^2+(2\xi\omega_{\mathrm{n}}\omega)^2}}\bigg|_{\omega=1}=2, \qquad -\arctan\dfrac{2\xi\omega\omega_{\mathrm{n}}}{(\omega_{\mathrm{n}}^2-\omega^2)}\bigg|_{\omega=1}=-45°$

联立求解得：$\omega_{\mathrm{n}}=1.244\mathrm{s}^{-1}$，$\xi=0.22$。

例 9 已知某超前网络的传递函数为 $G(s)=\dfrac{Ts}{Ts+1}$，试绘出其频率特性的 Nyquist 图。

解 方法一，该网络的频率特性为

$$G(j\omega) = \frac{jT\omega}{jT\omega+1} = \frac{T^2\omega^2}{1+T^2\omega^2} + j\frac{T\omega}{1+T^2\omega^2}$$

其中，幅频特性为

$$|G(j\omega)| = \frac{T\omega}{\sqrt{(T\omega)^2+1}}$$

相频特性为

$$\angle G(j\omega) = \pi/2 - \arctan(T\omega)$$

实频特性为

$$u(\omega) = \frac{T^2\omega^2}{1+T^2\omega^2}$$

虚频特性为

$$v(\omega) = \frac{T\omega}{1+T^2\omega^2}$$

u、v 满足关系：

$$(u-1/2)^2 + v^2 = (1/2)^2$$

又因为 $u>0$、$v>0$，系统频率特性的 Nyquist 曲线为一个位于第一象限的半圆。系统频率特性的 Nyquist 图如图 1-50a 所示。

方法二，因为

$$G(j\omega) = \frac{jT\omega}{jT\omega+1} = 1 - \frac{1}{jT\omega+1}$$

因此，先作出 $\dfrac{1}{jT\omega+1}$ 的 Nyquist 图，然后取其反对称曲线，即为 $-\dfrac{1}{jT\omega+1}$ 的 Nyquist 图，最后将 $-\dfrac{1}{jT\omega+1}$ 的图沿实轴右移 1 个单位，即 $G(j\omega) = \dfrac{jT\omega}{jT\omega+1} = 1 - \dfrac{1}{jT\omega+1}$ 的 Nyquist 图，如图 1-50b 中实线所示。

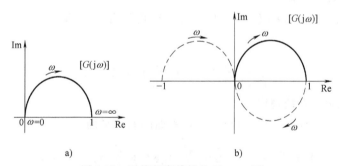

图 1-50　系统频率特性的 Nyquist 图

1.4.3　系统的稳定性

控制系统要在实际中应用的必要条件是系统要稳定可靠。分析系统的稳定性是经典控制理论的重要组成部分。

1. 稳定性的定义

系统稳定性是指系统在干扰作用下偏离平衡位置时，系统自动回到平衡位置的能力。

若系统在初始状态作用的时间响应随着时间的推移逐渐衰减并趋于零（即系统恢复到平衡状态），则称系统为稳定的；反之，若零输入响应随着时间的推移而发散（即偏离平衡状态越来越远），则称系统为不稳定的。

线性系统的稳定性是系统的固有特性，仅与系统的结构及参数有关；而非线性系统的稳定性不仅与系统的结构及参数有关，而且还与系统的输入及初始状态等有关。

2. 系统稳定的充要条件

系统稳定的充要条件是系统所有特征根的实部全都小于零，或系统传递函数的所有极点均分布在 [s] 平面的左半平面内。

若系统传递函数的所有极点中，只有一个位于虚轴（原点除外）上，而其他极点均分布在 [x] 平面的左半平面内，则系统临界稳定。而临界稳定的系统极易因为系统的结构或参数的细微变化而变成不稳定的系统。因此，临界稳定往往也归结为不稳定的一种。

若系统传递函数的所有极点中，只有一个为原点，而其他极点均分布在 [s] 平面的左面内，则系统稳定；若存在多个极点位于原点上，则系统不稳定。

系统是否稳定，取决于系统本身（结构、参数），与输入无关。不稳定现象的存在是由于反馈作用，稳定性是指自由响应的收敛性。

线性定常系统：

$$a_n x_0^{(n)}(t) + a_{n-1} x_0^{(n-1)}(t) + \cdots + a_1 \dot{x}_0(t) + a_0 x_0(t) = x_i(t)$$

得到

$$x_o(t) = \overbrace{\sum_{i=1}^{n} A_{1i} e^{s_i t} + \sum_{i=1}^{n} A_{2i} e^{s_i t}}^{自由响应} + \overbrace{B(t)}^{强迫响应}$$

系统的初态引起的自由响应　　输入引起的自由响应

式中，s_i 为系统的特征根。

1）当系统所有的特征根 $s_i (i=1, 2, \cdots, n)$ 均具有负实部（位于 [s] 平面的左半平面）。

由

$$\lim_{t \to \infty} \left(\sum_{i=1}^{n} A_{1i} e^{s_i t} + \sum_{i=1}^{n} A_{2i} e^{s_i t} \right) \to 0$$

可得其自由响应收敛，系统稳定。

2）若有任一 s_k 具有正实部（位于 [s] 平面的右半平面）。

由

$$\lim_{t \to \infty} e^{s_k t} \to \infty, \quad \lim_{t \to \infty} \left(\sum_{i=1}^{n} A_{1i} e^{s_i t} + \sum_{i=1}^{n} A_{2i} e^{s_i t} \right) \to \infty$$

可得其为自由响应发散，系统不稳定。

3）若有特征根 $s_k = \pm j\omega$（位于 [s] 平面的虚轴上），其余极点位于 [s] 平面的左半平面。

由

$$\lim_{t \to \infty} \left(\sum_{i=1}^{n} A_{1i} e^{s_i t} + \sum_{i=1}^{n} A_{2i} e^{s_i t} \right) \to A_k e^{\pm j\omega t} \quad 简谐运动$$

可得其为自由响应等幅振动，系统临界稳定。

4）若有特征根 $s_k = 0$（位于 [s] 平面的原点），其余极点位于 [s] 平面的左半平面。

由

$$A_k e^{s_k t} = A_k, \quad \lim_{t \to \infty} \left(\sum_{i=1}^{n} A_{1i} e^{s_i t} + \sum_{i=1}^{n} A_{2i} e^{s_i t} \right) \to A_k$$

可得其为自由响应收敛于常值，系统稳定。

结论：

1）线性定常系统是否稳定，完全取决于系统的特征根。

2）线性定常系统稳定的充要条件：若系统的全部特征根（传递函数的全部极点）均具有负实部（位于 $[s]$ 平面的左半平面），则系统稳定。

3. Routh 稳定判断

代数判据（依据根与系数的关系判断根的分布）。

（1）系统稳定的必要条件 设系统特征方程为

$$D(s) = a_n s^n + a_{n-1} s^{n-1} + \cdots + a_1 s + a_0 = 0$$

可得

$$s^n + \frac{a_{n-1}}{a_n} s^{n-1} + \cdots + \frac{a_1}{a_n} s + \frac{a_0}{a_n} = (s-s_1)(s-s_2)\cdots(s-s_n)$$

式中，s_1，s_2，$\cdots$，s_n 为特征根。

有

$$(s-s_1)(s-s_2)\cdots(s-s_n) = s^n - \sum_{i=1}^{n} s_i s^{n-1} + \sum_{\substack{i<j \\ i=1,j=2}}^{n} s_i s_j s^{n-2} - \cdots + (-1)^n \prod_{i=1}^{n} s_i$$

比较系数：

$$\left.\begin{array}{l} \dfrac{a_{n-1}}{a_n} = -\sum_{i=1}^{n} s_i, \quad \dfrac{a_{n-2}}{a_n} = \sum_{\substack{i<j \\ i=1,j=2}}^{n} s_i s_j \\[4mm] \dfrac{a_{n-2}}{a_n} = \sum_{\substack{i<j<k \\ i=1,j=2,k=3}}^{n} s_i s_j s_k \cdots \dfrac{a_0}{a_n} = (-1)^n \prod_{i=1}^{n} s_i \end{array}\right\}$$ 系统稳定性的必要条件：各系数同号且不为零或 $a_n>0$，$a_{n-1}>0$，$\cdots$，$a_1>0$，$a_0>0$

（2）系统稳定的充要条件 特征方程为

$$D(s) = a_n s^n + a_{n-1} s^{n-1} + \cdots + a_1 s + a_0 = 0$$

Routh 表：

s^n	a_n	a_{n-2}	a_{n-4}	a_{n-6}	$\cdots$
s^{n-1}	a_{n-1}	a_{n-3}	a_{n-5}	a_{n-7}	$\cdots$
s^{n-2}	A_1	A_2	A_3	A_4	
s^{n-3}	B_1	B_2	B_3	B_4	$\cdots$
$\vdots$	$\vdots$	$\vdots$	$\vdots$	$\vdots$	
s^2	D_1	D_2			
s^1	E_1				
s^0	F_1				

表中，$A_1 = \dfrac{a_{n-1}a_{n-2}-a_n a_{n-3}}{a_{n-1}}$，$A_2 = \dfrac{a_{n-1}a_{n-4}-a_n a_{n-5}}{a_{n-1}}$，$A_3 = \dfrac{a_{n-1}a_{n-6}-a_n a_{n-7}}{a_{n-1}}$，$\cdots$；$B_1 = \dfrac{A_1 a_{n-3}-a_{n-1}A_2}{A_1}$，$B_2 = \dfrac{A_1 a_{n-5}-a_{n-1}A_3}{A_1}$，$B_3 = \dfrac{A_1 a_{n-7}-a_{n-1}A_4}{A_1}$；$\cdots$

Routh 判据：Routh 表中第一列各元符号改变的次数等于系统特征方程具有正实部特征根的个数。因此，系统稳定的充要条件是 Routh 表中第一列各元的符号均为正，且值不为零。

例 10 系统的特征方程为

$$D(s) = s^4 + s^3 - 19s^2 + 11s + 30 = 0$$

解 Routh 表：

s^4	1	−19	30	
s^3	1	11	0	（改变符号一次）
s^2	$\dfrac{1\times(-19)-1\times11}{1}=-30$	30	0	（改变符号一次）
s^1	$\dfrac{11\times(-30)-1\times30}{-30}=12$	0	0	
s^0	30	0	0	

第一列各元符号改变次数为2，因此可知：

1）系统不稳定。

2）系统有两个具有正实部的特征根。

例 11 如图 1-51 所示，已知 $\xi = 0.2$ 及 $\omega_n = 86.6$，试确定 K 取何值时，系统方能稳定。

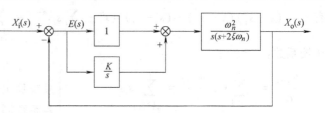

图 1-51　系统传递函数框图

解 系统开环传递函数为 $G_K(s) = \dfrac{X_o(s)}{E(s)} = \dfrac{\omega_n^2(s+K)}{s^2(s+2\xi\omega_n)}$

系统闭环传递函数为 $G_B(s) = \dfrac{X_o(s)}{X_i(s)} = \dfrac{\omega_n^2(s+K)}{s^3 + 2\xi\omega_n s^2 + \omega_n^2 s + K\omega_n^2}$

特征方程为 $D(s) = s^3 + 2\xi\omega_n s^2 + \omega_n^2 s + K\omega_n^2 = 0$

Routh 表：

s^3	1	7500	0
s^2	34.6	7500K	0
s^1	$\dfrac{34.6\times7500-7500K}{34.6}$	0	0
s^0	7500K	0	0

即 $D(s) = s^3 + 34.6s^2 + 7500s + 7500K = 0$

由系统的稳定性条件，有：

1）$7500K>0$，亦即 $K>0$。显然，这就是由必要条件所得的结果。

2) $\dfrac{34.6\times7500-7500K}{34.6}>0$，亦即 $K<34.6$。

故能使系统稳定的参数 K 的取值范围为 $0<K<34.6$。

思 考 题

1-1 系统如图 1-52 所示，写出其微分方程，画出系统传递函数框图。

1-2 一质块-弹簧-阻尼机械系统如图 1-52 所示，已知质块的质量 $m=1\mathrm{kg}$，k 为弹簧刚度，c 为阻尼系数。若外力 $f(t)=2\sin2t$，由试验得到系统稳态响应为 $x_{oss}=\sin(2t-\pi/2)$。试确定 k 和 c。

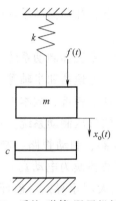

图 1-52 质块-弹簧-阻尼机械系统

1-3 仅靠调整参数无法稳定的系统称为结构不稳定系统。图 1-53 所示系统为某液位控制系统，试判断该系统是否属于结构不稳定系统。若是，提出消除结构不稳定的有效措施。

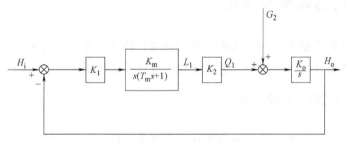

图 1-53 液位控制系统

第2章

车辆纵向运动控制

本章主要从三个方面介绍了车辆的纵向运动控制。首先介绍了车辆控制的基础，即车辆纵向动力学中包括驱动系统和制动系统在内的建模过程和关键参数标定方法。其次，详细阐述了车辆在稳态工况行驶下，最常用的运动控制系统——自适应巡航系统的分层控制方法。最后，讲解了针对部分典型瞬态工况下，如何提高车辆的主动安全性，开展的纵向运动控制器设计，包括 ABS、TCS 和 AEB 系统。

涉及车辆纵向运动的系统分为驱动系统和制动系统。其中传统内燃机汽车的驱动系统包括发动机、离合器、变速器、减速器、差速器和半轴等。混合动力汽车的驱动系统虽然在结构上更为复杂，但是两者在动力学特性上相近，故本书不做讨论。车辆的制动系统在结构上分为乘用车的液压制动系统和商用车的气压制动系统。本书以乘用车制动系统介绍为主，其由制动主缸、真空助力器、压力调节器、制动管路、制动轮缸和盘式/鼓式制动器等组成。对于纯电动汽车，传统的真空助力器被替换为电动真空泵或电子液压制动系统，如 MK C1/iBooster，但在制动特性上与传统车辆大同小异。一般而言，车辆的驱动系统由于离散档位的存在，系统更为复杂，非线性度更高，控制难度更大；而制动系统的响应延时相对较短，但由于涉及车辆安全性，对控制精度的要求一般较高。

2.1 车辆纵向运动系统建模

车辆动力学数学模型能抽象地反映车辆的动力学特性。通过对车辆纵向动力学建模，有利于发现系统的普遍性规律，并为今后控制器的设计奠定基础。

2.1.1 整车及轮胎动力学建模

整车动力学主要研究车身及车轮的运动状态及受力特性。由于整车动力学系统具有车辆纵向、侧向及垂向运动的强非线性耦合特性，建立精确的整车动力学模型十分困难。因此，为了便于纵向动力学系统分析，对模型做出以下简化：

1）忽略车轮及悬架的形变作用，假设车身没有垂向运动。

2）假设车身的俯仰角和侧倾角均为零。

3）忽略转向梯形对左、右车轮转角的影响，假设左、右车轮转动的角度相同。

基于上述假设，建立了车辆八自由度系统模型，如图 2-1 所示。其中，考虑了车身沿 x 轴和 y 轴方向的平动和绕 z 轴的横摆运动，以及四个车轮的旋转运动和前轮转向运动。

参考图 2-1，建立车身动力学方程：

$$\sum F_x = m(a_x - v_y\omega_\psi) = F_{\mathrm{f}x}\cos\delta - F_{\mathrm{f}y}\sin\delta + F_{\mathrm{r}x} \tag{2-1}$$

$$\sum F_y = m(a_y + v_x\omega_\psi) = F_{\mathrm{f}x}\sin\delta + F_{\mathrm{f}y}\cos\delta + F_{\mathrm{r}y} \tag{2-2}$$

$$\sum M_z = I_z\dot{\omega}_\psi = F_{\mathrm{f}y}L_1\cos\delta + F_{\mathrm{f}x}L_1\sin\delta - F_{\mathrm{r}y}L_2 \tag{2-3}$$

式中，m 为车辆质量（kg）；I_z 为车辆绕 z 轴的转动惯量（kg·m²）；L_1 为车辆质心到前轴的距离（m）；L_2 为车辆质心到后轴的距离（m）；δ 为前轮转角（rad）；v_x 和 v_y 分别为车辆质心的纵向/侧向速度（m/s）；a_x 和 a_y 分别为车辆质心的纵向/侧向加速度（m/s²）；ω_ψ 和 $\dot{\omega}_\psi$ 分别为车辆的横摆角速度及其角加速度（rad/s、rad/s²）；$\sum F_x$ 和 $\sum F_y$ 分别为车辆质心坐标系中沿 x 轴和 y 轴方向的合力（N）；$\sum M_z$ 为车辆质心坐标系中绕 z 轴转矩之和（N·m）。

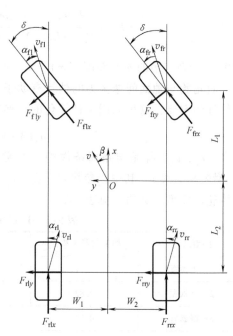

图 2-1　车身动力学示意图

由图 2-2 和图 2-3，建立车轮动力学方程：

$$\dot{\omega}_{\mathrm{w}i} = \frac{T_{\mathrm{d}i} - T_{\mathrm{b}i} - F_{xi}r}{I_\mathrm{w}} \quad (i = \mathrm{fl,fr,rl,rr}) \tag{2-4}$$

式中，$\dot{\omega}_{\mathrm{w}i}$ 为各车轮的角加速度（rad/s²）；I_w 为车轮旋转的转动惯量（kg·m²）；r 为车轮半径（m）；F_{xi} 为各车轮所受地面的切向力（N）；$T_{\mathrm{d}i}$ 与 $T_{\mathrm{b}i}$ 分别为作用于各车轮上的驱动力矩及制动力矩（N·m）。对于试验样车而言，$T_{\mathrm{drl}} = T_{\mathrm{drr}} = 0$。

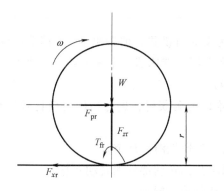

图 2-2　从动轮受力图

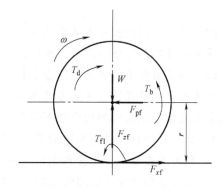

图 2-3　驱动轮受力图

考虑到载荷转移，各车轮的法向力为

$$F_{zfj} = \frac{L_2mg}{2(L_1+L_2)} + \frac{h_\mathrm{g}ma_x}{2(L_1+L_2)} \mp \frac{h_\mathrm{g}ma_y}{2(W_1+W_2)} \quad (j=\mathrm{l,r}) \tag{2-5}$$

$$F_{zfj} = \frac{L_1 mg}{2(L_1 + L_2)} - \frac{h_g ma_x}{2(L_1 + L_2)} \mp \frac{h_g ma_y}{2(W_1 + W_2)} \qquad (j = 1, r) \qquad (2\text{-}6)$$

式中，h_g 为车辆的质心高度（m）；$W_1 + W_2$ 为车身宽度（m）；其余参数意义同上。

对轮胎与地面间摩擦力的估计有助于了解车身或车轮是否处于稳定状态。考虑到实时参数估计的需要，这里采用一种简化的三参数 Burckhardt 轮胎纵向力模型，即

$$\mu_x(\lambda) = c_1(1 - e^{-c_2 \lambda}) - c_3 \lambda \qquad (2\text{-}7)$$

式中，c_1、c_2、c_3 是与路面条件相关的常数；μ_x 为路面的纵向附着系数；λ 为轮胎的滑移率/滑转率（%）。其中，参数 c_1、c_2、c_3 需要根据大量的轮胎试验进行标定，不同路面下的具体轮胎模型参数值，见表 2-1。

表 2-1　Burckhardt 轮胎纵向力模型参数

路面条件	峰值附着系数 μ_p	c_1	c_2	c_3
1—干沥青	0.91	0.958	28.1	0.117
2—干水泥	0.82	0.844	27.6	0.104
3—湿沥青	0.71	0.73	27.0	0.091
4—砾石	0.60	0.616	26.5	0.0779
5—湿土路	0.49	0.503	26.0	0.0648
6—湿砾石	0.38	0.389	25.5	0.0517
7—疏松雪	0.27	0.275	25.0	0.0386
8—压实雪	0.16	0.161	24.4	0.0256
9—黑冰	0.08	0.047	23.9	0.0125

2.1.2　驱动系统建模

对驱动系统的建模基于某款捷达轿车，该款车为发动机横置、前轮驱动、5 档手动变速器、简单差速器和等速万向节。发动机输出转矩经离合器、变速器、主减速器、差速器、驱动半轴、等速万向节传等环节传递至驱动轮（图 2-4）。

由于车辆驱动系统包含的零部件多，许多参数难以准确获得，进行精确建模比较困难，因此需要对驱动系统模型做出如下简化：

1）将发动机动态响应系统的非线性特性简化为一阶惯性滞后环节。

2）仅考虑发动机、车轮和飞轮的转动惯量，忽略其他转动部件的转动惯量。

3）只考虑传动系统的旋转运动，忽略其扭转振动和轴向振动。

4）动力传动系统中的传动轴及传动齿轮为刚性，忽略传动系部件的轴向和扭转弹性，忽略传动系统各零部件的配合间隙。

5）认为控制过程中离合器处于完全结合状态，变速器档位固定不变，各部件只起传递转矩的作用。

6）差速器为简单差速器，忽略其摩擦转矩，认为主减速器输入转矩由左、右驱动半轴

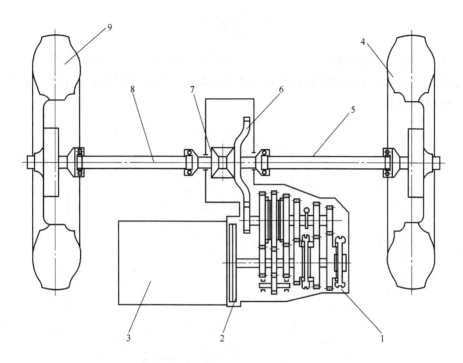

图 2-4 试验样车驱动系统示意图

1—变速器 2—离合器 3—发动机 4—右侧驱动轮 5—右侧驱动半轴

6—主减速器 7—差速器 8—左侧驱动半轴 9—左侧驱动轮

平均分配。

7）地面附着系数足够大，不考虑轮胎的滑移等非线性因素。

基于以上假设的车辆驱动系统模型可分为发动机模型、传动系统模型和变速器相关模型。

试验样车所装配发动机型号为 EA113，排量为 1.6L，四气缸，20 气门，采用汽油电喷方式。发动机模型一般分为稳态模型和动态模型。发动机的稳态模型可通过发动机台驾试验获得，发动机的稳态输出转矩与其输出转速和节气门开度角之间的非线性函数关系为

$$T_{es} = f_e(\omega_e, \alpha) \tag{2-8}$$

式中，α 为节气门开度（°）；ω_e 为发动机曲轴转速（rad/s）；T_{es} 为发动机的稳态输出转矩（N·m）；$f_e(\ )$ 用于描述发动机的稳态响应特性。

利用 MAHA ASM 底盘测功机恒力矩调节方式，可对试验样车的五个档位在不同节气门开度下的轮边功率进行测试。因此由不同节气门开度下轮边功率扫描所测得的车速–轮边功率特性，反推得到 EA113 型发动机速度特性曲线，进而得到该发动机的 MAP 图，如图 2-5 所示。因此可基于发动机 MAP 图，通过发动机的曲轴转速和节气门开度快速确定其稳态输出转矩。

由于负载不稳定和发动机转速、节气门开度等参数的时变特性，发动机实际不会处在稳态下工作。考虑到建模的实时性和准确性，将发动机的动态特性简化为具有一阶惯性滞后环节，即

$$T_e = \frac{T_{es}}{t_e s + 1} e^{-\tau_e s} \qquad (2\text{-}9)$$

式中，T_e 为发动机动态输出转矩（N·m）；t_e 为滞后时间（s）；τ_e 为时间常数。

通过发动机节气门开度与输出转矩的阶跃响应数据，直接辨识出上式中的一阶惯性环节常数 t_e 和纯滞后时间 τ_e。

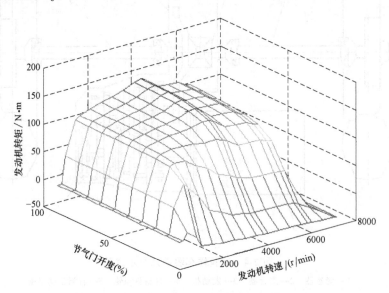

图 2-5　EA113 型发动机 MAP 图

考虑发动机飞轮及曲轴的转动惯量，发动机曲轴输出转矩由式（2-10）得到：

$$T_c = T_e - I_e \dot{\omega}_e \qquad (2\text{-}10)$$

式中，I_e 为飞轮及曲轴的转动惯量（kg·m^2）；T_c 为曲轴输出转矩（N·m）；其余参数意义同上。

由于模型中不考虑行车换档时离合器的分离与结合操作，离合器能够 100%传递发动机输出转矩。试验车变速器为 02KA 型五档手动变速器，忽略变速器及主减速器的转动惯量，则主减速器的输出转矩 T_0 可由式（2-11）确定：

$$T_0 = i_0 i_g T_c \eta_g \qquad (2\text{-}11)$$

式中，i_0 为主减速器传动比；i_g 为变速器传动比；η_g 为传动效率。

类似的，发动机曲轴和主减速器从动齿轮之间有如下运动学关系：

$$\omega_0 = \frac{\omega_e}{i_0 i_g} \qquad (2\text{-}12)$$

式中，ω_0 为主减速器从动齿轮转速（rad/s）。

试验样车差速器为简单行星齿轮差速器，差速器的输入转速 ω_d 有

$$\omega_{\mathrm{d}} = \frac{\omega_{\mathrm{lf}} + \omega_{\mathrm{rf}}}{2} \tag{2-13}$$

$$\omega_{\mathrm{d}} = \omega_0 \tag{2-14}$$

式中，ω_{lf} 为左前轮转速（rad/s）；ω_{rf} 为右前轮转速（rad/s）。

忽略差速器齿轮、轴的转动惯量，差速器的传动效率已包括在传动系统效率之内，差速器的动力学模型可简化为

$$T_{\mathrm{dlf}} = T_{\mathrm{drf}} = \frac{T_{\mathrm{d}}}{2} \tag{2-15}$$

$$T_{\mathrm{d}} = T_0 \tag{2-16}$$

式中，T_{d} 为差速器输入力矩（N·m）；T_{dlf} 为左前轮驱动力矩（N·m）；T_{drf} 为右前轮驱动力矩（N·m）。

试验样车的电子节气门闭环控制示意图如图 2-6 所示。节气门控制器接收来自电子加速踏板或上层控制器输出的节气门期望开度；节气门开度传感器反馈实际的节气门开度大小；节气门控制器负责将期望节气门开度转化成不同占空比的 PWM 控制信号，经电动机驱动板功率放大后，驱动直流电动机转动，以跟随期望的节气门开度值。

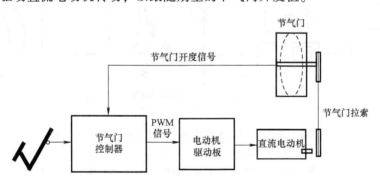

图 2-6 电子节气门闭环控制示意图

为了获得发动机节气门的动态特性，考虑直接对节气门闭环控制系统进行系统辨识，建立简化的节气门动力学模型。根据节气门开度的阶跃响应曲线，其传递函数可近似为带有延迟的一阶惯性环节，其表达式为

$$G(s) = \frac{0.99097}{0.04501s + 1} \mathrm{e}^{-0.1339s} \tag{2-17}$$

将辨识出的节气门模型与改造后的实际电子节气门系统进行阶跃响应对比试验，试验结果如图 2-7 所示。

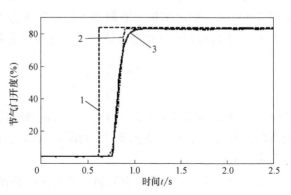

图 2-7 节气门开度阶跃响应曲线试验结果对比
1—期望曲线 2—试验曲线 3—仿真曲线

2.1.3 制动系统建模

目目前大部分乘用车均配有 ABS 系统，所选试验样车也不例外，因此建立制动系统模型必须包括具有 ABS 功能的压力调节器模型。带有 ABS 的车辆液压制动系统简图如图 2-8 所示，该图为单轮系统模型，只有一个进油电磁阀（图中 12 所示）、一个出油电磁阀（图中 13 所示），图中 8、9、11 为单向阀，5 为回油电动机，6 为回油泵，7 为低压储液室，10 为储能器，14 压力调节器为点画线框示部分（含高速开关电磁阀、电动机、回油泵等）。其他部件包括制动踏板、真空助力器、制动主缸、储液室、压力调节器、制动管路、制动器等组成。因此，需要建立的制动系统动力学模型按照制动力的传递路径主要包括制动踏板模型、真空助力器模型、制动主缸模型、压力调节器模型（内含高速开关电磁阀、电动机、泵、低压蓄能器等）、制动轮缸模型和制动器模型（盘式、鼓式）。

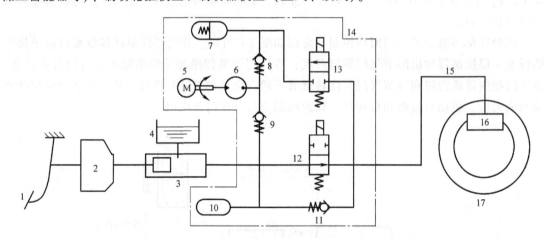

图 2-8 有 ABS 的车辆液压制动系统简图（单个车轮）

1—制动踏板 2—真空助力器 3—制动主缸 4—储液室 5—电动机 6—回油泵 7—低压储液室

8、9、11—单向阀 10—储能器 12—进油电磁阀 13—出油电磁阀 14—压力调节器

15—制动管路 16—制动器 17—车轮

研究车辆制动过程仿真时，通常将制动踏板力作为输入量，如图 2-9 所示。制动踏板力沿制动主缸轴线的分力 F_p 经放大输出为 F_o，然后输入至真空助力器，并且有如下关系式：

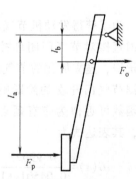

$$\frac{F_o}{F_p} = \frac{l_a}{l_b} = K_{bp} \qquad (2\text{-}18)$$

式中，F_o 为制动踏板输出力（N）；F_p 为制动踏板力沿制动主缸轴线的分力（N）；l_a 为支点到 F_p 的距离（m）；l_b 为支点到 F_o 的距离（m）。

图 2-9 制动踏板力放大过程简图

真空助力器是制动系统中的制动助力伺服装置，使驾驶人制动时省力、可靠，借助于真空助力器可实现制动踏板力的放大，但同时会带来一定时间的延迟。一般可以近似将其看作为一阶系

统，其传递函数为

$$G(s) = \frac{F_{\mathrm{m}}(s)}{F_{\mathrm{o}}(s)} = \frac{K_{\mathrm{m}}}{1 + \tau_{\mathrm{m}}s} \tag{2-19}$$

式中，K_{m} 为稳态增益；τ_{m} 为时间常数（s）；F_{m} 为真空助力器输出力（N）；F_{o} 的意义同式（2-18）。

在时域内有

$$\dot{F}_{\mathrm{m}} = \frac{K_{\mathrm{m}}}{\tau_{\mathrm{m}}}F_{\mathrm{o}} - \frac{1}{\tau_{\mathrm{m}}}F_{\mathrm{m}} \tag{2-20}$$

式中，$\dot{F}_{\mathrm{m}}$ 为真空助力器输出力对时间的一阶导数（N/s）；其他参数意义同式（2-19）。

图 2-8 所示的液压系统通过出油电磁阀、进油电磁阀、泵及电动机的协调工作来实现 ABS 系统的增压过程、保压过程、减压过程。MK20-I/E+型 ABS 压力调节器通过测试：增压到保压过程中常开进油电磁阀的响应时间是 6~6.5ms，此过程中常闭出油电磁阀处于闭合状态；保压到增压过程中常开进油电磁阀的响应时间是 3~3.5ms，此过程中常闭出油电磁阀处于闭合状态；保压到减压过程中常闭出油电磁阀的响应时间是 5~5.5ms，此过程中常开进油电磁阀处于闭合状态；减压到保压过程中常闭出油电磁阀的响应时间是 2~2.5ms，此过程中常开进油电磁阀处于闭合状态；增压到减压过程中常开进油电磁阀的响应时间是 5~5.5ms，此过程中常闭出油电磁阀的响应时间是 5~5.5ms；减压到增压过程中常开进油电磁阀的响应时间是 3~3.5ms，此过程中常闭出油电磁阀的响应时间是 3~3.5ms。

所以，制动主缸、ABS 压力调节器、轮缸系统模型依据 ABS 系统工作状态转化的不同而不同。

由减压或保压到增压状态，制动主缸、ABS 压力调节器、轮缸的系统模型是

$$\begin{cases} M_{\mathrm{m}}\ddot{x}_{\mathrm{m}} = F_{\mathrm{m}} - A_{\mathrm{m}}p_{\mathrm{m}} - C_{\mathrm{m}}\dot{x}_{\mathrm{m}} \\[2mm] \dot{p}_{\mathrm{m}} = \beta_{\mathrm{m}}\dfrac{A_{\mathrm{m}}\dot{x}_{\mathrm{m}} - Q_{12}}{V_{\mathrm{m}}} \\[2mm] Q_{12} = C_{\mathrm{din}}A_{\mathrm{in}}\sqrt{\dfrac{2}{\rho}(p_{\mathrm{m}} - p_{\mathrm{w}})} \\[2mm] A_{\mathrm{in}} = A_0 \\[2mm] \dot{p}_{\mathrm{lt}} = 0 \\[2mm] \dot{p}_{\mathrm{w}} = \beta_{\mathrm{w}}\dfrac{Q_{12}}{V_{\mathrm{w}}} \end{cases} \tag{2-21}$$

式中，M_{m} 为制动主缸活塞质量（kg）；$\ddot{x}_{\mathrm{m}}$ 为活塞加速度（m/s²）；A_{m} 为主缸内腔截面积（m²）；C_{m} 为阻尼系数 [N/(m·s)]；$\dot{x}_{\mathrm{m}}$ 为活塞速度（m/s）；$\dot{p}_{\mathrm{m}}$ 为制动主缸单位时间的

输出压力（Pa/s）；β_m 为制动主缸活塞和高压储能器到进油电磁阀之间的制动液的等效体积弹性模量（Pa）；Q_{12} 为通过进油电磁阀的流量（m³/s）；V_m 为从制动主缸活塞和高压储能器到压力调节器的进油电磁阀的体积之和（m³）；C_{din} 为进油阀阀口流量系数，由阀口形状、液体流态、油液性质等因素决定；A_{in} 为进油阀口的通流截面积（m²）；ρ 为制动液密度（N·s²/m⁴）；p_m 和 p_w 分别为制动主缸出口压力和制动轮缸压力（Pa）；A_0 为进油电磁阀阀口完全打开的通流截面积（m²）；$\dot{p}_{lt}$ 为低压储液室内压力变化率（Pa/s）；$\dot{p}_w$ 为制动轮缸压力对时间的变化率（Pa/s）；β_w 为从压力调节器进油阀出口到轮缸活塞的制动液等效体积弹性模量（Pa）；V_w 为从压力调节器进油阀出口到轮缸活塞的油液体积（m³）。

由增压到减压状态，制动主缸、ABS 压力调节器、轮缸的系统模型是

$$
\begin{cases}
M_m \ddot{x}_m = F_m - A_m p_m - C_m \dot{x}_m \\[2mm]
\dot{p}_m = \beta_m \dfrac{A_m \dot{x}_m + Q_9 - Q_{12}}{V_m} \\[2mm]
Q_{12} = C_{din} A_{in} \sqrt{\dfrac{2}{\rho}(p_m - p_w)} \\[2mm]
A_{in} = A_0 \left\{ 0.5 - 0.5 \tanh\left[t_{cslope}(t - t_{cdelay}) \right] \right\} \\[2mm]
Q_{13} = C_{dout} A_{out} \sqrt{\dfrac{2}{\rho}(p_w - p_{lt})} \\[2mm]
A_{out} = A_0 \left\{ 0.5 + 0.5 \tanh\left[t_{oslope}(t - t_{odelay}) \right] \right\} \\[2mm]
\dot{p}_{lt} = \beta_{lt} \dfrac{Q_{13} - Q_8}{V_{lt}} \\[2mm]
Q_9 = Q_8 = C_{d8} A_8 \sqrt{\dfrac{2}{\rho}(p_{lt} + p_k)} \\[2mm]
\dot{p}_w = \beta_w \dfrac{Q_{12} - Q_{13}}{V_w}
\end{cases}
\tag{2-22}
$$

式中，Q_9 为制动主缸和高压储能器出口处的制动液流量（m³/s）；t_{cslope} 为进油电磁阀关闭动作时的关闭斜率（ms⁻¹）；t 为时间（ms）；t_{cdelay} 为进油电磁阀关闭动作的延迟时间（ms）；Q_{13} 为通过出油电磁阀的流量（m³/s）；C_{dout} 为出油电磁阀阀口的流量系数，由阀口形状、液体流态、油液性质等因素决定；A_{out} 为出油阀口的通流截面积（m²），p_{lt} 为低压储液室压力（Pa）；t_{oslope} 为出油电磁阀打开动作时的开启斜率（ms⁻¹）；t 为时间（ms）；t_{odelay} 为出油电磁阀打开动作的延迟时间（ms）；β_{lt} 为从出油电磁阀出口到单向阀段及低压储液室内油液的等效体积弹性模量（Pa）；V_{lt} 为从出油电磁阀出口到单向阀段及低压储液室内油液的体积（m³）；Q_8 为通过单向阀 8 流向柱塞泵入口处的流量（m³/s）；C_{d8} 为单向阀 8 阀口的流量系数；A_8 为单向阀口的通流截面积（m²）；p_k 为柱塞腔容积增大时形成的真空度（Pa）。

由保压到减压状态，制动主缸、ABS 压力调节器、轮缸的系统模型是

$$\begin{cases} M_m \ddot{x}_m = F_m - A_m p_m - C_m \dot{x}_m \\[2mm] \dot{p}_m = \beta_m \dfrac{A_m \dot{x}_m + Q_9}{V_m} \\[2mm] Q_{13} = C_{dout} A_{out} \sqrt{\dfrac{2}{\rho}(p_w - p_{lt})} \\[2mm] A_{out} = A_0 \left\{ 0.5 + 0.5 \tanh[t_{oslope}(t - t_{odelay})] \right\} \\[2mm] \dot{p}_{lt} = \beta_{lt} \dfrac{Q_{13} - Q_8}{V_{lt}} \\[2mm] Q_9 = Q_8 \\[2mm] Q_8 = C_{d8} A_8 \sqrt{\dfrac{2}{\rho}(p_{lt} + p_k)} \\[2mm] \dot{p}_w = -\beta_w \dfrac{Q_{13}}{V_w} \end{cases} \tag{2-23}$$

由增压到保压状态，制动主缸、ABS 压力调节器、轮缸的系统模型是

$$\begin{cases} M_m \ddot{x}_m = F_m - A_m p_m - C_m \dot{x}_m \\[2mm] \dot{p}_m = \beta_m \dfrac{A_m \dot{x}_m - Q_{12}}{V_m} \\[2mm] Q_{12} = C_{din} A_{in} \sqrt{\dfrac{2}{\rho}(p_m - p_w)} \\[2mm] A_{in} = A_0 \left\{ 0.5 - 0.5 \tanh[t_{cslope}(t - t_{cdelay})] \right\} \\[2mm] \dot{p}_{lt} = 0 \\[2mm] \dot{p}_w = \beta_w \dfrac{Q_{12}}{V_w} \end{cases} \tag{2-24}$$

由减压到保压状态，制动主缸、ABS 压力调节器、轮缸的系统模型是

$$\begin{cases} M_m \ddot{x}_m = F_m - A_m p_m - C_m \dot{x}_m \\[2mm] \dot{p}_m = \beta_m \dfrac{A_m \dot{x}_m}{V_m} \\[2mm] \dot{p}_{lt} = 0 \\[2mm] \dot{p}_w = 0 \end{cases} \tag{2-25}$$

式中，各参数意义同上。

对于盘式制动器有

$$F_b = p_w A_w - K_w l_0 \tag{2-26}$$

式中，F_b 为单侧制动衬片对制动盘的压紧力（N）；K_w 为回位弹簧刚度（N/m）；l_0 为轮缸活塞空行程；其他参数意义同上。

在制动衬片所在面积上的均布压紧力 p 为（图 2-10）

$$p = \frac{F_b}{A_p} = \frac{p_w A_w - K_w l_0}{\frac{1}{2}\theta(R_2^2 - R_1^2)}$$ （2-27）

式中，p 为单侧制动衬片均布压紧力（N/m^2）；A_p 为单侧制动衬片与制动盘接触面积（m^2）；θ 为制动衬片角度大小（rad）；R_1 为制动衬片内径（m）；R_2 为制动衬片外径（m）；其他参数意义同上。

设制动衬片与制动盘之间的摩擦系数为 μ，则制动力矩为

$$T_b = 2\int_{R_1}^{R_2}\int_0^{\theta} R\mu p R \mathrm{d}R\mathrm{d}\phi = \frac{2\mu p\theta}{3}(R_2^3 - R_1^3)$$ （2-28）

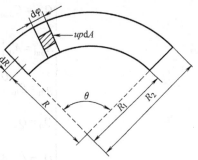

图 2-10 盘式制动器制动力分析

即

$$T_b = \frac{4\mu F_b(R_1^2 + R_1 R_2 + R_2^2)}{3(R_1 + R_2)}$$ （2-29）

式中，T_b 为盘式制动器制动力矩（N·m）；其他参数意义同上。

制动效能因数定义为在制动鼓或制动盘的作用半径上所产生的摩擦力矩与输入力之比，即

$$B_F = \frac{T_f}{FR}$$ （2-30）

式中，B_F 为制动效能因数；T_f 为制动器摩擦力矩（N·m）；R 为摩擦力作用半径（m）；F 为制动蹄上的输入力（N）。

领从蹄鼓式制动器的制动效能因数等于领蹄效能因数 B_{F1} 和从蹄效能因数 B_{F2} 之和。在冷态下，B_{F1} 和 B_{F2} 分别为

$$B_{F1} = \frac{\mu_L h}{\frac{a'}{r'}\times\frac{\alpha_0 - \sin\alpha_0\cos\alpha_0}{4\sin\frac{\alpha_0}{2}\sin\frac{\alpha_3}{2}} - \mu_L\left(1 + \frac{a'}{r'}\cos\frac{\alpha_0}{2}\cos\frac{\alpha_3}{2}\right)}$$ （2-31）

$$B_{F2} = \frac{\mu_L h}{\frac{a'}{r'}\times\frac{\alpha_0 - \sin\alpha_0\cos\alpha_0}{4\sin\frac{\alpha_0}{2}\sin\frac{\alpha_3}{2}} + \mu_L\left(1 + \frac{a'}{r'}\cos\frac{\alpha_0}{2}\cos\frac{\alpha_3}{2}\right)}$$ （2-32）

式中，μ_L 为鼓式制动器的摩擦系数；其余各参数为制动器的几何参数，如图 2-11 和图 2-12 所示，长度单位均是 m，制动鼓半径 r' 即为摩擦力的作用半径，即 $R = r'$。

所以，鼓式制动器摩擦力矩为

$$T_f = B_F F R \eta_b$$ （2-33）

式中，η_b 为制动器的效率。

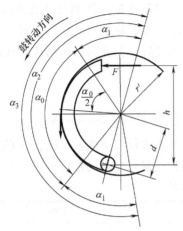

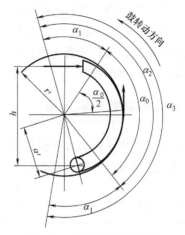

图 2-11 领蹄制动效能分析 图 2-12 从蹄制动效能分析

对于带有 ESP 功能的车辆制动系统而言，在保留原有液压制动管路的基础上，需要更换更先进的压力调节器以实现主动制动能力，如 MK60 型液压控制单元（HCU）。MK60 型 HCU 是一个集成度很高并带有主动建压功能的液压控制系统，由两个偏心柱塞泵、两个低压蓄能器、两个阻尼器及十二个高速开关电磁阀组成。连同制动主缸、真空助力器、制动管路、制动轮缸和制动器一起构成了车辆的主动制动液压控制系统，其结构如图 2-13 所示。

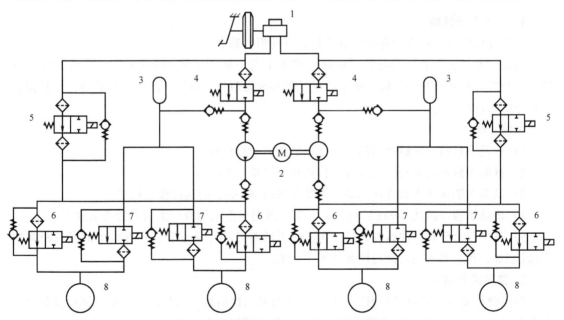

图 2-13 基于 MK60 型 HCU 的主动制动系统组成

1—制动主缸 2—预压泵（回油泵） 3—蓄能器 4—吸入阀 5—限压阀 6—增压阀 7—减压阀 8—轮缸

当系统进入主动制动工作模式后，限压阀 5 立刻从常通状态转变为限压状态，吸入阀 4 打开，制动液在预压泵 2 的作用下由制动主缸 1 通过吸入阀 4 进入蓄能器 3，在减弱了油压脉动后通过增压阀 6 进入轮缸 8，推动轮缸 8 中的活塞，压紧摩擦片进行制动；当制动达到一定强度时，增压阀 6 和吸入阀 4 关闭，减压阀 7 打开，轮缸中的高压制动液通过减压阀 7 流回蓄能器 3，此时的蓄能器 3 成为了下一次增压的油源；在新的增压过程中，制动液在回油泵 2 的作用下，从蓄能器 3 出发通过增压阀 6 再次进入轮缸。如此增减压循环，从而实现轮缸制动压力的精细调节。

2.1.4　纵向参数辨识方法

为了标定车辆纵向动力学模型中的关键参数，一般考虑进行以下四种试验，分别是空档滑行试验、带档滑行试验、稳态行车试验、空档制动试验。需要采集的数据见表 2-2。

表 2-2　标定试验采集参数

序号	符号	名称
1	v	车速
2	ω_e	发动机转速
3	α_{th}	节气门开度
4	—	实时的档位
5	a	加速度
6	p_b	主缸制动压力
7	T_e	发动机转矩

1. 空档滑行试验

空档滑行试验主要用于辨识风阻系数和滚动阻力系数。

试验方案：在水平且附着状况良好的路面上将车辆加速到 90km/h 后，将档位置于空档，完全放开加速及制动踏板，使车辆在风阻和滚动阻力的作用下减速至最低速，试验路段两个方向各进行 3 次。

试验步骤：

1）在足够长的试验路面两端设立标志物作为滑行区域。

2）试验车辆在进入滑行区域前，将档位置于空（N）档。

3）试验车辆在进入滑行区域前，保持车辆以 90km/h 的速度稳定行驶。

4）记录试验车辆从（90±0.3）km/h 滑行到完全停止的滑行距离及滑行初速度。

5）重复以上步骤，往返各进行 3 次，往返的路径应尽量重合，同方向上的滑行距离应不超过 5%，得出双方向的滑行距离算术平均值。

2. 带档滑行试验

带档滑行试验主要用于辨识节气门、制动控制切换曲线。节气门、制动控制切换曲线定义为在某一给定车速下，加速踏板完全放松时的车辆加速度曲线。

试验方案：在水平且附着状况良好的路面上将车辆加速到 90km/h，保持档位为前进档，完全放开加速及制动踏板，使车辆在发动机倒拖、风阻和滚动阻力的作用下减速至最低速，试验路段两个方向各进行 3 次。

试验步骤：

1）在足够长的试验路面两端设立标志物作为滑行区域。

2）试验车辆在进入滑行区域前，保持前进（D）档不变。

3）试验车辆在进入滑行区域前，保持车辆以90km/h的速度稳定行驶。

4）记录试验车辆从（90±0.3）km/h滑行到完全停止的滑行距离及滑行初速度。

5）重复以上步骤，往返各进行3次，往返的路径应尽量重合，同方向上的滑行距离应不超过5%，得出双方向的滑行距离算术平均值。

3. 稳态行车试验

稳态行车试验用于辨识发动机速度特性。

试验方案：在水平且附着良好的路面上，固定节气门在某一开度，使车辆达到匀速并行驶一定时间，从5%至100%节气门开度，每隔5%进行一次试验。

试验步骤：

1）起动车辆，保持节气门开度在5%，直至车辆匀速行驶。

2）保持匀速行驶30s，随即停车。

3）采集CAN信号数据或其他传感器数据。

4）依次修改步骤1）中节气门开度的值，间隔5%，重复步骤1）~3）。

4. 空档制动试验

空档制动试验主要用于辨识制动增益。

试验方案：在水平且附着良好的路面上，将车辆加速到80km/h以上，将档位置于空档，踩下制动踏板进行制动，直至停车，不同制动强度做3次。

试验步骤：

1）起动车辆，在保障安全性的条件下，5min内加速到90km/h。

2）将档位置于空档，输入1MPa的制动压力，直至停车。

3）采集CAN信号数据或其他传感器数据。

4）重复步骤1）~3），依次修改步骤2）中制动压力值，分别设置为2MPa、3MPa、4MPa、5MPa、6MPa、7MPa。

2.1.5 车辆纵向动力学反模型

考虑到工程上的实际应用，目前一般采用对纵向动力学系统线性化的方法，简化控制器的设计过程。通过调用系统反模型，可以构成ACC加速度跟随的闭环控制系统。当车辆行驶于标称状态下，经过反模型补偿后的控制对象近似为线性系统，从而削弱了车辆纵向动力学系统的强非线性。根据不同工况，纵向动力学反模型分为驱动系统反模型和制动系统反模型，其中驱动系统反模型基于加速度目标值和当前车速计算发动机节气门开度；制动系统反模型则通过期望加速度确定轮缸的制动压力大小。

1. 驱动系统反模型

如图2-14所示，通过一定的车辆纵向加速度可推导出所需的发动机力矩大小，并可进一步由发动机逆MAP图（图2-15），确定期望的节气门开度。在驱动系统反模型中期望加速度与节气门之间的数学关系式为

$$\begin{cases} T_e = \left(\dfrac{I_w}{ri_g i_0 \eta} + \dfrac{I_e i_0 i_g}{r} + \dfrac{mr}{i_g i_0 \eta} \right) a_d + \dfrac{mgfr}{i_g i_0 \eta} + \dfrac{\rho C_D A_a r}{2 i_g i_0 \eta} v^2 \\ \alpha_d = f_e^{-1}(T_e, \omega_e) \end{cases} \qquad (2\text{-}34)$$

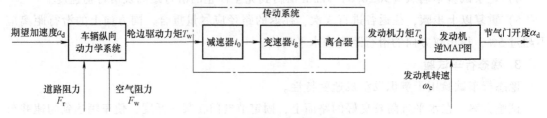

图 2-14　车辆驱动系统反模型

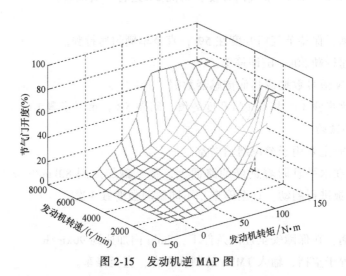

图 2-15　发动机逆 MAP 图

　　式（2-34）中车速是可观的，发动机转速也可由车速反推得到。将某款捷达试验样车的参数带入式（2-34）后，可得到最终的关系式为

$$\begin{cases} T_e = 109.74 a_d + 0.045 v^2 + 1.6 \\ \alpha_d = f_e^{-1}(T_e, 112.3v) \end{cases} \qquad (2\text{-}35)$$

2. 制动系统反模型

　　同样也可由期望减速度 a_d 反推出执行机构控制器需要的制动压力 p_d，制动系反模型如图 2-16 所示。假设主动制动时离合器处于接合状态，车辆减速度由发动机反拖力矩、制动力矩和车辆行驶阻力矩三部分共同产生。因此建立了期望减速度同制动压力之间的数学关系，即

$$\begin{cases} T_b = -\left(\dfrac{I_w}{r} + \dfrac{I_e i_g^2 i_0^2 \eta}{r} + mr \right) a_d - mgfr - \dfrac{1}{2}\rho C_D A_a v^2 r + T_{eb} i_g i_0 \eta \\ T_{eb} = f_e(\omega_e, 0) \\ p_d = f_b^{-1}(T_b) \end{cases} \qquad (2\text{-}36)$$

　　在式（2-36）中，发动机反拖力矩由怠速下的发动机 MAP 图实时计算得到。同时根据

式（2-34）、式（2-35）中辨识出的制动器压力-力矩传递函数，反推出期望制动压力的大小。最终，式（2-36）在代入试验样车的参数值后可变形为

$$\begin{cases} T_b = -349.2a_d - 0.144v^2 + 3.182T_e - 5.1 \\ T_{eb} = f_e(112.3v, 0) \\ p_d = T_b/369.7 \end{cases} \tag{2-37}$$

式中，参数意义同上。

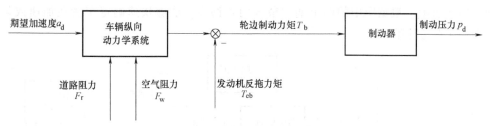

图 2-16　车辆制动系统反模型

2.2　车辆自适应巡航控制系统

2.2.1　ACC 概述

车辆自适应巡航控制系统（adaptive cruise control，ACC）是 20 世纪 90 年代初从定速巡航系统（cruise control system，CCS）上发展起来的，最初作为舒适性系统装备于高档轿车上。ACC 利用雷达探测的目标车辆状态和自车传感器提供的本车状态，能够代替驾驶人调节节气门开度和制动压力，实现高速行驶过程中的车速跟随和车距保持。在此基础上，近年来 ACC 系统不仅扩展了更为广泛的车速应用范围，实现了起-停巡航功能（stop and go，S&G）并集成了主动避撞功能（AEB）。S&G 主要针对包括行人保护和拥堵工况在内的城市交通环境；AEB 则考虑到极端危险工况下车辆的主动防撞安全性。ACC 属于典型的驾驶人辅助系统，通过先进的环境感知传感系统、智能的行为决策与规划系统和精确的执行控制系统，为驾驶人提供安全有效的驾驶辅助。

ACC 系统以车辆的跟车特性和乘员的乘坐舒适性作为主要性能指标，但两者本身又是相互制约的。如果车辆加速或制动能力不足，引起频繁的前车并入或追尾碰撞事故，会降低行驶安全性；反之，过于精确的跟车性能会导致车辆加速度剧烈波动，频繁的调控会直接影响驾驶人对系统的主观接受度。因此，在 ACC 工况下，需要对两个控制目标加以平衡与协调。

ACC 除了需要考虑车间的相对运动关系外，还依赖于自身的车辆动力学特性。因此，ACC 系统一般采用分层控制结构，将相对独立的控制目标在不同层次分别加以解决。其中，在上位控制器主要考虑实际交通流中车间的相互运动关系，计算出主车期望的纵向加速度；下位控制器则针对车辆纵向动力学系统本身，通过驱动系统和制动系统的控制，从而使得实际加速度快速准确地跟踪上位控制器的输出加速度。由于下位控制器中的干扰量（如整车质量、空气阻力、滚动阻力等的变化）可在控制闭环中加以抑制，因此可以回避其对上层

控制特性的影响，降低了系统设计难度。同时各层可以采用不同的控制周期，加快响应速度，有利于提高 ACC 系统的整体性能。

2.2.2　ACC 上位控制器

当前方车道不存在有效目标车辆时，ACC 上位控制器进入定速巡航模式。通过比较期望车速与反馈车速的差值，使得实际车速尽可能保持在设定车速的 ±1km/h 附近。车速调节方法如图 2-17 所示。根据图中的两个期望节气门查询表，能够快速确定车辆在加速或匀速状态下对应的节气门开度值。

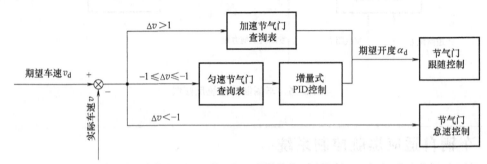

图 2-17　定速巡航模式原理图

定速巡航模式是针对车速的闭环控制，因此控制算法无须基于下位控制器进行设计，通过逆查询表可以直接输出期望的节气门开度。试验样车在不同车速下实现加速和匀速行驶所需的节气门开度值见表 2-3。

表 2-3　不同车速下期望节气门开度值查询表

车速/（km/h）	期望节气门开度(°)	
	加速状态	匀速状态
40~45	32	8
45~50	35	10
50~55	36	11
55~60	37	13
60~65	40	15
65~70	42	17
70~75	43	20
75~80	45	23
80~85	47	25

基于表 2-3 中的参考开度，避免了车速调节过程中节气门的频繁波动，有利于提高燃油经济性。但是表 2-3 中的结果是在特定道路试验工况下建立的，实际行驶时，车辆自身参数与外部环境状态均有可能发生较大的变化。为了保证良好的速度跟随控制精度，需要通过增量式 PID 控制对表中确定的节气门开度进行微调，补偿由于坡阻、风阻及车辆质量与标称条件不同带来的误差，其控制律为

$$u(k) = k_\mathrm{p}e(k) + k_i\left\{\sum_{i=0}^{k-1}e(i) + f[e(k)]e(k)\right\}T + k_\mathrm{d}[e(k) - e(k-1)]/T \qquad (2\text{-}38)$$

式中，T 为控制周期（s）；控制量 $u(k)$ 为第 k 时刻节气门的期望开度；$e(k)$ 为期望车速与实际车速的误差。

利用增量式 PID 反馈对查表结果进行校正，使得车辆尽可能维持匀速控制状态，并且将车速误差限制在较小范围内。如果实际速度远大于期望速度，可采用发动机的反拖制动，使得车速迅速下降。

在车辆跟随行驶过程中，驾驶人希望以稳态跟车状态为主，此时的车距误差与相对车速应保持在可接受的误差范围内。因此，采用如式（2-38）所示的线性跟车结构确定期望加速度，使得车距与车速的稳态误差同时收敛为 0，即

$$a_\mathrm{d}(t) = k_\mathrm{f}[v(t)]\left\{[v_\mathrm{p}(t) - v(t)] + \lambda_\mathrm{f}[R_\mathrm{d}(t) - R(t)]\right\} \qquad (2\text{-}39)$$

式中，a_d 为期望加速度（m/s²）；$k_\mathrm{f}(\cdot)$ 为加速度增益系数；λ_f 为距离误差与速度误差的权重比。

由于主车车速越大，驾驶人希望加速度的波动越小，因此，k_f 的取值与车速 v_f 的大小成反比，符合驾驶人控制增益随车速变化的时变特性。

此外，认为稳态安全跟车距离与前车车速呈线性关系，因此理想安全车距 R_d 的计算式为

$$R_\mathrm{d} = \tau v_\mathrm{p} + R_0 \qquad (2\text{-}40)$$

式中，v_p 为前车车速（m/s）；R_d 为跟车距离（m）；τ 为车间时距（s）；R_0 为停车间距（m）。

其中，相对车距 R_d 会随车速 v_p 线性变化，而时距 τ 和停车间距 R_0 由驾驶人预先设定，能够间接反映不同驾驶人的跟车习惯。τ 和 R_0 取值越大，期望的跟车距离越远，一方面会带来更多的安全余量，另一方面降低了道路交通效率。因此，通过调整时距和停车间距的参数取值，使得稳态安全距离模型适应不同的驾驶风格。

对于不同类型的驾驶人在稳态跟车中表现出的 τ 与 d_0 值进行的统计，见表 2-4。

表 2-4　不同类型驾驶人车间时距和停车间距的平均值

年龄	车间时距 τ/s		停车间距 d_0/m	
	男性	女性	男性	女性
小于 39 岁	1.17	1.32	1.98	1.99
40~49 岁	1.38	1.5	1.98	2.02
50~59 岁	1.37	1.51	1.99	2.03
大于 60 岁	1.47	—	2	—

考虑到纵向乘坐的舒适性和车辆的燃油经济性，希望车辆加速度平稳变化，使得加速度及其导数均处于驾驶人容许范围之内。因此，采用直接约束法对期望加速度和冲击度进行饱和处理，有

$$a_\mathrm{fmin}[v(t)] \leqslant a_\mathrm{fd} \leqslant a_\mathrm{fmax}[v(t)] \; |j| \leqslant j_\mathrm{fmax} \qquad (2\text{-}41)$$

式中，$a_\mathrm{fmax}(\cdot)$ 和 $a_\mathrm{fmin}(\cdot)$ 为稳态跟随模式下的加速度上、下界（m/s²）；j_fmax 为加速度导数的边界（m/s³）。

驾驶人在稳态跟车中的纵向加速度大小统计见表 2-5。表中数据表明，车速越高，驾驶人表现出的加速度变化范围越小。相应的，当 ACC 稳态跟车时，控制系统应该避免车辆加速度的剧烈波动。因此，所设置的加速度约束区域随车速的升高而减小。同时，在稳态跟随模式下，不应出现较大的纵向冲击度，将门限 j_{fmax} 的值取为 1m/s^3。

表 2-5　正常行驶工况的车辆加速度大小统计

车速/(km/h)	加速度/(m/s²) 累积百分比			
	1%	5%	95%	99%
0~40	-2.17	-1.42	1.27	1.77
40~70	-1.74	-0.85	0.81	1.09
>70	-0.88	-0.52	0.55	0.73

2.2.3　ACC 下位控制器

下位控制器用来跟踪上位控制器输出的期望加速度，是 ACC 系统设计的基础。首先需要切换至合适的驱动/制动模式，然后基于反模型查询表，确定出期望的节气门开度或制动压力，最后通过执行器的跟随控制实现期望值。

由于早期的 ACC 系统主要针对稳态跟车工况，因此只需采用节气门控制方式即可。但是在某些危险工况下单靠发动机的反拖力矩显然无法达到足够的减速强度。因此，ACC 下位控制器采用节气门与主动制动的联合控制方式，改善了某些危险工况下车辆制动减速度不足的缺点，提高了跟车行驶的安全性。通过节气门/制动模式的合理切换，使得下位控制器对于稳态工况和瞬态工况，均能实现对期望加速度的准确跟随。

图 2-18 所示为 ACC 下位控制器的总体结构。ACC 联合控制体系的关键技术包括驱动/制动模式切换策略、驱动/制动模式下位控制器、节气门/制动压力的三维查询表和节气门/制动压力的跟随控制策略等。

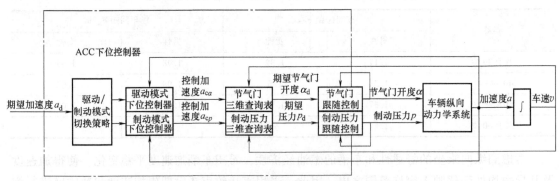

图 2-18　ACC 下位控制器总体结构示意图

在联合控制体系下，下位控制器首先需要根据期望加速度，确定出当前合适的控制方式。对于节气门/制动控制的切换策略，应遵循以下原则：

1）避免在调节电子节气门的同时施加主动制动。当采取节气门控制时，输出的制动压力为 0；当主动制动控制时，发动机节气门处于怠速开度。

2）尽量充分利用发动机反拖、空气阻力及滚动阻力等制动形式，如果仍然无法提供足够的减速度，再开始主动制动。

3）避免在节气门与制动控制方式之间频繁的切换，导致车辆加速度剧烈波动，影响乘坐的舒适性。

因此，首先建立节气门/制动控制切换时车辆加速度的基准曲线。该曲线通过试验车辆的带档滑行试验测得，滤波后拟合出车辆减速度随车速变化的二次项关系，即

$$a_s = 0.0000277v^2 - 0.0089v + 0.14347 \tag{2-42}$$

式中，a_s 为发动机怠速时的基准加速度（m/s²）。

当期望加速度 a_d 处于基准曲线之下时，如果继续采用发动机反拖制动已不能提供足够的车辆减速度，需要加入适当的主动制动，因此需要通过道路试验确定出最小制动压力下对应的车辆减速度。试验中给车辆施加 0.2MPa 的恒定压力，拟合出 30~100km/h 范围内实际减速度与车速之间的线性关系，即

$$a_b = 0.0000183v^2 - 0.00856v + 0.25141 \tag{2-43}$$

式中，a_b 为最小制动压力的减速度（m/s²）。

如图 2-19 所示，在节气门控制的最大减速度 a_s 与制动控制的最小减速度 a_b 之间还存在较大的真空带，在此区域内会存在较大的加速度跟随误差。为了使得节气门与制动切换更为平稳，避免出现较大的控制超调及滞后现象，在基准加速度附近

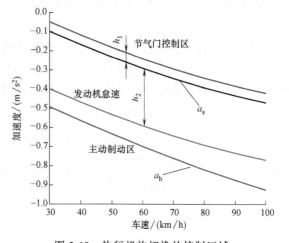

图 2-19 执行机构切换的控制区域

设置一定的过渡区，并将下位控制器分为三种控制方式，见表 2-6。

表 2-6 执行器切换策略

切换加速度门限	执行方式
$a_b > a_s + h_1$	节气门控制
$a_s - h_2 \leq a_b \leq a_s + h_1$	发动机怠速
$a_b < a_s - h_2$	制动控制

两个切换门限 h_1 和 h_2 决定了节气门与主动制动的启动时机。特别对于 h_2 的取值，需要综合权衡 a_s 和 a_b 的大小。如果 h_2 过小，会导致车辆频繁轻微制动，影响乘坐的舒适性；反之，制动干预过迟，会降低加速度跟踪精度，并且进入主动制动区后容易引起控制超调。最终经过实车对比试验，将 h_1 与 h_2 分别设置为 0.05m/s² 和 0.3m/s²。

由于车辆纵向动力学系统包含较多的非线性环节，如发动机的静态非线性、变速器的离散档位、二次型空气阻力和制动系统的时滞特性等，希望利用线性化的方法将非线性系统近似为具有线性输入输出特性的被控对象，以便于工程实现。因此，采用反模型法补偿车辆的

纵向非线性，根据工况的不同，纵向动力学反模型分为驱动系统反模型和制动系统反模型。其中，驱动系统反模型基于加速度目标值和当前车速计算出发动机节气门开度；制动系统反模型则通过期望加速度确定轮缸的制动压力大小。通过大量的道路试验，直接建立反模型的经验查询表，作为连接下位控制器输出与执行机构控制器输入之间的桥梁，从而回避了繁琐的参数辨识问题。

由于所建立的反模型查询表与车辆纵向动力学系统互为逆模型，若将两者一并看作控制对象，能有效实现非线性系统的近似线性化，从而可以采用线性反馈的控制方法设计下位控制器。同时，由于车辆驱动系统与制动系统具有不同的系统特性，因此需要采取不同的控制结构。

下位控制器的性能要求是无论采用节气门或制动控制方式，都能快速、准确地跟随期望加速度，并且尽量减小模型误差和外部扰动对控制效果的影响。因此，下位控制器采用了前馈+反馈的基本结构，通过前馈补偿器提高控制过程的快速性，通过反馈补偿器保证系统响应的准确性和鲁棒性。

对于驱动系统，下位控制器的总体结构如图 2-20 所示。其中，控制加速度 a_c 的大小由前馈与反馈两部分组成。由节气门到实际加速度发生变化的过程中，系统延时相对较长，因此采用 PD 反馈中的微分作用抑制控制对象的滞后效应。驱动下位控制器的基本控制律为

$$\begin{cases} e(k) = a_d(k) - a(k) \\ a_c(k) = k_{f\_t} a_d(k) + k_{p\_t} e(k) + k_{d\_t} [e(k) - e(k-1)] \end{cases} \tag{2-44}$$

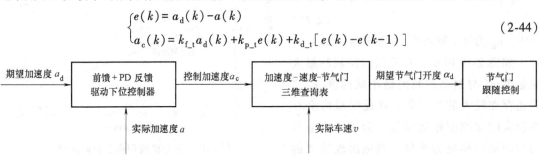

图 2-20　驱动下位控制器的总体结构

由于主动制动的增减压速率很高，并且滞后时间较短，车轮对制动压力的响应速度很快，因此容易造成较大的车辆减速度波动。若仍采用 PD 反馈控制，由于加速度信号中的噪声将会成倍放大，不利于控制系统的稳定，因此制动下位控制器选用前馈+增量式 PI 反馈实现期望减速度，总体结构如图 2-21 所示。

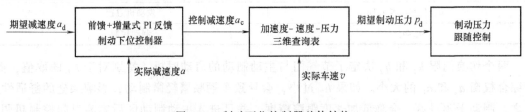

图 2-21　制动下位控制器总体结构

如果减速度误差过大，通过前馈补偿器使得车辆减速度迅速接近期望减速度；如果减速度已处于目标值附近，则利用增量式 PI 控制实现对制动压力的精细调节，提高减速度闭环控制的精度。制动下位控制器的具体形式为

$$\begin{cases} a_{c}(k) = a_{d}(k) & |e(k)| > 0.5 \\ a_{c}(k) = a_{c}(k-1) + k_{i\_b}e(k) + k_{p\_b}[e(k) - e(k-1)] & |e(k)| \leq 0.5 \end{cases} \tag{2-45}$$

2.3　车辆纵向安全性控制

2.3.1　防抱制动系统

防抱制动系统（ABS）的作用在于车辆紧急制动时，自动调节轮边制动力的大小，使车轮处于边滚边滑，滑移率约为10%~20%的理想状态，以保证车轮与地面有良好的附着力。ABS必须确保车辆在各种制动工况下，均能使车轮处获得尽可能大的纵向制动力和侧向力，从而具有最优的制动距离和车辆稳定性。

ABS的控制方法主要有逻辑门限值控制方法、最优化控制方法、滑模变结构控制方法和模糊控制方法等。由于可靠性和成本等方面的原因，目前工程上大量采用的是简单易行的逻辑门限值控制方法。逻辑门限值控制方式的优点是控制方式不涉及系统具体的数学模型，对于非线性系统的控制应用较为简单；缺点是控制系统的各种门限值都是经反复试验得出的经验数值，无充分的理论根据，对系统的稳定性等品质无法评价。

逻辑门限值法以车轮角加/减速度为主控制门限，以车轮滑移率为辅助控制门限。这是因为仅仅采用一种控制门限会存在局限性。如果单以车轮的角加/减速度为门限值，车辆在不同的路况下行驶过程中紧急制动，车轮达到设定的角速度门限值时，车轮的实际滑移率差别很大，这会使得一些路面的制动控制达不到好的效果；如果单以滑移率为门限值进行控制，由于路况的不同，最佳滑移率的变化范围较大，仅以某一固定的滑移率作为门限值，不能在各种路况下都能获得最佳的制动效果。

ABS典型的路面条件一般分为四种，即高附着系数路面、低附着系数路面、对开路面以及路面附着系数突变的对接路面。不同路面条件，制动防抱控制逻辑不同。图2-22所示为采用七相位控制逻辑进行干路面实车试验得到的曲线组，当车辆在高附着系数路面紧急制动时，防抱调节第一循环大致可以分为六个阶段。

在制动初始阶段，由于制动器制动力矩和地面制动力矩几乎同步增长，车轮减速度变化很小，几乎是匀减速度，如图2-22第1相位所示。除非驾驶人操作行为改变（如短暂急踩后，马上急松制动踏板）或路面状况突然改变（如在急踩下制动踏板的短暂过程，路面附着系数突变），在常规制动工况下，不管在何种附着路面和何种道路走向上，车轮减速度的变化规律均是如此。随着车轮滑移率的增加，当其接近最佳滑移率附近范围时，制动器制动力矩仍然在增长，而地面制动力增长开始变缓。由车轮动力学知，此时车轮减速度绝对值较大，车轮很快会进入不稳定区域，因此车轮减速度达到设定的控制门限值$-a_1$时，须减小制动压力。但为了防止此时车轮滑移率有可能较小，对车轮的参考滑移率与设定的滑移率下门限值s_1进行比较，若车轮滑移率小于s_1，说明车轮的滑移率偏小，则保持制动压力直到车轮滑移率大于门限值s_1，否则直接进入制动压力减小阶段，增压-保压阶段即为防抱控制第1相位。防抱控制第2相位为压力减小阶段。由于ABS机械-液压系统滞后等因素的影响，制

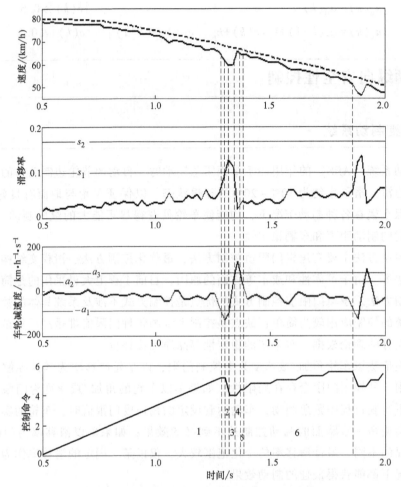

图 2-22 ABS 高附着系数路面车轮防抱调节过程

1—增压和短暂保压相位 2—减压相位 3、5—保压相位 4—增压相位 6—阶梯增压相位

s_1—车轮下滑移率门限值 s_2—车轮上滑移率门限值 $-a_1$—车轮减速度门限值

a_2—车轮下加速度门限值 a_3—车轮上加速度门限值

动器制动力矩不会马上减小，而是维持一段时间，因此车轮速度和车轮减速度还会继续降低一段时间后才开始回升，当车轮减速度重新大于 $-a_1$ 时，进入制动压力保持阶段（第 3 相位）。为了充分发挥地面制动力，当车轮加速度超过设定的上加速度门限值 a_3 时，增加制动压力直至车轮加速度再次低于上加速度门限值 a_3（第 4 相位），然后重新回到制动压力保持阶段（第 5 相位）；当车轮加速度低于设定的下加速度门限值 a_2 时，为了使车轮在较长的时间内处于稳定区域，进入阶梯增压阶段（第 6 相位），车轮滑移率增加，再次进入稳定区域的滑移率增长阶段，直至车轮减速度达到控制门限值 $-a_1$，进入下一个 ABS 控制循环。车轮上滑移率门限值 s_2 的设置是用于突然过渡到低附着路面情况下，防止车轮失去控制而抱死。

图 2-23 所示为低附着系数路面防抱控制过程的分析，第一个防抱控制循环大致可以分为五个阶段。其制动防抱压力调节过程的第 1 相位和第 2 相位与在高附着系数路面上控制过程的第 1 相位和第 2 相位相同。由于低附着系数路面制动压力平均水平较低，而高附着系数

路面制动压力较高,因此,高附着系数路面具有辅助压力增长阶段——第4相位,而低附着系数路面增加了辅助压力减小(阶梯减压)阶段——第3相位,以适应低附着系数路面的需要。当车轮加速度超过设定的下加速度门限值 a_2 时,进入制动压力保持阶段(第4相位),以充分发挥地面制动力,同高附着系数路面控制逻辑一样,当车轮加速度重新低于设定的下加速度门限值 a_2 时,此时车轮滑移率较小,进入阶梯增压阶段(第5相位)。此外,从图中还可以看出,与高附着系数路面不同,车轮加速度无法达到所设定的上加速度门限值 a_3。

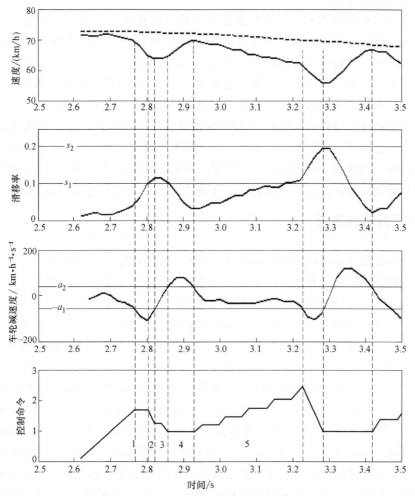

图 2-23 ABS低附着系数路面防抱调节过程

门限值的标定也是ABS控制算法中的重要一环。车轮减速度门限值 $-a_1$ 是防抱控制循环中非常关键的参数之一,影响因素比较多,如轴荷、车轮转动惯量、制动压力上升速率、制动系统的滞后时间、路面状况以及制动速度等。归根结底,在实际应用中分析发现,所有因素最终影响的是车轮滑移率的变化率,即当车轮减速度达到所设定的门限值时,若车轮滑移率变化较快,不及时进行制动压力调节,车轮滑移率会迅速增长进入不稳定区域,进而车轮抱死。要想将车轮滑移率维持在最佳滑移率位置附近,则此阶段的车轮滑移率变化率应维持在一定的范围之内；且无论在干路面还是在冰雪路面，在压力调节阶段滑移率的变化范围差别不大。

对于车轮加速度门限值 a_2 和 a_3 的选取，涉及轮速回升阶段的控制。加速度门限值选取得太大，轮速回升过度，车轮滑移率较小，地面制动力利用率低；加速度门限值选取得太小，轮速回升不够，不能保证车轮的滑移率较长时间内维持在最佳滑移率范围内，且易导致车轮趋于抱死。因此，加速度门限值的选取对于轮速回升阶段的控制是非常关键的。合理的加速度门限值和减速度门限值有着密切的关系，减速度门限值取得越大，则轮速回升的幅度越大，从而车轮所能达到的加速度越大；相反，减速度门限值越小，则轮速回升程度越小，车轮所能达到的加速度越小。

滑移率上门限值选取太大，则车轮易进入不稳定制动区域，车轮很快会失去控制而抱死，滑移率上门限值选取较大时，车轮滑移率变化波动较大，车辆侧向稳定性能差，地面附着利用率降低。反之，滑移率上门限值选取太小，则车轮滑移率值始终处于较小水平，虽然此时车轮处于稳定区域，车辆侧向稳定性能较好，但由于路面纵向附着系数较小，致使制动距离明显增加。滑移率下门限值的选取对控制系统性能会产生同样的影响。

最后，需要通过大量的实车试验对 ABS 的控制性能进行评价。表征车辆 ABS 性能的最主要的两个指标是制动效能和方向稳定性。可具体考察制动过程中的车身减速度、车轮滑移率、制动管路压力的波动和侧偏距离，主要量化评价指标可以选取平均车身减速度、平均车轮滑移率、平均制动管路压力和侧偏距离（不允许驾驶人在制动过程中调整转向盘）。

2.3.2 牵引力控制系统

牵引力控制系统（traction control system，TCS）是一种通过限制驱动轮打滑，提高车辆起步和加速过程中纵向力和侧向力的主动安全系统。车辆的运动状态主要取决于轮胎与路面之间的作用力，驱动轮的过度滑转会给车辆行驶带来很大的危害。车辆在冰雪等低附路面起步或加速时，驱动轮的驱动力容易超过路面的附着极限，造成驱动轮的过度滑转。TCS 通过限制驱动轮的打滑，将滑转率控制在目标值附近，从而提高对路面附着的利用率，实现纵向加速性和侧向稳定性的改善。一般认为滑转率在 $10\% \sim 35\%$ 的范围内，车轮可以获得较大的纵向和侧向附着系数，TCS 正是通过控制传递到驱动轮的驱动力矩或对驱动轮施加制动干预的方式，将驱动轮滑转率控制在上述的范围内，从而保证车轮具有较高的纵向力和侧向力。

在 TCS 控制方式中，发动机输出力矩控制的反应时间长，响应慢，但控制效果平滑，不易引起驱动轮轮速的突变，舒适性较好。制动压力干预响应快，对滑转驱动轮施加制动压力后，车轮滑转率迅速向目标值收敛。但是压力的干预也容易引起车轮轮速的大幅波动，导致舒适性变差。因此，在均一低附路面直线行驶时，通常为了实现对路面附着的充分利用，同时保证行驶的稳定性，采用发动机输出力矩控制，将驱动轮滑转率控制在目标值附近；而在对开路面直线行驶时，为充分利用路面附着，兼顾车辆加速过程中的稳定性，采用发动机输出力矩和制动干预联合控制。当出现驱动轮滑转，路面工况被识别为对开路面后，对低附着一侧的驱动轮施加制动干预，制动干预的目标是将低附侧和高附侧驱动轮的轮速差限制在目标值附近。同时，发动机力矩控制介入，将低附侧驱动轮的滑转率控制在目标滑转率附近，以充分利用路面的附着，并保证稳定性。

TCS 分层控制策略包括工况识别层、TCS 控制层和执行机构层三层结构，如图 2-24

所示。

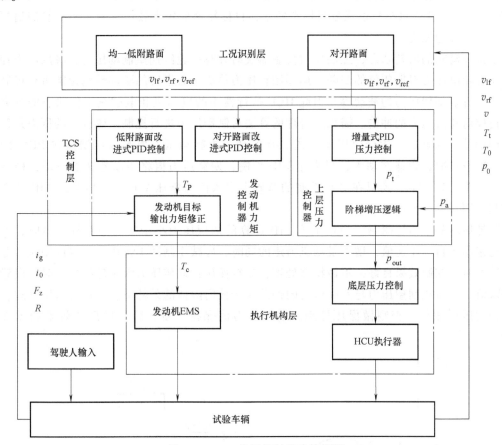

图 2-24 TCS 分层控制策略结构图

路面工况识别层根据传感器返回的轮速、发动机力矩等车辆状态参数，对对开/均一低附路面进行判断。TCS 控制层包含发动机力矩控制器和上层压力控制器，发动机力矩控制器计算出期望的发动机输出力矩，并通过 CAN 总线发送给发动机 EMS；上层压力控制器用于对开路面条件下计算低附侧滑转驱动轮制动干预的期望压力，并发送给底层压力控制模块。发动机力矩控制器中的 PID 控制模块根据目标轮速与实际轮速的差值，计算出 PID 控制力矩，力矩经修正模块修正后，发送给发动机 EMS，实现对发动机输出力矩的控制。

对开路面条件下，发动机输出力矩与制动干预联合控制。上层压力控制器的增量式 PID 压力控制模块根据轮速偏差值，计算出 PID 控制压力。实际主动制动过程中轮速存在较大的波动，增量式 PID 计算出的压力值将跟随轮速的波动。若将该压力直接用于底层压力控制模块，将引起 HCU 执行器的频繁动作，频繁的动作不利于轮缸压力和轮速控制的稳定，同时会影响 HCU 执行器的寿命。为了减小轮缸压力和轮速的波动，提出阶梯增压逻辑对 PID 控制输出的压力值进行修正。经修正后的期望轮缸压力输出到底层压力控制模块，该模块通过控制电动机和电磁阀的动作实现轮缸压力对期望压力的跟随。

此外，当车辆起步加速时，位于低附着路面的驱动轮滑转严重。当车速较低时，驱动轮轮速较小的上升就会造成滑转率的大幅升高。此时如果将目标滑转率设置在 10% ~ 35% 的范围内，发动机的输出力矩就会受到大幅的限制，从而降低车辆起步加速性能。通常当车速小于 15km/h 时，会以目标轮速代替目标滑转率，目标轮速取较大数值，利用驱动轮的适当滑转提高起步加速能力。

根据驱动轮的滑转状态，上层压力控制器实时计算出轮缸期望制动压力，底层压力控制模块实现轮缸压力对期望值的跟随。期望制动压力值决定着滑转的驱动轮轮速能否被控制在目标值附近。期望压力的波动容易引起 HCU 执行器中的电动机和电磁阀工作状态的频繁切换，造成对轮缸压力的冲击。需采用合理的算法对制动压力进行控制。轮缸中的压力是每个控制周期效果的累加，适合应用增量式 PID 实现，故制动压力控制采用增量式 PID 算法。由于车轮滑转时，轮速波动大，只采用 PID 控制，期望压力值将跟随轮速的波动，稳定性差，不利于 TCS 控制，所以在 PID 控制的基础上引入阶梯增压逻辑，对增量式 PID 三个环节都起作用后的压力值进行修正。

阶梯增压的主体思想是：当增量式 PID 计算的期望压力小于实测的轮缸压力时，表明此时轮速小于目标轮速值，增大发动机力矩的同时，应减小制动干预压力；当期望压力等于轮缸压力时，控制效果良好，不做特殊处理，轮缸保压；期望压力大于轮缸压力时，设置增压门限值，只有在期望压力与实际压力的偏差大于该门限值的条件下，才进行增压处理，增压量为增压门限值，否则做保压处理，期望压力值保持不变。阶梯增压的效果如图 2-25 所示。

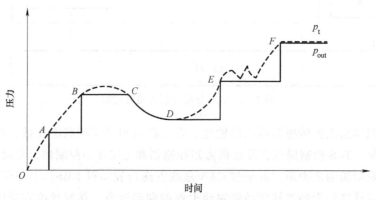

图 2-25　阶梯增压效果示意图

图 2-25 中 p_t 表示的虚线为增量式 PID 根据轮速差计算得到的期望压力，实线 p_{out} 为阶梯增压输出的期望压力值，假设轮缸压力实时精确地跟随阶梯增压输出压力，即轮缸压力 $p_a = p_{out}$，阶梯增压过程可描述为：

1）OB 段起始 $p_{out} = 0$，p_t 随轮速偏差的增大而增大，到达 A 点时，期望压力与实际压力的偏差 $\Delta p = p_0$，p_0 为增压门限值，此时 $p_{out} = p_0$，AB 段重复 OA 段的增压逻辑，B 点 $p_{out} = 2p_0$。

2）BC 段虽然满足 $p_t > p_{out}$，但由于 $\Delta p < p_0$，故 $p_{out} = 2p_0$。

3）CD 段 p_t 下降，此时需要对轮缸进行减压，阶梯增压输出 p_t，即 $p_{out} = p_t$。

4）DF 段与 OB 段类似，都连续执行了两次的阶梯增压。可以看到在 EF 段 p_t 出现了连续的小幅度波动，但此时 p_{out} 保持恒定。

5）点 F 以后 p_t 保持稳定，即轮缸进入保压状态，此时虽然 p_{out} 与 p_t 存在差异，合理选择 p_0 值，可以将误差限制在可控范围内。

通过以上分析可知，阶梯增压逻辑可以有效地减小期望压力的振荡，实现期望压力的平稳输出。选择合适的增压门限值，以避免轮缸压力频繁地进行阶梯增压，实现轮缸压力较长时间处于保压阶段，减小 HCU 执行器动作频率。实际应用中，轮缸压力对期望压力的跟随存在一定的滞后，微小的滞后可以使阶梯增压过程平稳，有效地缓和压力阶跃变化对轮速的冲击。

2.3.3 主动避撞系统

若由于驾驶人感观受限、精神疏忽或反应迟钝等原因，面对前方车道内突然出现的障碍目标，未能及时采取正确的避撞操作，此时主动避撞系统（AEB）会自动介入，通过分级报警提醒驾驶人进行自我调整，最终实现制动避撞或转向避撞。若在声光报警下，驾驶人仍然没有做出正确的应对动作，AEB 系统的主动制动功能将会自动介入。

主动避撞系统的性能与驾驶人对于系统的信任程度有关。因此在避撞算法设计中，必须充分考虑驾驶人的避撞特性，使得系统报警与主动制动功能同驾驶人习惯相符合。在驾驶人避撞特性中，有两个重要的参数值得考虑：驾驶人反应时间和制动减速度。其中，驾驶人反应时间包括大脑的信息加工时间、释放加速踏板时间和踩下制动踏板时间三部分，而制动减速度表征了驾驶人对于当前工况的危险程度所采取的制动强度。同时，留给驾驶人的避撞反应时间是同制动减速度的大小相对应的。如果施加的制动强度越大，则反应时间的安全余量越大。

驾驶人对不同类型报警信号的反应时间，统计结果见表 2-7。在声光报警作用下，驾驶人反应时间的均值仅为 0.9s，相比于仅有视觉报警，反应时间缩短了 0.23s。同时可以推测出，主动制动条件刺激下的驾驶人反应速度将更快。

表 2-7 驾驶人对不同类型报警信号的反应时间

报警信号类型	反应时间/s			
	均值	75%	85%	90%
视觉报警	1.13	1.38	1.62	1.80
听觉报警	0.99	1.20	1.40	1.55
声光报警	0.90	1.08	1.23	1.35

NHTSA 通过 83 名驾驶人的避撞试验数据，统计出驾驶人制动过程中的平均减速度和最大减速度，见表 2-8。表中的数据表明，绝大多数驾驶人的平均制动减速度不会超过 $0.55g$，而避撞过程中的最大减速度几乎是平均减速度的两倍。

表 2-8 驾驶人的制动减速度统计分布

制动减速度(g)	5%	25%	均值	75%	95%
平均减速度	−0.15	−0.29	−0.38	−0.42	−0.55
最大减速度	−0.37	−0.58	−0.72	−0.82	−0.92

通常采用基于时间的参数避撞时间 TTC 及其倒数 TTC^{-1} 来表征当前碰撞的危险程度，它们的定义式为

$$TTC = \frac{R}{v_r}, TTC^{-1} = \frac{v_r}{R} \tag{2-46}$$

式中，R 为相对车距；v_r 为相对车速。

为避免分析中出现相对速度为零而 TTC 趋于无穷的情况，通常使用 TTC^{-1} 来取代 TTC。对于一般的安全驾驶行为，TTC^{-1} 满足均值为 0，标准差为 0.05 的正态分布。因此，AEB系统的核心问题转变为如何根据 TTC^{-1} 作为衡量标尺，去标定主动制动门限值、视觉报警门限值和声光报警门限值。

为了克服某些人为驾驶失误以及感知局限，避撞系统能在关键时刻自动接管车辆的控制权。由于主动制动相比声光报警，会给驾驶人带来更强烈的主观感受甚至不适，因此应该避免主动制动的频繁介入，而一旦介入，则希望车辆以一个很大的匀减速度进行制动，直至完全停止。另一方面，由于不需要依靠驾驶人的制动操作，不同驾驶人在反应时间和制动减速度上的差异对主动制动门限值的影响较小，主要取决车辆制动系统的自身特性，如系统时滞的大小、制动系统增益等。同时需要考虑不同路面附着条件下所能提供的最大制动强度。根据表 2-8 对驾驶人制动减速度的统计，将避撞系统的期望减速度设定为 $6m/s^2$，保证驾驶人有充分的时间采取制动操作。

另一方面，避撞报警策略的关键是报警时机的选择。如果没有及时发出报警信号，或者报警过于频繁，不仅无法有效帮助驾驶人避免潜在的碰撞事故，反而会分散驾驶人注意力，成为其精神负担。为了应对不同程度的碰撞威胁，同时尽可能适应大多数驾驶人的避撞特性，分级报警策略主要体现在两个方面：①危险程度分级；②驾驶风格分级。考虑到不同驾驶人对于报警信号的敏感程度，需要根据不同的驾驶风格对报警参数进行相应的调整，具体分为激进、适中、保守三个等级。

思　考　题

2-1　汽车纵向动力学正模型和逆模型有什么区别和联系？

2-2　如何进行车辆动力学模型的参数标定？

2-3　ACC 为什么要采取分层控制方法？每一层的控制目标分别是哪些？

2-4　ABS、TCS 和 AEB 在控制方法上有哪些异同点？

第3章

车辆横向运动控制

车辆横向运动控制直接影响车辆操纵稳定性。通过转向系统使前轮产生偏转角，从而使车辆转向，产生车辆横向运动。转向系统分为机械转向系统、助力转向系统和线控转向系统三类，需了解其结构，以便对车辆进行横向运动学和动力学建模。

车辆横向运动学模型以阿克曼转向几何为基础，描述车辆前轮转角关系和四轮转速关系。车辆横向动力学模型是车辆横向运动控制的基础，根据考虑车辆侧向、横摆、侧倾、前轮偏转的不同运动自由度，可建立不同自由度的线性车辆动力学模型。直接横摆力矩控制是改善车辆操纵稳定性的重要手段之一，是车辆动力学稳定性控制的基础。

车辆横向运动控制一般以转向运动轨迹、横摆角速度、车身质心侧偏角为控制目标，以保证车辆的路径跟踪能力和操纵稳定性。

3.1　转向系统

转向系统是用来保持或者改变车辆行驶方向的机构，在车辆转向行驶时，保证各转向轮之间有协调的转角关系。

车辆转向系统按转向动力及方式的不同分为机械转向系统、助力转向系统和线控转向系统。

3.1.1　机械转向系统

机械转向系统由转向操纵机构、转向器和转向传动机构三大部分组成，如图 3-1 所示。有些车辆还装有防伤机构和转向减振器。从转向盘到转向传动轴这一部分属于转向操纵机构，包括转向盘、转向轴、转向万向节和转向传动轴。由转向摇臂至转向梯形这一部分（不含转向节）均属于转向传动机构，包括转向摇臂、转向直拉杆、转向节臂、梯形臂和转向横拉杆等。转向操纵机构和转向传动机构之间是转向器。

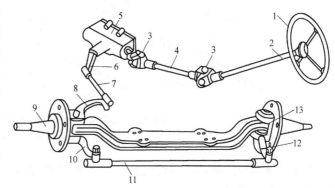

图 3-1　机械转向系统示意图

1—转向盘　2—转向轴　3—转向万向节　4—转向传动轴
5—转向器　6—转向摇臂　7—转向直拉杆　8—转向节臂
9—左转向节　10、12—梯形臂　11—转向横拉杆　13—右转向节

3.1.2 助力转向系统

助力转向系统是在机械转向系统的基础上加设一套转向加力装置而形成的，可分为液压助力转向系统、电液助力转向系统和电动助力转向系统。由于电动助力转向系统可以实现在各种行驶条件下都转向轻便，因此电动助力转向系统得到了广泛应用。

电动助力转向系统的结构如图 3-2 所示，当转向轴转动时，转矩传感器开始工作，把两段转向轴在扭杆作用下产生的相对转角转变成电信号传给 ECU，ECU 根据车速传感器和转矩传感器的信号决定电动机的旋转方向和助力电流的大小，并将指令传递给电动机，通过离合器和减速机构将辅助动力施加到转向系统（转向轴）中，从而完成实时控制的助力转向。

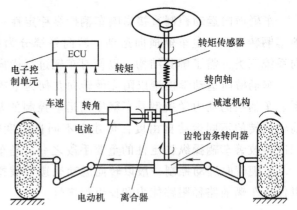

图 3-2 电动助力转向系统示意图

根据电动机布置位置的不同，电动助力转向可以分为转向轴助力式、齿轮助力式、齿条助力式三种类型。

1）转向轴助力式电动助力转向机构的电动机布置在靠近转向盘下方，并经蜗轮蜗杆机构与转向轴连接（图 3-3a）。

2）齿轮助力式电动助力转向机构的电动机布置在与转向器主动齿轮相连的位置（图 3-3b），并通过驱动主动齿轮实现助力。

3）齿条助力式电动助力转向机构的电动机和减速机构等布置在齿条处（图 3-3c），并直接驱动齿条实现助力。

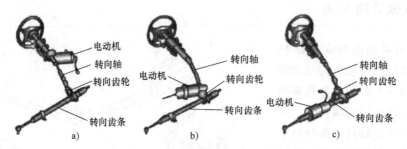

图 3-3 电动助力转向系统布置方案

a）转向轴助力式　b）齿轮助力式　c）齿条助力式

上述三种类型的电动助力转向机构在电动机的助力转矩、尺寸、质量、对驾驶室 NVH 影响等方面各有特点。

3.1.3 线控转向系统

近年来，随着高级辅助驾驶车辆、自动驾驶车辆的发展，主动转向、线控转向等转向系统的应用逐渐增加。线控转向（steer by wire，SBW）系统通过传感器采集驾驶人的转向意图和车辆的行驶状况，并传递给线控转向电控单元，电控单元据此做出判断并控制液压或电动促动器提供相应的转向力，使转向轮偏转相应角度实现转向。

　　线控转向系统的组成如图3-4所示。该系统在转向盘和转向轮之间不需要任何的机械连接，传统的转向机构被布置在车辆前轴上的转向执行总成所代替。线控转向控制器从转向盘转角传感器获取驾驶人的意图，通过其他传感器得到车速和横摆角速度等车辆行驶工况的信息，输出控制信号使转向执行总成驱动车辆前轮偏转，并根据相关车载传感器实时监控车辆的行驶状态。同时，该系统还利用路感反馈总成中的电动机对转向盘施加反馈力矩以向驾驶人提供路面信息。

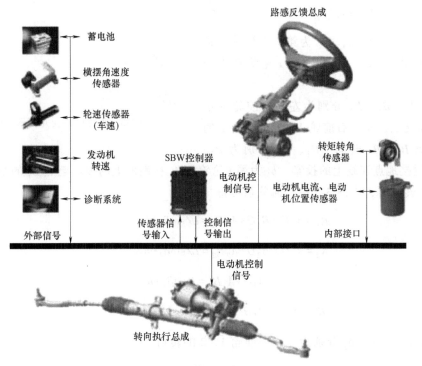

图3-4　线控转向系统的组成

　　为使车辆在任何工况下均不失去转向能力，线控转向系统在硬件和软件方面具有冗余防错功能，以保证线控转向的安全性和可靠性。

3.2　车辆横向运动建模与控制策略

3.2.1　车辆横向运动学模型

　　当车辆低速转向行驶时，各轮胎侧偏角很小可忽略，可根据阿克曼（Ackerman）转向几何（图3-5）建立车辆横向运动学模型。

　　转向中心O为车辆转向时的速度瞬心，车辆上各点绕转向中心O转动的角速度相等，则车辆质心和各车轮轮心处的线速度满足下式：

$$r = \frac{u}{R} = \frac{U_{w1}}{R_1} = \frac{U_{w2}}{R_2} = \frac{U_{w3}}{R_3} = \frac{U_{w4}}{R_4} \quad (3\text{-}1)$$

式中，r 为车辆横摆角速度（rad/s）；u 为车辆质心纵向速度（m/s）；R 为车辆质心至转向中心 O 的距离（m）；$U_{wi}(i=1，2，3，4)$ 为第 i 轮轮心线速度（m/s）；R_i 为第 i 轮轮心至转向中心 O 的距离（m）。

当车轮纯滚动时，有

$$U_{wi} = \omega_{wi} r_{wi} \quad (3\text{-}2)$$

式中，ω_{wi}（$i=1，2，3，4$）为第 i 轮绕其车轴转动的角速度（rad/s）；r_{wi} 为第 i 轮滚动半径（m）。

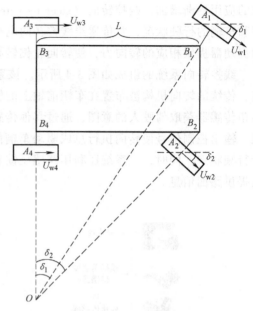

图 3-5　阿克曼转向几何示意图

图 3-5 中，B_1、B_2 分别为左、右前轮主销轴线与地面交点，左、右前轮 1、2 在地面上的投影分别绕 B_1、B_2 转向。B_3、B_4 分别为 B_1、B_2 在两后轮接地点连线上的投影。b_i 为第 i 轮轮心 A_i 在地面上的投影至点 B_i 的距离。

车辆右转向时，由图 3-5 中几何关系可得

$$R_1 = A_1 O = B_1 O + A_1 B_1 = L/\sin\delta_1 + b_1$$

$$R_2 = A_2 O = B_2 O - A_2 B_2 = L/\sin\delta_2 - b_2$$

$$R_3 = A_3 O = B_3 O + A_3 B_3 = L\cot\delta_1 + b_3$$

$$R_4 = A_4 O = B_4 O - A_4 B_4 = L\cot\delta_2 - b_4$$

$$(3\text{-}3)$$

式中，L 为轴距；δ_1、δ_2 分别为左、右前轮 1、2 的转角。

$$\delta_1 = \varphi/i_s \quad (3\text{-}4)$$

式中，φ 为转向盘转角；i_s 为转向系统角传动比。

由于 $\triangle B_1 B_3 O$ 中 $B_3 O = B_1 B_3 \cot\delta_1 = L\cot\delta_1$，$\triangle B_2 B_4 O$ 中 $B_4 O = B_2 B_4 \cot\delta_2 = L\cot\delta_2$，则 $B_1 B_2 = B_3 B_4 = B_3 O - B_4 O = L\cot\delta_1 - L\cot\delta_2 = L(\cot\delta_1 - \cot\delta_2)$，因此 δ_1 与 δ_2 的理想关系式为

$$\cot\delta_1 - \cot\delta_2 = B_1 B_2/L \quad (3\text{-}5)$$

车辆在高速转向行驶时，地面对轮胎的侧向力较大，轮胎侧偏角较大，则考虑轮胎侧偏角后的各车轮转角如图 3-6 所示，α_{fi}、α_{fo}、α_{ri}、α_{ro} 分别为前内侧、前外侧、后内侧、后外侧的轮胎侧偏角，转向中心 O 将不在后轴延长线上。

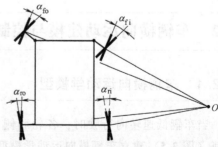

图 3-6　考虑轮胎侧偏角后的各车轮转角

3.2.2　车辆横向动力学模型

假设车辆匀速行驶，忽略车辆的垂直振动、轮胎的非线性和空气动力对车辆横向力与力矩的影响，建立线性车辆动力学模型。线性车辆动力学模型如图3-7所示，车辆运动状态变量说明见表3-1，车辆参数说明及分析仿真中所用数据见表3-2。

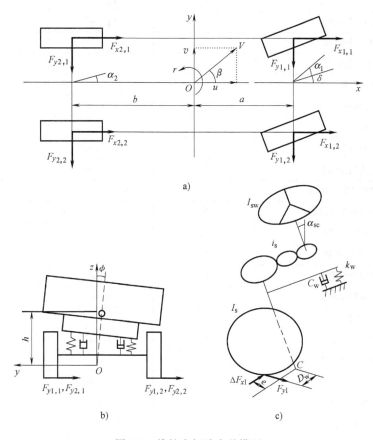

图 3-7　线性车辆动力学模型

表 3-1　车辆运动状态变量

变量	单位	说明
u	m/s	车辆纵向运动速度
v	m/s	车辆横向运动速度
r	rad/s	车辆横摆角速度
ϕ	rad	车身侧倾角
δ	rad	前轮绕主销转向角
β	rad	车身质心侧偏角

表 3-2 车辆参数

参数	符号	单位	数值
车辆总质量	m_T	kg	1704.7
簧上质量	m_s	kg	1526.9
车辆绕 z 轴转动惯量	I_z	kg·m²	3048.1
车辆绕 x 轴转动惯量	I_x	kg·m²	744
车辆绕 xz 轴惯性积	I_{xz}	kg·m²	21.09
质心至前轴距离	a	m	1.035
质心至后轴距离	b	m	1.655
侧倾力臂	h	m	0.3352
前轮距	B_f	m	1.535
后轮距	B_r	m	1.535
前悬架侧倾角刚度	$C_{\varphi 1}$	N·m/rad	47 298
后悬架侧倾角刚度	$C_{\varphi 2}$	N·m/rad	37 311
前悬架侧倾角阻尼系数	D_f	N·m·s/rad	2823
后悬架侧倾角阻尼系数	D_r	N·m·s/rad	2653
前侧倾转向系数	E_f	—	−0.05
后侧倾转向系数	E_r	—	0.05
前轮有效侧偏刚度	k_f	N/rad	39 515
后轮有效侧偏刚度	k_r	N/rad	32 500
转向系统传动比	i_s	—	24.9
转向盘转动惯量	I_{sw}	kg·m²	0.054
转向柱与 z 轴夹角	α_{sc}	rad	1.021
前轮绕主销转动惯量	I_s	kg·m²	3.92
转向系统阻尼系数	k_w	N·m·s/rad	294
转向系统对车身刚度	C_w	N·m/rad	0
回正力臂	D_w	m	0.087
前轮印迹中心与主销接地点的横向偏距	e	m	0.0605

取固定于车辆的相对坐标系统 $Oxyz$，以整车的重心铅垂线与侧倾轴（前后侧倾中心的连线）的交点为原点 O，以车辆的纵向水平轴为 x 轴，以过原点与 x 轴垂直的方向为 y 轴（以车辆的左侧方向为正向），过原点的铅垂轴为 z 轴。在水平平面上的所有角度及对应的角速度和角加速度均取逆时针方向为正（符合右手定则而与 z 轴正向一致）。规定除轮胎侧向力以外，其他所有变量在各坐标轴上的投影均以与该坐标轴方向相同为正，相反为负，而轮胎侧向力规定相反。图 3-7c 中 C 点为主销穿地点（主销轴线的延长线与地面的交点）。

为简化计算，使模型实现线性化，当前轮转角 δ 较小时，设轮胎纵向力和侧向力在车辆纵向（沿 x 轴）和横向（沿 y 轴）的投影 F_x 和 F_y 分别等于轮胎纵向力和侧向力。

车辆合成速度 $V=\sqrt{u^2+v^2}$，车辆纵向速度 $u=V\cos\beta$。当车身质心侧偏角 β 较小时，$u\approx V$。

1. 二自由度线性车辆动力学模型

二自由度线性车辆动力学模型如图 3-7a 所示，涉及车辆沿 y 轴的侧向运动、绕 z 轴的横摆运动两个自由度，用于研究驾驶人给转向盘以角输入时的车辆运动响应。假设左右前轮纵向力相等，左右后轮纵向力相等，即 $F_{x1,1}=F_{x1,2}$，$F_{x2,1}=F_{x2,2}$。

（1）动力学方程 绕 z 轴力矩平衡方程式为

$$I_z\dot{r}+aF_{y1}-bF_{y2}=0 \tag{3-6}$$

沿 y 轴力平衡方程式为

$$M_{\mathrm{T}}(r+\dot{\beta})V+F_{y1}+F_{y2}=0 \tag{3-7}$$

转向盘转角 δ_{sw} 按转向系统传动比 i_{s} 折算的前轮转角（rad）为

$$\delta=\delta_{\mathrm{sw}}/i_{\mathrm{s}} \tag{3-8}$$

由几何关系知，前、后轮侧偏角（rad）分别为

$$\begin{cases}\alpha_1=\beta+\dfrac{a}{V}r-\delta\\[2mm]\alpha_2=\beta-\dfrac{b}{V}r\end{cases} \tag{3-9}$$

由轮胎线性特性知，前、后轮胎侧向力（N）分别为

$$\begin{cases}F_{y1}=2k_{\mathrm{f}}\alpha_1\\[1mm]F_{y2}=2k_{\mathrm{r}}\alpha_2\end{cases} \tag{3-10}$$

整车侧向加速度（m/s²）为

$$a_y=V(r+\dot{\beta}) \tag{3-11}$$

将式（3-9）、式（3-10）代入式（3-6）、式（3-7），得

$$I_z\dot{r}+2\frac{a^2k_{\mathrm{f}}+b^2k_{\mathrm{r}}}{V}r+2(ak_{\mathrm{f}}-bk_{\mathrm{r}})\beta-2ak_{\mathrm{f}}\delta=0 \tag{3-12}$$

$$M_{\mathrm{T}}V\dot{\beta}+\left(M_{\mathrm{T}}V+\frac{2ak_{\mathrm{f}}-2bk_{\mathrm{r}}}{V}\right)r+2(k_{\mathrm{f}}+k_{\mathrm{r}})\beta-2k_{\mathrm{f}}\delta=0 \tag{3-13}$$

（2）状态方程 将动力学方程 [式（3-12）、式 3-13）] 化为矩阵形式，有

$$M\dot{x}+Cx=NU \tag{3-14}$$

$$M=\begin{pmatrix}I_z & 0\\0 & M_{\mathrm{T}}V\end{pmatrix} \tag{3-15}$$

$$C=\begin{pmatrix}2\dfrac{(a^2k_{\mathrm{f}}+b^2k_{\mathrm{r}})}{V} & 2(ak_{\mathrm{f}}-bk_{\mathrm{r}})\\[3mm]M_{\mathrm{T}}V+\dfrac{2(ak_{\mathrm{f}}-bk_{\mathrm{r}})}{V} & 2(k_{\mathrm{f}}+k_{\mathrm{r}})\end{pmatrix} \tag{3-16}$$

$$N=\begin{pmatrix}2ak_{\mathrm{f}}\\2k_{\mathrm{f}}\end{pmatrix} \tag{3-17}$$

$$x = \begin{pmatrix} r \\ \beta \end{pmatrix} \tag{3-18}$$

$$U = (\delta) \tag{3-19}$$

将动力学方程 [式 (3-12)、式 (3-13)] 的矩阵形式化为状态方程形式：

$$\dot{x} = Ax + BU$$
$$y = Cx \tag{3-20}$$

系统矩阵为

$$A = -M^{-1}C \tag{3-21}$$

输入矩阵为

$$B = M^{-1}N \tag{3-22}$$

输出矩阵为

$$C = \begin{pmatrix} 1 & \\ & 1 \end{pmatrix} \tag{3-23}$$

输出向量为

$$y = \begin{pmatrix} r \\ \beta \end{pmatrix} \tag{3-24}$$

式中，状态向量 x 各元素分别为横摆角速度 r、车身质心侧偏角 β；输入向量 U 为前轮转角 δ；输出向量 y 各元素分别为横摆角速度 r、车身质心侧偏角 β。

二自由度线性车辆动力学模型一般可作为车辆动力学控制的参考模型，以计算参考的横摆角速度响应。

（3）转向特性 车辆等速行驶时，前轮角阶跃输入下进入稳态响应进行等速圆周行驶，此时稳态横摆角速度与前轮转角之比称为稳态横摆角速度增益，记为 $\left. \dfrac{r}{\delta} \right)_s$。

稳态响应时，横摆角速度 r、车身质心侧偏角 β 均为定值，则 $\dot{r} = 0$、$\dot{\beta} = 0$，代入式 (3-12)、式 (3-13)，则为

$$\frac{a^2 k_f + b^2 k_r}{V} r + (a k_f - b k_r)\beta - a k_f \delta = 0 \tag{3-25}$$

$$\left(M_T V/2 + \frac{a k_f - b k_r}{V} \right) r + (k_f + k_r)\beta - k_f \delta = 0 \tag{3-26}$$

联立式 (3-25)、式 (3-26)，并消去 β，可得

$$\left. \frac{r}{\delta} \right)_s = \frac{V/(a+b)}{1 - \dfrac{M_T}{2(a+b)^2}\left(\dfrac{a}{k_r} - \dfrac{b}{k_f}\right)V^2} \tag{3-27}$$

令前轴左右轮总侧偏刚度 $k_1 = -2k_f$，后轴左右轮总侧偏刚度 $k_2 = -2k_r$，由于 $u \approx V$，$L = a+b$，则

$$\left. \frac{r}{\delta} \right)_s = \frac{u/L}{1 + \dfrac{M_T}{L^2}\left(\dfrac{a}{k_2} - \dfrac{b}{k_1}\right)u^2} = \frac{u/L}{1 + Ku^2} \tag{3-28}$$

其中，
$$K = \frac{M_{\mathrm{T}}}{L^2}\left(\frac{a}{k_2} - \frac{b}{k_1}\right)$$

K 称为稳定性因数（$\mathrm{s}^2/\mathrm{m}^2$），是表征汽车转向特性的重要参数。根据 K 值，汽车转向特性分为中性转向、不足转向和过多转向。

1）中性转向。

当 $K=0$ 时，$\left.\dfrac{r}{\delta}\right)_{\mathrm{s}} = u/L$，横摆角速度增益与车速呈线性关系，这种转向特性称为中性转向，如图 3-8 所示。

2）不足转向。

当 $K>0$ 时，式（3-28）中分母 $1+Ku^2>1$，横摆角速度增益比中性转向时小，横摆角速度增益曲线 $\left.\dfrac{r}{\delta}\right)_{\mathrm{s}} - u$ 低于中性转向的横摆角速度

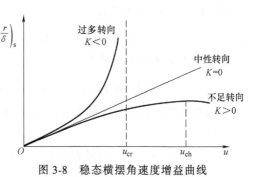

图 3-8　稳态横摆角速度增益曲线

增益曲线，且随车速增加变为向下弯曲的曲线（图 3-8），这种转向特性称为不足转向。

令 $\mathrm{d}\left.\dfrac{r}{\delta}\right)_{\mathrm{s}}\Big/\mathrm{d}u = 0$，则 $\dfrac{1-Ku^2}{L(1+Ku^2)} = 0 \Rightarrow u = \sqrt{1/K}$，故在特征车速 $u_{\mathrm{ch}} = \sqrt{1/K}$ 时，横摆角速度增益 $\left.\dfrac{r}{\delta}\right)_{\mathrm{s}}$ 达到最大（图 3-8）。

3）过多转向。

当 $K<0$ 时，式（3-28）中分母 $1+Ku^2<1$，横摆角速度增益比中性转向时大，横摆角速度增益曲线 $\left.\dfrac{r}{\delta}\right)_{\mathrm{s}} - u$ 高于中性转向的横摆角速度增益曲线，且随车速增加变为向上弯曲的曲线（图 3-8），这种转向特性称为过多转向。

令 $\mathrm{d}\left.\dfrac{r}{\delta}\right)_{\mathrm{s}}\Big/\mathrm{d}u = 0$，则 $u = \sqrt{-1/K}$，故在临界车速 $u_{\mathrm{cr}} = \sqrt{-1/K}$ 时，横摆角速度增益 $\left.\dfrac{r}{\delta}\right)_{\mathrm{s}}$ 趋于无穷大（图 3-8）。

具有过多转向特性的车辆达到临界车速时将失去稳定性。因为 $\left.\dfrac{r}{\delta}\right)_{\mathrm{s}}$ 等于无穷大时，只要极小的前轮转角 δ 便会产生极大的横摆角速度 r。这意味着车辆的转向半径极小，车辆发生激转而侧滑或翻车。由于过多转向的车辆有失去稳定性的危险，故车辆都应具有适度的不足转向特性。

2. 三自由度线性车辆动力学模型

三自由度线性车辆动力学模型如图 3-7a 和图 3-7b 所示，涉及车辆沿 y 轴的侧向运动、绕 z 轴的横摆运动、绕 x 轴的侧倾运动三个自由度，用于研究驾驶人给转向盘以角输入时的车辆运动响应。

（1）动力学方程　绕 z 轴力矩平衡方程式为

$$I_z \dot{r} + I_{xz}\ddot{\phi} + aF_{y1} - bF_{y2} + \Delta F_{x1}\frac{B_{\mathrm{f}}}{2} + \Delta F_{x2}\frac{B_{\mathrm{r}}}{2} = 0 \tag{3-29}$$

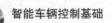

式中，左右前轮纵向力差 $\Delta F_{x1}=F_{x1,1}-F_{x1,2}$；左右后轮纵向力差 $\Delta F_{x2}=F_{x2,1}-F_{x2,2}$。

由式（3-29）知，左右轮纵向力差 ΔF_{x1}、ΔF_{x2} 可产生横摆力矩 $\Delta F_{x1}B_f/2$、$\Delta F_{x2}B_r/2$，从而影响车辆横摆角速度 r，间接影响车辆的转向运动和侧向运动，这体现了车辆动力学模型的间接纵横向耦合。

沿 y 轴力平衡方程式为

$$(M_T-M_s)(r+\dot{\beta})V+M_s[V(r+\dot{\beta})-h\ddot{\phi}]+F_{y1}+F_{y2}=0 \tag{3-30}$$

绕 x 轴力矩平衡方程式为

$$I_x\ddot{\phi}-M_shV(r+\dot{\beta})+I_{xz}\dot{r}+(D_f+D_r)\dot{\phi}+(C_{\phi1}+C_{\phi2}-M_shg)\phi=0 \tag{3-31}$$

转向盘转角 δ_{sw} 按转向系统传动比 i_s 折算的前轮转角（rad）为

$$\delta=\delta_{sw}/i_s \tag{3-32}$$

由几何关系知，前、后轮侧偏角（rad）为

$$\begin{cases} \alpha_1=\beta+\dfrac{a}{V}r-E_f\phi-\delta \\[3mm] \alpha_2=\beta-\dfrac{b}{V}r-E_r\phi \end{cases} \tag{3-33}$$

将式（3-9）、式（3-10）代入式（3-29）～式（3-31），得

$$I_z\dot{r}+I_{xz}\ddot{\phi}+2\frac{a^2k_f+b^2k_r}{V}r+2(ak_f-bk_r)\beta+2(bk_rE_r-ak_fE_f)\phi-2ak_f\delta$$

$$=-\Delta F_{x1}\frac{B_f}{2}-\Delta F_{x2}\frac{B_r}{2} \tag{3-34}$$

$$M_TV\dot{\beta}-M_sh\ddot{\phi}+\left(M_TV+\frac{2ak_f-2bk_r}{V}\right)r+2(k_f+k_r)\beta- \tag{3-35}$$

$$(2k_fE_f+2k_rE_r)\phi-2k_f\delta=0$$

$$I_{xz}\dot{r}-M_shV\dot{\beta}+I_x\ddot{\phi}-M_shVr+(D_f+D_r)\dot{\phi}+(C_{\phi1}+C_{\phi2}-M_shg)\phi=0 \tag{3-36}$$

（2）状态方程 将动力学方程 [式（3-34）～式（3-36）] 化为矩阵形式为

$$M\dot{x}+Cx=NU \tag{3-37}$$

$$M=\begin{pmatrix} I_z & 0 & I_{xz} & 0 \\ 0 & M_TV & -M_sh & 0 \\ I_{xz} & -M_shV & I_x & 0 \\ 0 & 0 & 0 & 1 \end{pmatrix} \tag{3-38}$$

$$C=\begin{pmatrix} 2\dfrac{(a^2k_f+b^2k_r)}{V} & 2(ak_f-bk_r) & 0 & 2(bk_rE_r-ak_fE_f) \\[3mm] M_TV+\dfrac{2(ak_f-bk_r)}{V} & 2(k_f+k_r) & 0 & -2(k_fE_f+k_rE_r) \\[3mm] -M_shV & 0 & D_f+D_r & C_{\phi1}+C_{\phi2}-M_shg \\[2mm] 0 & 0 & -1 & 0 \end{pmatrix} \tag{3-39}$$

$$N = \begin{pmatrix} 2ak_{\mathrm{f}} & -B_{\mathrm{f}}/2 & -B_{\mathrm{r}}/2 \\ 2k_{\mathrm{f}} & 0 & 0 \\ 0 & 0 & 0 \\ 0 & 0 & 0 \end{pmatrix} \tag{3-40}$$

$$x = \begin{pmatrix} r \\ \beta \\ \dot{\phi} \\ \phi \end{pmatrix} \tag{3-41}$$

$$U = \begin{pmatrix} \delta \\ \Delta F_{x1} \\ \Delta F_{x2} \end{pmatrix} \tag{3-42}$$

将动力学方程［式（3-34）~式（3-36）］的矩阵形式化为状态方程形式为

$$\dot{x} = Ax + BU$$
$$y = Cx \tag{3-43}$$

系统矩阵为

$$A = -M^{-1}C \tag{3-44}$$

输入矩阵为

$$B = M^{-1}N \tag{3-45}$$

输出矩阵为

$$C = \begin{pmatrix} 1 & & & \\ & 1 & & \\ & & 1 & \\ & & & 1 \end{pmatrix} \tag{3-46}$$

输出向量为

$$y = \begin{pmatrix} r \\ \beta \\ \dot{\phi} \\ \phi \end{pmatrix} \tag{3-47}$$

式中，状态向量 x 各元素分别为横摆角速度 r、车身质心侧偏角 β、车身侧倾角速度 $\dot{\phi}$、车身侧倾角 ϕ；输入向量 U 各元素分别为前轮转角 δ、左右前轮纵向力差 ΔF_{x1}、左右后轮纵向力差 ΔF_{x2}；输出向量 y 各元素分别为横摆角速度 r、车身质心侧偏角 β、车身侧倾角速度 $\dot{\phi}$、车身侧倾角 ϕ。

3. 四自由度线性车辆动力学模型

四自由度线性车辆动力学模型如图 3-7 所示，涉及车辆沿 y 轴的侧向运动、绕 z 轴的横摆运动、绕 x 轴的侧倾运动、前轮绕主销的回转运动四个自由度，用于研究驾驶人给转向盘以力输入时的车辆运动响应。

相对于三自由度线性车辆动力学模型，四自由度线性车辆动力学模型仅多了前轮绕主销

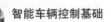
的回转运动自由度，故后者可在前者的基础上建立动力学方程和状态方程。

（1）动力学方程　绕 z 轴力矩平衡方程式、沿 y 轴力平衡方程式、绕 x 轴力矩平衡方程式分别如式（3-29）~式（3-31）。

绕主销的力矩平衡方程式为

$$[T_{sw}-I_{sw}(\ddot{\delta}_{sw}+\dot{r}\cos\alpha_{sc}-\ddot{\phi}\sin\alpha_{sc})]i_s+F_{y1}D_w-I_s\ddot{\delta}-k_w\dot{\delta}-C_w\delta-\Delta F_{x1}e=0 \qquad (3\text{-}48)$$

式中，T_{sw} 为驾驶人施加在转向盘上的输入转矩（N·m）。

由式（3-48）知，左右前轮纵向力差 ΔF_{x1} 可产生前轮绕主销的转向力矩 $\Delta F_{x1}e$ 以影响前轮转角 δ，从而直接影响车辆的转向运动和侧向运动，这体现了车辆动力学模型的直接纵横向耦合。

将式（3-9）、式（3-10）代入式（3-48），得

$$(i_sI_{sw}\cos\alpha_{sc})\dot{r}-(i_sI_{sw}\sin\alpha_{sc})\ddot{\phi}+(i_s^2I_{sw}+I_s)\ddot{\delta}+k_w\dot{\delta}-2k_fD_w\frac{a}{V}r-2k_fD_w\beta+$$

$$2k_fD_wE_f\phi+(2k_fD_w+C_w)\delta=i_sT_{sw}-\Delta F_{x1}e \qquad (3\text{-}49)$$

（2）状态方程　将动力学方程 [式（3-34）~式（3-36）、式（3-49）] 化为矩阵形式为

$$M\dot{x}+Cx=NU \qquad (3\text{-}50)$$

$$M=\begin{pmatrix} I_z & 0 & I_{xz} & 0 & 0 & 0 \\ 0 & M_TV & -M_sh & 0 & 0 & 0 \\ I_{xz} & -M_shV & I_x & 0 & 0 & 0 \\ 0 & 0 & 0 & 1 & 0 & 0 \\ 0 & 0 & 0 & 0 & 0 & 1 \\ i_sI_{sw}\cos\alpha_{sc} & 0 & -i_sI_{sw}\sin\alpha_{sc} & 0 & i_s^2I_{sw}+I_s & k_w \end{pmatrix} \qquad (3\text{-}51)$$

$$C=\begin{pmatrix} 2\dfrac{(a^2k_f+b^2k_r)}{V} & 2(ak_f-bk_r) & 0 & 2(bk_rE_r-ak_fE_f) & 0 & -2ak_f \\ M_TV+\dfrac{2(ak_f-bk_r)}{V} & 2(k_f+k_r) & 0 & -2(k_fE_f+k_rE_r) & 0 & -2k_f \\ -M_shV & 0 & D_f+D_r & C_{\phi1}+C_{\phi2}-M_shg & 0 & 0 \\ 0 & 0 & -1 & 0 & 0 & 0 \\ 0 & 0 & 0 & 0 & -1 & 0 \\ -\dfrac{2k_fD_wa}{V} & -2k_fD_w & 0 & 2k_fD_wE_f & 0 & 2k_fD_w+C_w \end{pmatrix} \qquad (3\text{-}52)$$

$$N=\begin{pmatrix} 0 & -B_f/2 & -B_r/2 \\ 0 & 0 & 0 \\ 0 & 0 & 0 \\ 0 & 0 & 0 \\ 0 & 0 & 0 \\ i_s & -e & 0 \end{pmatrix} \qquad (3\text{-}53)$$

$$x = \begin{pmatrix} r \\ \beta \\ \dot{\phi} \\ \phi \\ \dot{\delta} \\ \delta \end{pmatrix} \tag{3-54}$$

$$U = \begin{pmatrix} T_{sw} \\ \Delta F_{x1} \\ \Delta F_{x2} \end{pmatrix} \tag{3-55}$$

将动力学方程［式（3-34）~式（3-36）、式（3-49）］的矩阵形式化为状态方程形式为

$$\dot{x} = Ax + BU$$
$$y = Cx \tag{3-56}$$

系统矩阵为

$$A = -M^{-1}C \tag{3-57}$$

输入矩阵为

$$B = M^{-1}N \tag{3-58}$$

输出矩阵为

$$C = \begin{pmatrix} 1 & & & & & \\ & 1 & & & & \\ & & 1 & & & \\ & & & 1 & & \\ & & & & 1 & \\ & & & & & 1 \end{pmatrix} \tag{3-59}$$

输出向量为

$$y = \begin{pmatrix} r \\ \beta \\ \dot{\phi} \\ \phi \\ \dot{\delta} \\ \delta \end{pmatrix} \tag{3-60}$$

式中，状态向量 x 各元素分别为横摆角速度 r、车身质心侧偏角 β、车身侧倾角速度 $\dot{\phi}$、车身侧倾角 ϕ、前轮转向角速度 $\dot{\delta}$、前轮转角 δ；输入向量 U 各元素分别为转向盘转矩 T_{sw}、左右前轮纵向力差 ΔF_{x1}、左右后轮纵向力差 ΔF_{x2}；输出向量 y 各元素分别为横摆角速度 r、车身质心侧偏角 β、车身侧倾角速度 $\dot{\phi}$、车身侧倾角 ϕ、前轮转向角速度 $\dot{\delta}$、前轮转角 δ。

3.2.3 车辆横向运动控制策略

1. 基于前轮转角前馈的直接横摆力矩控制

（1）**理论分析** 对于线性的三自由度车辆模型，输入量 δ、ΔF_{x1}、ΔF_{x2} 联合作用时，输出量 r 综合响应为输入量 δ、ΔF_{x1}、ΔF_{x2} 各自单独作用时输出量 r 响应的线性叠加。由于 δ、ΔF_{x1}、ΔF_{x2} 引起的 r 响应具有叠加性，因此可根据前轮转角 δ 前馈产生合适的 ΔF_{x1}、ΔF_{x2}，利用该 ΔF_{x1}、ΔF_{x2} 形成的地面对车辆的附加横摆力矩调整 r 响应，即通过直接横摆力矩控制协助 δ 调整 r 响应，从而改善车辆操纵稳定性。此即为基于前轮转角前馈的直接横摆力矩控制的基本思路。

当前、后轮距相等（$B_f = B_r$）时，输出量 r 对输入量 ΔF_{x1}、ΔF_{x2} 的传递函数相同，即 $r(s)/\Delta F_{x1}(s) = r(s)/\Delta F_{x2}(s)$。假设 $\Delta F_{x1} = \Delta F_{x2} = \Delta F_x$，则 $r(s)/\Delta F_{x1}(s) = r(s)/\Delta F_{x2}(s) = r(s)/\Delta F_x(s)$。前轮转角 δ 前馈产生的左、右轮驱动力差 ΔF_x 对 δ 的传递函数为 $\Delta F_x(s)/\delta(s)$，

则输出量 r 对联合输入量 δ 和 ΔF_x 的传递函数 $r(s)/[\delta, \Delta F_x](s) = r(s)/\delta(s) + r(s)/\Delta F_x(s) \times \Delta F_x(s)/\delta(s)$（如图 3-9 所示）。传递函数 $r(s)/[\delta, \Delta F_x](s)$ 的理想目标形式用 $[r(s)/\delta(s)]^*$ 代表，则传递函数 $\Delta F_x(s)/\delta(s)$ 可由式（3-61）推导出的式（3-62）求出。

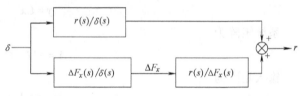

图 3-9 基于前轮转角前馈的直接横摆力矩控制流程图

$$\left[\frac{r(s)}{\delta(s)}\right]^* = \frac{r(s)}{\delta(s)} + \frac{r(s)}{\Delta F_x(s)} \times \frac{\Delta F_x(s)}{\delta(s)} \tag{3-61}$$

$$\frac{\Delta F_x(s)}{\delta(s)} = \left\{\left[\frac{r(s)}{\delta(s)}\right]^* - \frac{r(s)}{\delta(s)}\right\} \bigg/ \frac{r(s)}{\Delta F_x(s)} \tag{3-62}$$

若为了使有、无直接横摆力矩控制时转向盘角阶跃输入下横摆角速度稳态值保持不变，即车辆的稳态横摆角速度增益保持不变，亦即传递函数 $r(s)/[\delta, \Delta F_x](s)$ 的理想目标形式的稳态增益与原系统的传递函数 $r(s)/\delta(s)$ 稳态增益一致，则式（3-61）等号左侧做相应修正后化为

$$\left[\frac{r(s)}{\delta(s)}\right]^* \times \frac{\left[\dfrac{r(s)}{\delta(s)}\right]_s}{\left[\dfrac{r(s)}{\delta(s)}\right]_s^*} = \frac{r(s)}{\delta(s)} + \frac{r(s)}{\Delta F_x(s)} \times \frac{\Delta F_x(s)}{\delta(s)} \tag{3-63}$$

式中，$[r(s)/\delta(s)]_s^*$ 为 $[r(s)/\delta(s)]^*$ 的稳态增益；$[r(s)/\delta(s)]_s$ 为 $r(s)/\delta(s)$ 的稳态增益。

相应的式（3-62）化为

$$\frac{\Delta F_x(s)}{\delta(s)} = \left\{\left[\frac{r(s)}{\delta(s)}\right]^* \times \frac{\left[\dfrac{r(s)}{\delta(s)}\right]_s}{\left[\dfrac{r(s)}{\delta(s)}\right]_s^*} - \frac{r(s)}{\delta(s)}\right\} \bigg/ \frac{r(s)}{\Delta F_x(s)} \tag{3-64}$$

则按式（3-64）进行基于前轮转角前馈的直接横摆力矩控制时，转向盘角阶跃输入下，有控制时的横摆角速度稳态值将与无控制时的横摆角速度稳态值 $[r(s)/\delta(s)$ 的稳态值] 一致，且有控制时的横摆角速度瞬态响应特性与 $[r(s)/\delta(s)]^*$ 瞬态响应特性一致。

（2）**仿真分析** 仿真时采用三自由度线性车辆动力学模型，所用车辆参数见表3-2。通过对三自由度线性车辆模型的时域分析知，不同车速下的横摆角速度瞬态响应不同。例如，由 60km/h、120km/h 和 210km/h 这三种车速下输入量 δ 阶跃输入时输出量 r 的时域响应，和据此分析出的三种车速下转向盘角阶跃输入时横摆角速度瞬态响应参数知：三种车速中 60km/h 时横摆角速度瞬态响应综合性能最好，210km/h 时横摆角速度瞬态响应综合性能最差。因此，可将 60km/h 时传递函数 $[r(s)/\delta(s)]_{60km/h}$ 作为 210km/h 时传递函数 $r(s)/[\delta, \Delta F_x](s)$ 的理想目标形式 $[r(s)/\delta(s)]^*$。同时，为使车辆具有不足转向特性，高车速时横摆角速度稳态增益 $[r(s)/\delta(s)]_s$ 应小。

由分析知，60km/h 时横摆角速度稳态增益 $[r(s)/\delta(s)]_{s,60km/h}$ 大于 210km/h 时横摆角速度稳态增益 $[r(s)/\delta(s)]_{s,210km/h}$，则在 210km/h 进行基于前轮转角前馈的直接横摆力矩控制时，为使 210km/h 时车辆能保持原较小横摆角速度稳态增益，则按式（3-64）求 210km/h 时传递函数 $\Delta F_x(s)/\delta(s)$ 时，取 $[r(s)/\delta(s)]^* = [r(s)/\delta(s)]_{60km/h}$，$[r(s)/\delta(s)]_s^* = [r(s)/\delta(s)]_{s,60km/h}$，$r(s)/\delta(s) = [r(s)/\delta(s)]_{210km/h}$，$[r(s)/\delta(s)]_s = [r(s)/\delta(s)]_{s,210km/h}$，$r(s)/\Delta F_x(s) = [r(s)/\Delta F_x(s)]_{210km/h}$。

按该方法，车速 210km/h 时，基于前轮转角前馈确定左右轮驱动力差 ΔF_x，利用前、后轴左右轮驱动力差 ΔF_{x1} 和 ΔF_{x2} 进行直接横摆力矩控制的仿真结果如图 3-10 所示。

有、无直接横摆力矩控制时的转向盘角阶跃输入均为 90°，对应的前轮转角 δ 阶跃输入均为 0.0631rad。分三种情况由 ΔF_x 确定 ΔF_{x1} 和 ΔF_{x2}：

1）仅前轴左右轮差力驱动，$\Delta F_{x1} = \Delta F_x$，$\Delta F_{x2} = 0$。

2）仅后轴左右轮差力驱动，$\Delta F_{x1} = 0$，$\Delta F_{x2} = \Delta F_x$。

3）前、后轴左右轮均分差力驱动，$\Delta F_{x1} = \Delta F_x/2$，$\Delta F_{x2} = \Delta F_x/2$。

这三种情况对应的有直接横摆力矩控制时输入量曲线分别如图 3-10b、图 3-10c、图 3-10d 所示，这三种直接横摆力矩控制方式对应的横摆角速度响应曲线、输出量曲线、车辆轨迹均相同，均分别如图 3-10e、图 3-10f、图 3-10g 实线所示。无直接横摆力矩控制时的横摆角速度响应曲线、输出量曲线、车辆轨迹分别如图 3-10e、图 3-10f、图 3-10g 虚线所示。

由图 3-10e 知，三种直接横摆力矩控制方式均可使横摆角速度 r 响应曲线与目标值曲线一致，有、无控制时的横摆角速度稳态值一致，有控制时横摆角速度瞬态响应品质得到良好改善（超调量小，振荡衰减快，稳定时间短），这表明了按式（3-64）进行基于前轮转角前馈的直接横摆力矩控制方法的有效性。

由图 3-10f 知，有直接横摆力矩控制时可使车身质心侧偏角 β 和车身侧倾角 ϕ 的响应较快达到稳态值，且瞬态响应品质较好（超调量较小，稳定时间较短）。

由图 3-10e 知，相对于有直接横摆力矩控制时，无直接横摆力矩控制时的横摆角速度响应初期数值、峰值和超调量均较大，则图 3-10g 车辆轨迹线中无直接横摆力矩控制时的车辆转弯半径较小，车辆有过多转向趋势；有直接横摆力矩控制时的车辆转弯半径较大，车辆体现出不足转向特性，可减少高速转向时的危险。

由图 3-10 仿真结果知，高速转向时采用基于前轮转角前馈的直接横摆力矩控制，可使车辆操纵稳定性得到改善。

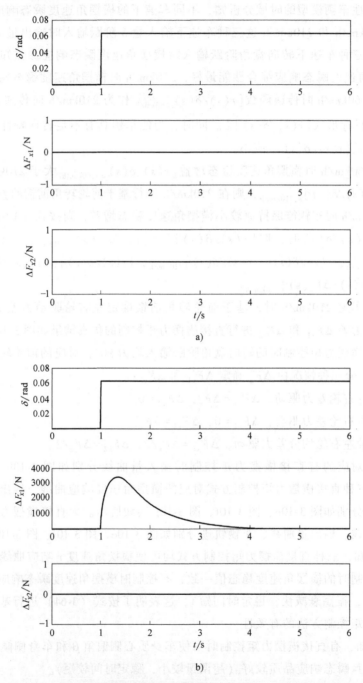

图 3-10　210km/h 时基于前轮转角前馈的直接横摆力矩控制的仿真结果

a）无控制时输入量曲线　b）有控制时输入量曲线 1

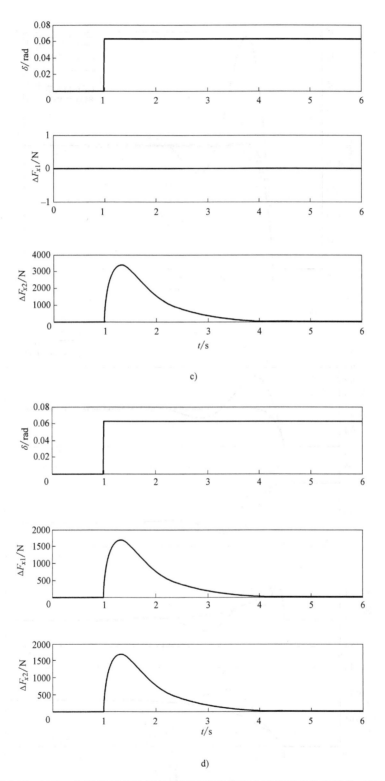

图 3-10　210km/h 时基于前轮转角前馈的直接横摆力矩控制的仿真结果（续）

c）有控制时输入量曲线 2　　d）有控制时输入量曲线 3

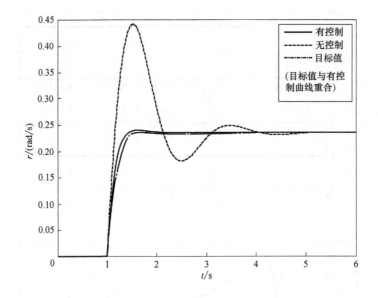

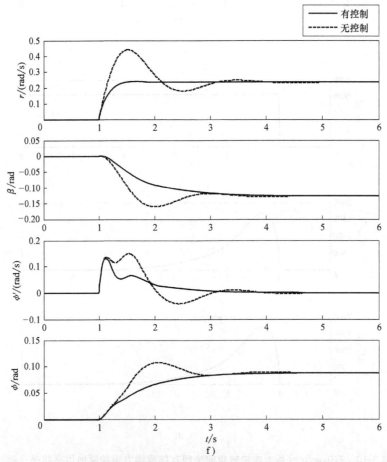

图 3-10　210km/h 时基于前轮转角前馈的直接横摆力矩控制的仿真结果（续）

e）横摆角速度曲线　f）输出量曲线

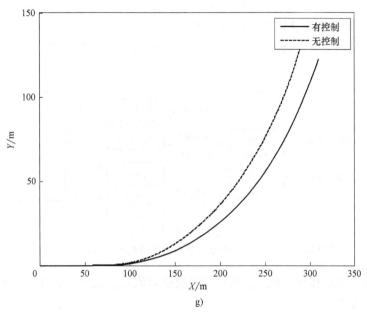

g)

图 3-10 210km/h 时基于前轮转角前馈的直接横摆力矩控制的仿真结果（续）

g）车辆轨迹

由三种直接横摆力矩控制方式（如图 3-10b、图 3-10c、图 3-10d 所示）产生的控制效果相同知，在保证通过直接横摆力矩控制产生的地面对车辆附加横摆力矩总值不变的前提下，左右轮驱动力差总值在前、后轴左右轮驱动力差之间的分配不影响控制效果。同时，在横摆角速度的实际值与目标值相差较大的控制初期，直接横摆力矩控制所需的左右轮驱动力差较大；随着横摆角速度的实际值与目标值偏差逐渐减小，直接横摆力矩控制所需的左右轮驱动力差逐渐减小；当横摆角速度达到稳态值时，左右轮驱动力差减为 0，直接横摆力矩控制结束。

基于前轮转角前馈的直接横摆力矩控制为按给定量控制的开环控制。开环控制无自动修正偏差的能力，抗干扰性较差。但由于其控制方法简单，调整方便，成本低，无需测量输出量的传感器，因此可应用在控制精度要求不高或扰动影响较小的情况下。

2. 基于横摆角速度反馈的直接横摆力矩控制

为提高直接横摆力矩控制的抗干扰能力，改善其控制效果，可采用基于横摆角速度反馈的直接横摆力矩控制。

对四轮独立驱动车辆进行基于横摆角速度反馈的直接横摆力矩控制时，根据横摆角速度的反馈值与期望值的偏差，确定直接横摆力矩控制所需的左右轮驱动转矩差期望值。然后，结合车轮总驱动转矩期望值，确定各轮驱动转矩期望值。通过控制左右轮转矩差，使左右轮纵向力不等，从而产生地面作用于车辆的附加横摆力矩，通过这种横摆力矩控制调节横摆角速度使其达到期望值，以使车辆稳定行驶，改善操纵稳定性。该方法的控制原理简图如图 3-11 所示。

根据横摆角速度的期望参考值 r_{ref} 和实际测量反馈值 r_{mea} 之差，采用 PID 控制确定左右轮驱动转矩差期望参考值为

$$\Delta T_{\text{wh\_ref}} = C_{\text{PID\_r}}(r_{\text{ref}} - r_{\text{mea}}) \tag{3-65}$$

式中，$C_{\text{PID\_r}}$（）为横摆角速度 PID 控制函数。

横摆角速度的期望参考值 r_{ref} 根据二自由度车辆模型的横摆角速度稳态增益式（3-28）确定。

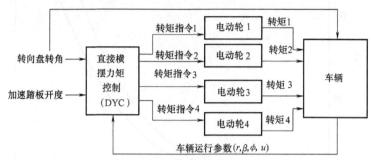

图 3-11　基于横摆角速度反馈的直接横摆力矩控制原理简图

根据纵向车速的期望参考值 u_{ref} 和实际测量反馈值 u_{mea} 之差，采用 PID 控制确定车轮总驱动转矩期望参考值为

$$T_{\text{tot\_ref}} = C_{\text{PID\_u}}(u_{\text{ref}} - u_{\text{mea}}) \tag{3-66}$$

式中，$C_{\text{PID\_u}}$（）为纵向车速 PID 控制函数。

相应的车轮驱动转矩期望值为

$$T_{i\_\text{ref}} = k_{\text{D\_T}i} T_{\text{tot\_ref}} + k_{\text{D\_}\Delta Ti} \Delta T_{\text{wh\_ref}} \tag{3-67}$$

式中，$k_{\text{D\_T}i}$ 是与第 i 个（$i = 1$，2，3，4，1—前左，2—前右，3—后左，4—后右）车轮对应的分量，$\sum k_{\text{D\_T}i} = 1$，$k_{\text{D\_T}i} \in [0, 1]$；$k_{\text{D\_}\Delta Ti}$ 是与第 i 个车轮对应的分量，$\sum k_{\text{D\_}\Delta Ti} = 0$，$k_{\text{D\_}\Delta Ti} \in [-1, 1]$。

例如，转矩分配比例系数可取 $k_{\text{D\_T1}} = k_{\text{D\_T2}} = k_{\text{D\_T3}} = k_{\text{D\_T4}} = 1/4$，$k_{\text{D\_}\Delta T1} = k_{\text{D\_}\Delta T3} = -1/4$，$k_{\text{D\_}\Delta T2} = k_{\text{D\_}\Delta T4} = 1/4$。

3.3　车辆横向运动控制目标

3.3.1　转向轨迹

以转向运动轨迹为控制目标，介绍转向轨迹跟随控制时前轮转角或转向盘转角的确定方法，如预瞄控制、模型预测控制等。

1. 预瞄控制

用于确定转向盘转角的采用微分校正的单点预瞄最优曲率驾驶人模型如图 3-12 所示，该模型基于单点预瞄假设和最优曲率控制原则，即驾驶人根据前方轨迹的信息和当时车辆的运动状态，估计到达该预期点的误差，继而确定一个最优的圆弧轨迹，并由轨迹圆弧曲率与转向盘转角的对应关系来确定转向盘转角输入。该模型参数选择合适时具有良好综合性能，如轨迹跟随误差小、驾驶人转动转向盘的转向操作动作柔和等。

$f(t)$ 为 t 时刻预期轨迹的坐标。轨迹"预测器"传递函数为

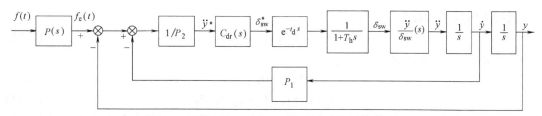

图 3-12　微分校正单点预瞄最优曲率驾驶人模型

$$P(s) = e^{Ts} \tag{3-68}$$

式中，T 为前视时间（一般可取 1s 左右）。

则有效输入为

$$f_e(t) = f(t+T) \tag{3-69}$$

$P(s)$ 的 n 阶泰勒展开式为

$$P(s) = 1 + P_1 s + P_2 s^2 + P_3 s^3 + \cdots + P_n s^n \tag{3-70}$$

式中，P_n 为泰勒展开式的 n 阶系数。

其中，一阶、二阶和三阶系数 P_1、P_2 和 P_3 分别为

$$P_1 = T \tag{3-71}$$

$$P_2 = T^2/2 \tag{3-72}$$

$$P_3 = T^3/6 \tag{3-73}$$

理想的侧向加速度（即与最优曲率对应的最优侧向加速度）为

$$\ddot{y}^* = [f_e(t) - y - P_1 \dot{y}]/P_2 \tag{3-74}$$

车辆侧向加速度对转向盘转角的传递函数可化如下形式：

$$\frac{\ddot{y}}{\delta_{sw}}(s) = G_{ay} \frac{1 + T_{y1} s + T_{y2} s^2 + \cdots}{1 + T_1 s + T_2 s^2 + \cdots} \tag{3-75}$$

对于二自由度（侧向运动和横摆运动）车辆模型，侧向加速度对转向盘转角的稳态增益 G_{ay} 和系数 T_{y1}、T_1 分别为

$$G_{ay} = \frac{V^2}{i_s L(1 + KV^2)} \tag{3-76}$$

$$T_{y1} = b/V \tag{3-77}$$

$$T_1 = \frac{V}{L} \frac{(a + \eta b)/C_2 + (b + \eta a)/C_1}{1 + KV^2} \tag{3-78}$$

其中，η 为整车质量分配系数，且

$$\eta = \frac{\rho^2}{ab} \tag{3-79}$$

式中，ρ 为整车绕 z 轴的惯性半径（m）。

前、后轮侧偏系数（即轮胎侧偏刚度与轮胎载荷质量之比，m/s²/rad）分别为

$$C_1 = \frac{2k_f}{(b/L)M_T} \tag{3-80}$$

$$C_2 = \frac{2k_r}{(a/L)M_T} \tag{3-81}$$

驾驶人的校正函数为

$$C_{dr}(s) = C_0(1+T_c s) \tag{3-82}$$

其中，系数 C_0、T_c 分别为

$$C_0 = 1/G_{ay} \tag{3-83}$$

$$T_c = t_d + T_h + T_1 - T_{y1} - a_{dr} P_3/P_2 \tag{3-84}$$

式中，t_d 为驾驶人神经系统的反应滞后时间（s）；T_h 为驾驶人手臂与转向盘惯量等的反应滞后时间（s）；系数 a_{dr} 取值范围为 $0\sim1$。一般可取 $t_d = 0.2s$，$T_h = 0.1s$，$a_{dr} = 0.5$。

考虑到驾驶人的反应滞后，理想的转向盘转角 $\delta_{sw}{}^*$ 与实际的转向盘转角 δ_{sw} 之间含一般性滞后环节 $e^{-t_d s}$ 和 $1/(1+T_h s)$。$e^{-t_d s}$ 表示驾驶人神经系统的反应滞后，$1/(1+T_h s)$ 表示驾驶人手臂与转向盘惯量等的反应滞后。

期望的转向盘转角为

$$\delta_{sw}^* = \ddot{y}^* C_{dr}(s) \tag{3-85}$$

式中，$\ddot{y}^*$、$C_{dr}(s)$ 分别见式（3-74）、式（3-82）。

2. 模型预测控制

模型预测控制确定前轮转角时，采用基于多点预瞄的控制方法，具有一定的预见性，更符合驾驶人的实际驾驶行为；同时，还可处理涉及车辆动力学约束的优化问题。

（1）模型预测控制原理　模型预测控制 MPC（model predictive control）将无穷时间跨度内的最优控制问题转化为一个在有限时间跨度内的开环优化问题。模型预测控制的原理如图 3-13 所示。

在当前采样时刻 t，控制器采集当前测量值并结合预测模型，在指定时间范围 $[t, t+N_c]$ 内预测系统未来 $[t, t+N_p]$ 时域内被控对象的输入序列，并以参考轨迹为目标，按照优化指标筛选出最优输出结果，并将最优结果首向量所对应的预测输入作为下一时刻的系统输入量。随后在每个采样周期循环进行上述过程。模型预测控制包括如下三个关键环节：预测模型、滚动优化、反馈校正。

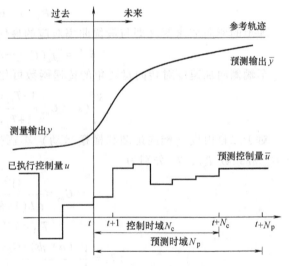

图 3-13　模型预测控制原理图

预测模型是模型预测控制的基础，过去和未来的输入量被送入预测模型以获取当前时刻的输出值。一般来说，在设计模型预测控制器的过程中，常采用的预测模型有如下几种：状态空间方程或传递函数；脉冲或阶跃响应模型；易于在线辨识并能描述不稳定系统的受控自回归积分滑动平均模型、模糊模型、非单一描述性函数等。

滚动优化是模型预测最主要的特点，它不是采用一成不变的全局最优目标，而是在有限时域内，反复在线求解立足于当前时刻的局部优化目标，即在线滚动优化，使时变、扰动等带来的不确定性得到弥补，提高系统控制效果。

反馈校正是预测控制的一个补偿环节，在每个计算周期，控制器采集受控对象的实际输

出结果，与预测结果比较得到模型预测误差，根据预测误差对模型的预测输出进行补偿，从而提高了系统的控制精度和鲁棒性。

针对用于确定前轮转角的基于模型预测控制的车辆路径跟踪控制，可以以二自由度车辆动力学模型作为预测模型，并建立合适的目标函数及约束条件。

（2）目标函数 为了控制车辆的转向以沿着目标路径进行快速稳定的跟踪行驶，首先要设计模型预测控制的目标函数。

用于车辆路径跟踪的模型预测控制目标函数可表示为

$$J(t) = \sum_{j=1}^{N_p} \| \eta(t+j|t) - \eta_{ref}(t+j|t) \|_Q^2 + \sum_{j=1}^{N_c-1} \| \Delta u(t+j|t) \|_R^2 \tag{3-86}$$

式中，η 为输出量（车辆实际位置和航向角）；η_{ref} 为参考输出量（车辆目标位置和航向角）；Δu 为控制时域内的控制增量（前轮转角增量）；N_p 为预测时域；N_c 为控制时域。

目标函数 $J(t)$ 中，第 1 项体现对目标路径的跟踪能力；第 2 项体现对前轮转角增量的限制，避免车辆在行驶时前轮转角发生突变，影响操纵稳定性。

（3）约束条件 基于模型预测控制的路径跟踪控制以车辆动力学模型为预测模型，不仅要考虑前轮转角及其增量约束，而且要考虑车辆动力学约束，以改善路径跟踪控制时车辆的动力学响应。

1）前轮转角及其增量约束。

前轮转角是路径跟踪模型预测控制的控制量。由于转向机构的结构限制，前轮转角有上、下限。为避免急转向，需对前轮转角增量进行限制。

前轮转角控制量约束的表达形式为

$$u_{\min}(t+j) \leq u(t+j) \leq u_{\max}(t+j) \quad (j=0,1,\cdots,N_c-1) \tag{3-87}$$

前轮转角控制增量约束的表达形式为

$$\Delta u_{\min}(t+j) \leq \Delta u(t+j) \leq \Delta u_{\max}(t+j) \quad (j=0,1,\cdots,N_c-1) \tag{3-88}$$

由路径跟踪的目标函数知，变量是控制时域 N_c 内的控制增量 Δu。因此，控制量首先要转化为 Δu 的矩阵形式。

由于控制量 u 与控制增量 Δu 的关系为

$$u(t+j) = u(t+j-1) + \Delta u(t+j) \tag{3-89}$$

因此式（3-87）可转换为

$$\boldsymbol{U}_{\min} \leq \boldsymbol{A}\Delta\boldsymbol{U}_t + \boldsymbol{U}_t \leq \boldsymbol{U}_{\max}$$

$$\boldsymbol{A} = \begin{pmatrix} 1 & 0 & \cdots & 0 \\ 1 & 1 & \cdots & 0 \\ \vdots & \vdots & & \vdots \\ 1 & 1 & \cdots & 1 \end{pmatrix}, \Delta\boldsymbol{U}_t = \begin{pmatrix} \Delta u(t+1) \\ \Delta u(t+2) \\ \vdots \\ \Delta u(t+N) \end{pmatrix}_{N_c \times 1}, \boldsymbol{U}_t = \begin{pmatrix} u(t) \\ u(t) \\ \vdots \\ u(t) \end{pmatrix}_{N_c \times 1} \tag{3-90}$$

式中，$\boldsymbol{U}_{\min}$、$\boldsymbol{U}_{\max}$ 分别为控制量的最小值、最大值向量；$\Delta\boldsymbol{U}_t$ 为控制时域内的一系列控制增量。

2）侧向加速度约束。

侧向加速度受路面附着条件的限制，有

$$|a_y| \leq \mu g \tag{3-91}$$

式中，a_y 为侧向加速度；μ 为路面附着系数。

侧向加速度约束为

$$a_{y\min} \leq a_y \leq a_{y\max} \tag{3-92}$$

式中，$a_{y\min}$ 和 $a_{y\max}$ 分别为侧向加速度的最小值 $-\mu g$ 和最大值 μg。

3）轮胎侧偏角约束。

车辆动力学建模时，当轮胎侧偏角在小角度范围（如 $[-4°, 4°]$）内变化时，轮胎受到的侧向力和轮胎侧偏的关系可近似用线性函数式（3-10）表示。当轮胎侧偏角超出该范围时，轮胎侧向力和轮胎侧偏角为非线性关系，易导致车辆发生侧滑，影响操纵稳定性。

轮胎侧偏角约束为

$$\alpha_{\min} \leq \alpha \leq \alpha_{\max} \tag{3-93}$$

式中，$\alpha_{\min}$ 和 $\alpha_{\max}$ 分别为轮胎侧偏角的最小值和最大值。

4）车身质心侧偏角约束。

路径跟踪控制时，为保证车辆的操纵稳定性，需对车身质心侧偏角进行约束。车辆在良好道路上稳定行驶时，车身质心侧偏角的极限值可达到 $\pm 10°$；但在低附着系数的湿滑道路上稳定行驶时，车身质心侧偏角的极限值仅为 $\pm 2°$。车身质心侧偏角限值的经验公式见式（3-106）。

车身质心侧偏角约束为

$$\beta_{\min} \leq \beta \leq \beta_{\max} \tag{3-94}$$

式中，$\beta_{\min}$ 和 $\beta_{\max}$ 分别为车身质心侧偏角的最小值和最大值。

综合上述目标函数和约束条件，用于确定控制增量 Δu（前轮转角增量 $\Delta \delta$）的车辆路径跟踪的模型预测控制问题可描述为如下优化问题：

$$\min_{\Delta U} \sum_{j=1}^{N_p} \| \eta(t+j|t) - \eta_{\mathrm{ref}}(t+j|t) \|_Q^2 + \sum_{j=1}^{N_c-1} \| \Delta u(t+j|t) \|_R^2 \tag{3-95}$$

$$\begin{cases} \Delta U_{\min} \leq \Delta U_t \leq \Delta U_{\max} \\ U_{\min} \leq A\Delta U_t + U_t \leq U_{\max} \\ a_{y,\min} \leq a_y \leq a_{y,\max} \\ \alpha_{\min} \leq \alpha \leq \alpha_{\max} \\ \beta_{\min} \leq \beta \leq \beta_{\max} \end{cases}$$

3.3.2　横摆角速度

1. 横摆角速度参考值

横摆角速度是表征车辆操纵稳定性的重要参数之一。车辆操纵稳定性控制时，横摆角速度参考值可根据由二自由度线性车辆动力学模型确定的稳态横摆角速度增益 $\left. \dfrac{r}{\delta} \right)_s$ [式（3-28）] 和前轮转角 δ 计算出。

横摆角速度参考值为

$$r_{\mathrm{ref}} = \left. \frac{r}{\delta} \right)_s \delta = \frac{u/L}{1 + \dfrac{M_T}{L^2}\left(\dfrac{a}{k_2} - \dfrac{b}{k_1} \right)u^2} \delta = \frac{u/L}{1+Ku^2}\delta \tag{3-96}$$

2. 横摆角速度限值

路面附着系数会影响轮胎与路面之间的侧向力限值，从而影响车辆侧向加速度限值，即

$$a_y \leqslant \mu g \tag{3-97}$$

车辆侧向加速度 a_y 与横摆角速度 r、车身质心侧偏角 β 有如下关系：

$$a_y = ur + \dot{u}\tan\beta + \frac{u\dot{\beta}}{\sqrt{1+\tan^2\beta}} \tag{3-98}$$

由于车身质心侧偏角 β 及其导数 $\dot{\beta}$ 一般较小，式（3-98）中第 2、3 项比第 1 项小，结合式（3-97），取第 1 项 $ur \leqslant 0.85\mu g$，则横摆角速度限值为

$$r_{\mathrm{lim}} = 0.85\mu g/u \tag{3-99}$$

当 $|r_{\mathrm{ref}}| \leqslant r_{\mathrm{lim}}$，则横摆角速度目标值 $r_{\mathrm{aim}} = r_{\mathrm{ref}}$。

当 $|r_{\mathrm{ref}}| > r_{\mathrm{lim}}$，则横摆角速度目标值 $r_{\mathrm{aim}} = r_{\mathrm{lim}}\mathrm{sgn}r_{\mathrm{ref}}$。

3.3.3　车身质心侧偏角

1. 车身质心侧偏角参考值

车身质心侧偏角是表征车辆操纵稳定性的重要参数之一。车辆操纵稳定性控制时，车身质心侧偏角参考值可根据二自由度线性车辆动力学模型确定。

二自由度线性车辆动力学模型中，由式（3-9）知，车身质心侧偏角

$$\beta = \alpha_2 + \frac{b}{V}r \tag{3-100}$$

由式（3-10）知，后轮侧偏角

$$\alpha_2 = F_{y2}/(2k_{\mathrm{r}}) \tag{3-101}$$

当车辆稳态转向时，$\dot{r} = 0$，$\dot{\beta} = 0$，则式（3-6）和式（3-7）化为

$$aF_{y1} - bF_{y2} = 0 \tag{3-102}$$

$$M_{\mathrm{T}}rV + F_{y1} + F_{y2} = 0 \tag{3-103}$$

联立式（3-102）和式（3-103），得

$$F_{y2} = -\frac{a}{a+b}M_{\mathrm{T}}rV \tag{3-104}$$

式（3-101）、式（3-104）和式（3-27）代入式（3-100），得车身质心侧偏角参考值为

$$
\begin{aligned}
\beta_{\mathrm{ref}} &= -\frac{a}{a+b} \cdot \frac{M_{\mathrm{T}}rV}{2k_{\mathrm{r}}} + \frac{b}{V}r = \left(-\frac{a}{a+b} \cdot \frac{M_{\mathrm{T}}V}{2k_{\mathrm{r}}} + \frac{b}{V}\right)r \\
&= \left(-\frac{a}{a+b} \cdot \frac{M_{\mathrm{T}}V}{2k_{\mathrm{r}}} + \frac{b}{V}\right)\left[\frac{r}{\delta}\right]_{\mathrm{s}}\delta \\
&= \left(-\frac{a}{a+b} \cdot \frac{M_{\mathrm{T}}V}{2k_{\mathrm{r}}} + \frac{b}{V}\right)\frac{V/(a+b)}{1 - \dfrac{M_{\mathrm{T}}}{2(a+b)^2}\left(\dfrac{a}{k_{\mathrm{r}}} - \dfrac{b}{k_{\mathrm{f}}}\right)V^2}\delta
\end{aligned}
\tag{3-105}
$$

2. 车身质心侧偏角限值

车身质心侧偏角限值也与侧向加速度、路面附着系数有关，其经验公式为

$$\beta_{\lim} = \arctan 0.02\mu g \tag{3-106}$$

当 $|\beta_{ref}| \leq \beta_{\lim}$，则车身质心侧偏角目标值 $\beta_{aim} = \beta_{ref}$。

当 $|\beta_{ref}| > \beta_{\lim}$，则车身质心侧偏角目标值 $\beta_{aim} = \beta_{\lim} \mathrm{sgn}\beta_{ref}$。

3.4 车辆转向控制器设计

以四轮转向系统为例介绍车辆转向控制器硬、软件设计方法。

3.4.1 四轮转向系统结构原理

某商用车采用的四轮转向系统（four wheel steering，4WS）方案原理图如图 3-14 所示，其主要由前轮转向系统（前转向器、转向传动机构、前轮向轮）、后轮转向系统（转向伺服电动机、助力转向器总成、失电制动器和后轮转向机构）、各种传感器（转向盘转角传感器、后轮转角光电编码器、车速传感器、横摆角速度传感器）、四轮转向控制器（ECU）等组成。

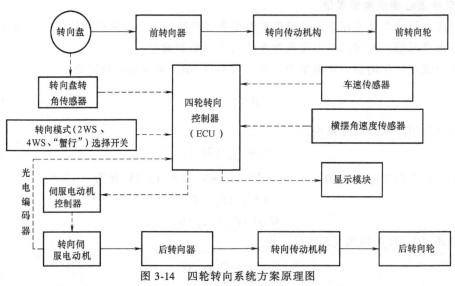

图 3-14　四轮转向系统方案原理图

当驾驶人操纵转向盘转向时，转向盘转角传感器测出转向盘转角大小和转动方向，车速传感器测出车辆行驶速度，车辆横摆角速度传感器获取车辆横摆运动信号。四轮转向控制器根据上述传感器信息，通过四轮转向控制策略确定后轮转向伺服电动机转动的角度和方向，向后轮伺服电动机控制器输入 PWM 和方向信号，控制后轮转向伺服电动机带动后轮助力转向器，并通过后轮转向传动机构来驱动后转向轮偏转。同时，四轮转向控制器根据光电编码器采集后轮转向伺服电动机转动的角度信号，依据后轮转向器角传动比，计算后轮实际转角，再根据后轮实际转角与目标转角的差值进行动态补偿和调节，以实现车辆四轮转向的精确控制，保证车辆的转向状态满足车辆转向行驶的要求。

转向系统设有三种转向模式，包括前轮转向（2WS）、四轮转向（4WS）和"蟹行"转向。驾驶人可通过驾驶室内的转向模式开关进行选择。当驾驶人选择"4WS"转向模式时，

ECU 接收前轮转角信号、后轮转角信号、车速信号、横摆角速度信号和转向模式信号，确定进入 4WS 状态，系统按照预定的控制程序实现四轮转向。当驾驶人选择"2WS"转向模式时，ECU 接收转向模式信号后，液压系统实现后轮转向系统的对中回正，失电制动器起作用，保持后轮转向伺服电动机在中间位置，后轮转向系统不起作用，此时相当于普通的前轮转向车辆。当选择"蟹行"转向模式时，ECU 采集相关信号，控制相应的执行机构，转向系统按照预定的程序实现"蟹行"转向。

为保证四轮转向系统在工作时安全可靠，系统采用了四轮转向失效保护措施。当车辆在行驶过程中四轮转向控制系统出现故障时，ECU 控制液压系统的对中缸电磁阀和液压泵电动机，实现后轮转向系统的对中回正，转向伺服电动机一直保持在中间位置不动，后轮转向系统回位到初始状态，车辆自动进入前轮转向状态，保证车辆像前轮转向车辆一样安全行驶。同时，仪表板上的"4WS"指示灯闪烁，警告驾驶人，故障码被诊断出来，以便于找到故障原因。

为保证四轮转向操纵稳定性，还可采用前轮转角比例（G_1）前馈与横摆角速度比例（G_2）反馈的联合控制策略（图 3-15）。前轮转角 δ_f 阶跃输入后，不直接根据当前车速给出后轮转角 δ_r，而是在忽略后轮转角的情况下，得出相应的横摆角速度响应，然后和稳态横摆角速度相比较，求出当前需要的后轮转角。

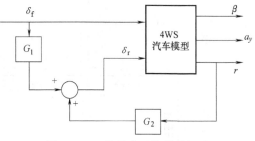

图 3-15　四轮转向系统控制框图

3.4.2　四轮转向控制器硬件设计

四轮转向控制器硬件组成总体框图如图 3-16 所示，包括微控制器（MCU）、输入信号处

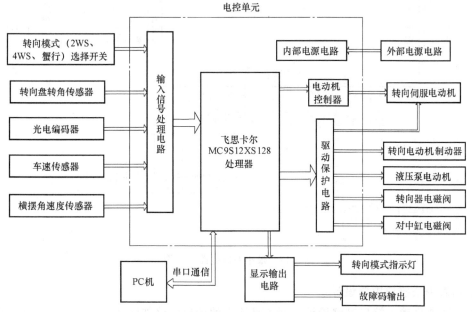

图 3-16　四轮转向控制器硬件组成总体框图

理电路、输出端口和驱动保护电路、电源电路、显示输出电路、CAN 总线接口和串行接口。其主要的输入信号：转向盘转角传感器采集到的转向盘转角信号、车速传感器获得的车速信号、横摆角速度传感器采集到的横摆角速度信号，以及光电编码器获得的后轮转角信号，这四个信号均为 CAN 信号。模式选择开关（2WS、4WS、蟹行）用来确定车辆转向系统的转向模式，是开关量信号。系统主要的输出信号有：PWM 信号（用来控制转向伺服电动机转动的角度）、显示模块（显示转向过程中的状态和故障码信息）和驱动保护电路（控制电磁阀等器件的通断）。

1. 最小系统电路

由 MC9S12XS128 构成的最小系统电路原理图如图 3-17 所示，该电路包含了单片机的复位电路、晶振电路、单片机外围接口、电源滤波电路等。

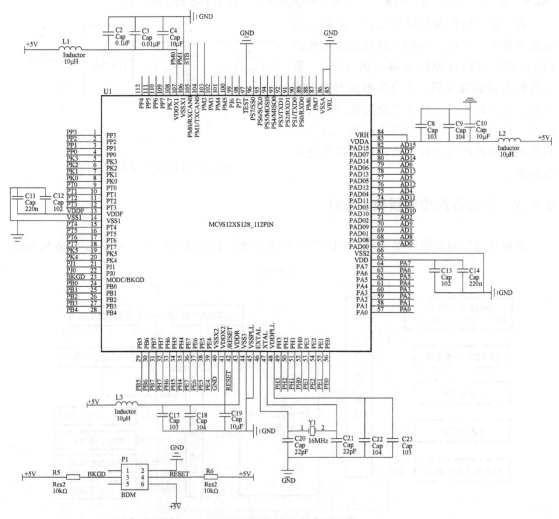

图 3-17　最小系统电路原理图

2. 输入模块接口电路设计

（1）开关量输入接口电路设计　开关量输入的接口电路如图 3-18 所示。在 4WS 控制器上，设置了三路开关量输入，用于转向模式的选择和设定，包括2WS、4WS、"蟹行"转向三种模式。A0、A1、A2与单片机连接。开关量高电平有效，闭合开关，单片机检测到高电平，从而启动相应的转向模式；断开开关，处于低电平，系统回到初始关闭状态。

（2）**CAN信号接口电路设计** MC9S12XS128处理器内嵌MSCAN控制模块，外接CAN收发器，即可实现CAN通信，CAN模块接口电路如图3-19所示。另外，采用HCPL2630高速光耦来实现收发器与控制器之间的电气隔离，可以有效防止从CAN总线上窜入的任何干扰信号，提高了系统的抗干扰能力，从而保护4WS控制系统电路。转向盘转角传感器、光电编码器、车速传

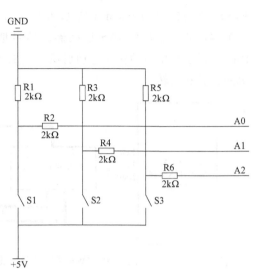

图3-18 开关量输入的接口电路

感器以及横摆角速度传感器均通过CAN通信的方式把各自信号送到4WS控制器，这样可以简化电路设计，降低成本，满足商用车电路线束规范。

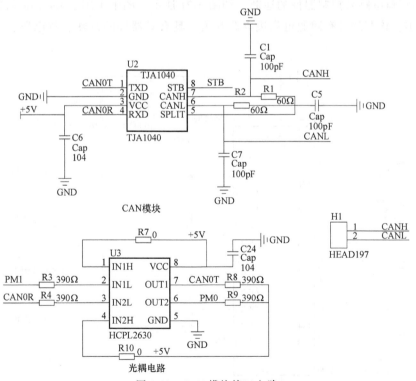

图3-19 CAN模块接口电路

3. 输出模块接口电路设计

（1）**PWM模块设计** 脉宽调制PWM模块可输出不同频率和占空比的脉冲信号。4WS控制器与后轮转向电动机及其控制器（IDM640-8EIA）的连接关系如图3-20所示。

MC9S12XS128 通过 PWM（5V 脉冲）和方向给定来控制转向伺服电动机，电动机控制器这两个端口的地需要与 4WS 控制器的信号地相连。微处理器 MC9S12XS128 的 PP0 端口，即 PWM0 通道产生驱动转向电动机所需要的 5V 脉冲，PP1 端口产生高低电平来控制转向电动机的正转和反转。

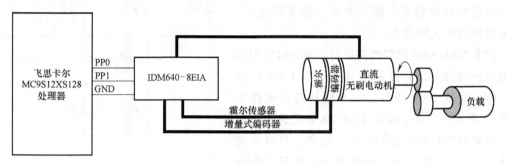

图 3-20　4WS 控制器与后轮转向电动机及其控制器的连接关系

（2）开关量输出接口电路设计　4WS 控制器的开关量输出接口有如下七路：转向伺服电动机、失电制动器、液压泵电动机、转向器电磁阀、对中缸电磁阀、光电编码器、4WS 指示灯。在不同的转向模式下执行转向任务时，各个器件的通断情况各不相同，需专门设计开关量输出接口电路来控制器件的通断，如图 3-21 所示。图中采用了 Infineon 智能汽车级芯片 BTS5434G，该芯片具有四通道高边电源开关，具有对器件的过热、过电压、短路等故障

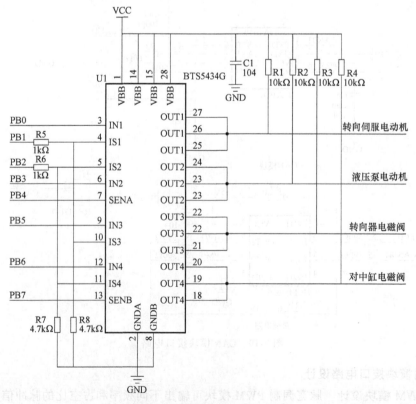

图 3-21　开关量输出接口电路

的保护和诊断等功能，具有分步限流、功耗低和电磁兼容（EMC）高等优点。

4. 其他模块接口电路设计

（1）**反馈通道接口电路设计** 4WS系统是闭环控制系统，所以需要将转向伺服电动机轴上的光电编码器的转角信号反馈给系统，进行动态调节和补偿，以保证整个系统的控制精度和稳定性。由于采用的同步串行接口（synchronous serial interface，SSI）光电编码器采用RS-422进行通信，而单片机不提供SSI接口，所以在和单片机相连接时，必须有一个信号转换电路，将RS-422信号转换为单片机能识别的TTL电平。同时，还需要把采集到的光电编码器上转角信号通过CAN通信传给4WS控制器。SSI接口的光电编码器硬件设计电路图如图3-22所示，采用两块MAX485芯片实现信号转换，处理芯片选用8位MC9S08DZ60，CAN收发器选用TJA1040。

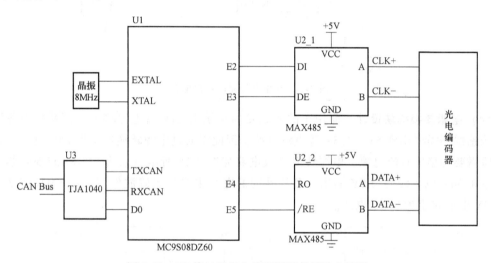

图 3-22　SSI 接口的光电编码器硬件设计电路图

（2）**显示输出接口电路设计** 选用LCD12864点阵型液晶显示器对4WS系统状态、转向模式和角度信息进行显示，由于其逻辑工作电压为4.5~5.5V，故可以直接与MC9S12XS128的I/O口连接，如图3-23所示。

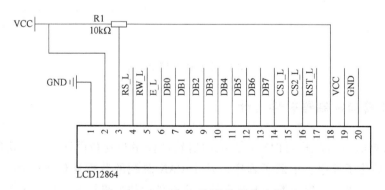

图 3-23　LCD12864 与单片机的连接

（3）**串行通信接口电路设计** MC9S12XS128单片机内部包括串行通信接口SCI模块。SCI是一种全双工异步串行通信接口，主要用于4WS控制器与上位机之间的通信。

对于 MC9S12XS128 和 PC 之间的异步通信，须将 TTL 电平转化为 RS-232 电平，选用满足 RS-232 标准的 MAX232 芯片进行串行通信，来完成 4WS 系统的实时监控、故障诊断及显示功能。SCI 串行通信接口电路如图 3-24 所示。

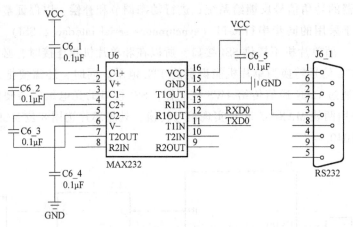

图 3-24　SCI 串行通信接口电路

（4）电源转换模块设计　商用车的四轮转向系统由 24V 蓄电池供电，而系统中各种芯片和传感器还需要用到 5V、3.3V 等直流电源，因此需通过电源转换模块将 24V 直流电源转换成所需要的稳定直流电源。电源转换模块电路如图 3-25 所示，采用 LM78U05-500 芯片将车载电源 24V 电压转换为 5V 输出，芯片外围的电容主要是起滤波作用。用 LM1085-3.3 芯片将 5V 电压转换为 3.3V 电压。

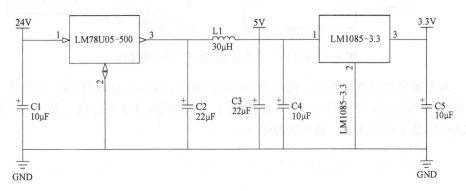

图 3-25　电源转换模块电路

3.4.3　四轮转向控制器软件设计

基于 CodeWarrior 环境进行四轮转向控制器软件程序开发和设计。系统软件主要包括主程序、系统初始化子程序、中断子程序、基于 CAN 总线的数据通信子程序、检测子程序、按键扫描子程序、显示子程序等，下面介绍各个软件模块的设计和相应的流程图。

1. 主程序设计

控制系统软件所要实现的功能就是采集各传感器信号，然后应用一定的控制算法，确定和输出 PWM 信号，来控制后轮伺服转向电动机的转动方向及转动角度。

主程序主要包括系统初始化、MSCAN、PWM、LCD 及控制参数初始化、按键扫描和中断子程序。主程序流程图如图 3-26 所示。程序完成初始化之后，检测模式开关是否有按下，有按下触发中断后，就调用中断子程序，采集输入信号，并进行检测，检测正常后，调用相应的控制算法模块和转向程序，对转向伺服电动机进行控制。若系统出现故障，则控制液压系统实现四轮转向系统的对中回正。

2. 系统初始化子程序

系统初始化子程序主要包括系统初始化、时钟模块初始化、MSCAN 模块初始化、PWM 初始化以及 SCI 模块初始化等。

（1）**系统初始化** 应用 MC9S12XS128 相应的模块，需要对其寄存器进行设置。对于部分端口，基本功能端口和普通 I/O 端口是复用的，在具体初始化的时候需要将它们区分开来。CAN 通信端口（TXCAN0、RXCAN0）、SCI 端口（RXD0、TXD0）和 PWM 端口等都属于基本功能端口。开关量的输入/输出端口及其数据方向，都采用普通的 I/O 端口。同时还要对一些编程需要用到的指针、标志及自定义变量进行赋初值。可使用 CodeWarrior 集成工具 Processor Expert 自动完成对系统的初始化和所用模块的配置。

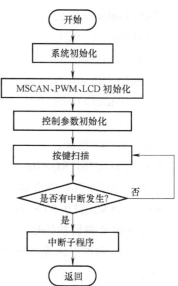

图 3-26 主程序流程图

（2）**时钟模块初始化** 时钟模块初始化主要是通过 MC9S12XS128 单片机内部的锁相环实现时钟倍频，采用的晶振频率为 16MHz，通过下面的程序代码，实现将单片机的时钟频率提高到 32MHz，以提高单片机的运行速率。

$$BUS\_CLK = 2 \times OSCCLK\_VALUE \times \frac{SYNR\_VALUE+1}{REFDV\_VALUE+1}$$

时钟模块初始化语句如下：

CLKSEL = 0X00；

PLLCTL_PLLON = 1；

SYNR = 0x00 | 0x01；

REFDV = 0x80 | 0x01；

POSTDIV = 0x00；

_asm（nop）；

while（！（CRGFLG_LOCK == 1））；

CLKSEL_PLLSEL = 1；

（3）**MSCAN 模块初始化** MSCAN 模块在工作前首先要进行初始化。在初始化的状态下，整个模块停止工作，可以设定时钟分频因子、波特率等。MSCAN 模块初始化语句如下：

CAN0CTL1 = 0x80；   //CAN 使能

CAN0CTL0_INITRQ = 1；

```
        while( CAN0CTL1_INITAK = = 0) ;
        CAN0BTR0 = 0x43 ;               //时钟分频因子为 4
        CAN0BTR1 = 0x14 ;               //波特率为 500kbit/s
        CAN0IDMR0 = 0xff ;              //关闭帧滤波器
        CAN0IDMR1 = 0xff ;
        CAN0IDMR2 = 0xff ;
        CAN0IDMR3 = 0xff ;
        CAN0IDMR4 = 0xff ;
        CAN0IDMR5 = 0xff ;
        CAN0IDMR6 = 0xff ;
        CAN0IDMR7 = 0xff ;
        CAN0TIER = 0x00 ;
        CAN0RIER = 0x00 ;
        CAN0CTL0_INITRQ = 0 ;
        while( CAN0CTL1_INITAK = = 1) ;
        while( CAN0CTL0_SYNCH = = 0) ;
```

（4）PWM 模块初始化　　通过配置 PWM 的寄存器来设置 PWM0 通道的输出脉冲时钟源、对齐方式和占空比等。需要 5V 的 PWM 来控制转向伺服电动机。具体 PWM 模块初始化语句如下：

```
        PWMPRCLK = 0X05 ;               //对总线时钟进行预分频
        PWMCLK_PCLK0 = 0 ;              //设 A 为其时钟源
        PWMSCLA = 0X7D ;                //A 时钟为 2000Hz
        PWMPOL_PPOL0 = 1 ;              //上升沿翻转
        PWMCAE_CAE0 = 0 ;               //左对齐输出
        PWMDTY0 = 0X02 ;                //占空比为 50% 的波形
        PWMPER0 = 0X04 ;                //输出为 500Hz 的波
        PWMCNT0 = 0X00 ;                //0 通道计数器清 0
        PWME_PWME0 = 1 ;                //0 通道使能,0 通道为输出通道
```

（5）SCI 模块初始化　　在本文中，利用 SCI 模块实现 4WS 控制器和上位机（PC）之间的通信，串口通信的波特率设置为 9600，具体的程序代码如下：

```
        SCI0CR2 = 0x2c ;
        SCI0BDH = 0x00 ;
        SCI0BDL = 0x68 ;
```

3. 中断子程序设计

中断子程序是整个 4WS 控制器程序最为关键的部分。所设计的控制算法利用 C 语言程序来实现，ECU 获取前轮转角、后轮转角、车速和横摆角速度的采样信号后，通过连续查表的方法确定输出 PWM 占空比的值，来驱动后轮转向伺服电动机，同时进行动态调节的闭环精确控制，来完成所预期的转向。整个控制程序采用中断的方式来执行，中断周期是由采样控制周期

决定的，通过设定计时器寄存器来确定所需的中断周期数值，完成后返回主程序。中断子程序流程图如图 3-27 所示。

4. 基于 CAN 总线的数据通信程序设计

商用车分布式控制系统结构如图 3-28 所示，图中网络两端的电阻 R 为抑制反射的终端负载电阻，阻值为 120Ω。该结构为现场总线集散计算机控制系统（field distributed control system，FDCS），具有吞吐率低、可靠稳定、结构简单、成本低廉等优势。信息的传输应用 CAN 通信协议，并且传输介质采用双绞线，可以有效地抗共模干扰，提高了 4WS 系统获取数据的实时性和稳定性。

4WS 控制器和各带 CAN 总线的传感器进行 CAN 通信，获得前轮转角、后轮转角、车速、横摆角速度的采样数据。具体的数据采集程序流程图如图 3-29 所示。其中，人机界面节点（CAN 卡）不参与 4WS 系统的实时控制，它主要完成对其他各节点的在线监控及对各节点报文信息的接收处理，将各节点数据通过图表曲线形象地显示在上位机上，对 4WS 系统运行状态、参数进行监控和分析。

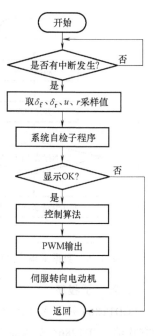

图 3-27　中断子程序流程图

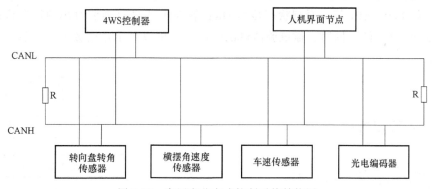

图 3-28　商用车分布式控制系统结构图

5. 按键扫描子程序

按键扫描子程序的功能是完成 4WS 控制器对各个按键的状态识别，通过检测有键按下来选择相应的工作模式（2WS、4WS、蟹行），然后调用和执行对应的转向模式程序，完成预定的转向功能，实现人工对 4WS 系统的操作和控制。同时，还采用了软件消抖，防止振动等隐患给系统造成误判。按键扫描子程序流程图如图 3-30 所示。

6. 检测子程序

检测子程序模块主要为故障诊断功能所设计的。当温度、油压和电流过大，短路，断路，转角超出范围，对中未完成等故障出现时，系统可以及时诊断出故障码，并通过友好的人机界面显示出来，便于驾驶人分析故障原因和快速解决问题。同时，4WS 系统开始运行还需要进行系统自检，检测后轮转向系统是否处于对中状态，只有满足这个条件，系统才能执行转向任务。系统检测子程序流程图如图 3-31 所示。

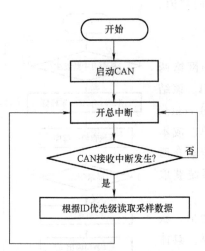

图 3-29　数据采集程序流程图

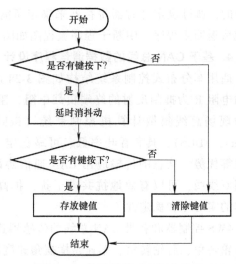

图 3-30　按键扫描子程序流程图

7. 显示子程序

LCD12864 是一个 128×64 的点阵式液晶显示器，可使用 MC9S12XS128 的 SPI 接口以串行方式给 LCD12864 发送命令和数据。显示子程序流程图如图 3-32 所示。对 4WS 系统的状态、模式、角度信息等进行实时显示，如果出现检测程序中提到的故障，则显示输出相对应的故障码，如 E00、E01 等，否则状态显示 OK；转向模式显示当前时刻的转向模式，包括2WS、4WS 和"蟹行"。同时，做试验测试的时候，还可以显示角度数值等信息，便于试验的顺利进行。

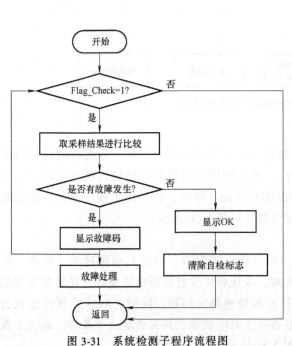

图 3-31　系统检测子程序流程图

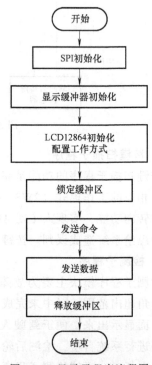

图 3-32　显示子程序流程图

思　考　题

3-1　简述电动助力转向系统和线控转向系统的结构，并比较两者在结构和控制上的区别和联系。

3-2　利用图 3-7a 中二自由度线性车辆动力学模型，调整表 3-2 中相关车辆参数，使车辆分别具有中性转向、不足转向、过多转向特性，并利用 Matlab 软件仿真车辆运动轨迹，以验证其转向特性。

3-3　利用图 3-7 中四自由度线性车辆动力学模型和表 3-2 车辆参数，通过 Matlab 软件对车辆在转向盘力输入时的基于横摆角速度反馈的直接横摆力矩控制进行仿真分析。

第4章

车辆垂向及综合运动控制

车辆的运动有多个自由度，主要是沿 x、y、z 三个方向的运动和绕 x、y、z 轴的转动，它们相互影响和关联，如图 4-1 所示。x 方向称为纵向，主要研究驱动和制动，这是汽车动力学最早开始研究的方向，第 2 章已经讨论；y 方向称为横向，主要研究转向，第 3 章讨论了；z 方向称为垂向，主要研究悬架。可以看出，车辆除了纵向和横向运动学特性外，还有垂直方向性能，车辆三个方向的综合控制，车辆可以获得更好的稳定性、更高的舒适性和安全性。车辆的综合控制是汽车技术的发展方向。

垂直方向的研究主要包括悬架控制、车辆防侧翻和道路坡道估计三大研究方向。本章主要针对车辆悬架控制、车辆防侧翻控制及车辆综合运动控制，分三节加以论述。

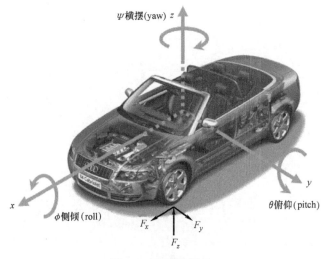

图 4-1 车辆的运动

4.1 车辆悬架控制

从控制能量消耗的角度来看，车辆悬架系统可以分为被动悬架、半主动悬架和主动悬架。

被动悬架如图 4-2a 所示，它是传统的机械式悬架，由弹簧和减振器组成，没有外部动力源，从控制的角度讲即悬架的弹性元件和阻尼元件不能控制，只能被动地存储和吸收外界能量，不能主动适应车辆行驶状况和外界激励的变化。一般说来，为驾驶舒适性，理想的悬架应柔软；而从驾驶操纵性来说，则悬架应当刚硬一些。被动悬架由于刚度和阻尼不能控制，因此无法实现此目标。半主动悬架如图 4-2b 所示，通过控制减振器内部的电磁阀来改变悬架的阻尼系数，它比被动悬架性能好。主动悬架系统如图 4-2c 所示，其配备了额外的动力源，如空气压缩机、油泵。主动悬架系统由有缘或无缘可控的元件组成，是一个闭环控制系统。根据车辆悬架的运动状态和路面情况，由中央控制单元（ECU）实时进行运算，然后 ECU 对力发生器发出指令，主动做出反应，使悬架总是处于最优减振状态，并抑制和控制车身振动。当汽车振动或转弯时的惯性引起弹簧变形时，主动悬架会产生一个与惯性力相对抗的力，以减小车身姿态的变化，从而实现更好的驾驶舒适性和操纵性。

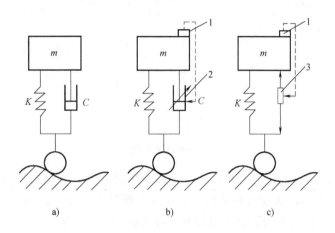

图 4-2 车辆悬架系统

a）被动悬架 b）半主动悬架 c）主动悬架

1—传感器 2—可调减振器 3—作动器（力发生器）

m—簧上质量 K—弹簧刚度 C—减振器阻尼

主动悬架是近几年发展起来的由计算机控制的一种新型悬架系统，具有三个特点。

1）具有能够产生作用力的动力源。

2）执行元件能够传递这个作用力，并能连续工作。

3）多种传感器集数据于 ECU 中运算，并决定控制方式。

如何控制悬架系统的这个作用力以获得良好舒适性和操纵性？首先要建立悬架模型，制定控制策略。由于悬架的非线性特性，模型中的一些参数或状态变量通常未知，因此，实际应用中，在分析使用之前需要进行悬架参数估计。下面从车辆悬架模型、路面模型和悬架控制方法这三个方面论述。

4.1.1 车辆悬架模型

围绕悬架刚度和阻尼参数设计的车辆悬架系统分析模型主要有三种简化模型，即全车辆悬架模型、半车辆悬架模型和 1/4 车辆悬架模型。

1. 全车辆悬架模型

为方便理解，先从九自由度全车辆模型开始。为了研究与测量方便可选取九个特殊的垂直位移作为自由度，具体为四个车轮轴头、四个悬架节点以及簧上质心垂直位移，如图 4-3 所示。

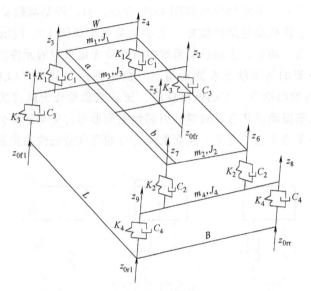

图 4-3 九自由度全车辆悬架模型

九自由度系统的运动的微分方程的建立：簧下质量沿纵向平面对称分布，m_1、m_2 分别为前后簧上转换质量，m_c 为质心转换质量，m 为车辆簧上质量，J_x 为车辆簧上质量绕其质心的纵向转动惯量，J_y 为车辆簧上质量绕其质心的纵向转动惯量。

其中，$m_c = m - \dfrac{J_y}{ab}$，$m_1 = \dfrac{J_y}{La}$，$m_2 = \dfrac{J_y}{Lb}$，$J_1 = \dfrac{a}{L}J_x$，$J_2 = \dfrac{b}{L}J_x$。

前桥质量 m_3，横向转动惯量 J_3，后桥质量 m_4，横向转动惯量 J_4；设 K_1、K_2、K_3、K_4 分别为前后悬架与前后轮胎的刚度，C_1、C_2 分别为前后悬架的阻尼，K_T、K_B 分别为车架的扭曲和弯曲刚度，z_{11}、z_{1R}、z_{21}、z_{1R} 分别为左右前轮与左右后轮路面的高程，则系统的动能 T、势能 V 和耗散功率 D 分别为

$$
\begin{aligned}
T = {} & \frac{1}{2}m_1\left(\frac{\dot z_3 + \dot z_4}{2}\right)^2 + \frac{1}{2}J_1\left(\frac{\dot z_3 - \dot z_4}{W}\right)^2 + \frac{1}{2}m_3\left(\frac{\dot z_1 + \dot z_2}{2}\right)^2 + \\
& \frac{1}{2}J_3\left(\frac{\dot z_1 - \dot z_2}{B}\right)^2 + \frac{1}{2}m_2\left(\frac{\dot z_6 - \dot z_7}{2}\right)^2 + \frac{1}{2}J_2\left(\frac{\dot z_6 - \dot z_7}{W}\right)^2 + \frac{1}{2}m_c\dot z_5^2 + \\
& \frac{1}{2}m_4\left(\frac{\dot z_8 + \dot z_9}{2}\right)^2 + \frac{1}{2}J_4\left(\frac{\dot z_8 - \dot z_9}{B}\right)^2
\end{aligned}
\tag{4-1}
$$

$$
\begin{aligned}
V = {} & \frac{1}{2}K_3(z_{11} - z_1)^2 + \frac{1}{2}K_3(z_{1R} - z_2)^2 + \frac{1}{2}K_4(z_{21} - z_9)^2 + \\
& \frac{1}{2}K_4(z_{2R} - z_8)^2 + \frac{1}{2}K_1\left[\frac{z_1(B+W) + z_2(B-W)}{2B} - z_3\right]^2 + \\
& \frac{1}{2}K_1\left[\frac{z_2(B+W) + z_1(B-W)}{2B} - z_4\right]^2 + \frac{1}{2}K_2\left[\frac{z_8(B+W) + z_9(B-W)}{2B} - z_6\right]^2 + \\
& \frac{1}{2}K_2\left[\frac{z_9(B+W) + z_8(B-W)}{2B} - z_7\right]^2 + \frac{1}{2}K_T(z_3 + z_6 - z_4 - z_7) +
\end{aligned}
$$

$$\frac{1}{2}K_{\mathrm{B}}\left(\frac{z_3+z_4}{2L}L_2+\frac{z_6+z_7}{2L}L_1-z_5\right)^2 \tag{4-2}$$

$$D=\frac{1}{2}C_1\left[\frac{\dot{z}_1(B+W)+\dot{z}_2(B-W)}{2B}-\dot{z}_3\right]^2+\frac{1}{2}C_1\left[\frac{\dot{z}_2(B+W)+\dot{z}_1(B-W)}{2B}-\dot{z}_4\right]^2+$$

$$\frac{1}{2}C_2\left[\frac{\dot{z}_8(B+W)+\dot{z}_9(B-W)}{2B}-\dot{z}_6\right]^2+\frac{1}{2}C_1\left[\frac{\dot{z}_9(B+W)+\dot{z}_8(B-W)}{2B}-\dot{z}_7\right]^2 \tag{4-3}$$

应用拉格朗日方程：

$$\frac{\mathrm{d}}{\mathrm{d}t}\left(\frac{\partial L}{\partial \dot{q}_i}\right)-\frac{\partial L}{\partial q_i}+\frac{\partial D}{\partial \dot{q}_i}=Q_i \tag{4-4}$$

式中，$L=T-V$ 为拉格朗日函数；q_i、$\dot{q}_i$ 分别为广义坐标与广义速度；Q_i 为广义力。

将式（4-1）、式（4-2）、式（4-3）代入式（4-4）得微分方程式（4-5）。

现以矩阵形式表示为

$$m\ddot{z}+Kz+C\dot{z}=F \tag{4-5}$$

式中，m 为质量矩阵；K 为刚度矩阵；C 为阻尼矩阵。

$$m=\begin{pmatrix} m_{11} & m_{12} & & & & & & & & \\ m_{21} & m_{22} & & & & & & & & \\ & & m_{33} & m_{34} & & & & & & \\ & & m_{43} & m_{44} & & & & & & \\ & & & & m_{55} & & & & & \\ & & & & & m_{66} & m_{67} & & & \\ & & & & & m_{76} & m_{77} & & & \\ & & & & & & & m_{88} & m_{89} & \\ & & & & & & & m_{98} & m_{99} & \\ & & & & & & & & & m_{00} \end{pmatrix}$$

$$C=\begin{pmatrix} C_{11} & C_{12} & C_{13} & C_{14} & & & & & \\ C_{21} & C_{22} & C_{23} & C_{24} & & & & & \\ C_{31} & C_{32} & C_{33} & C_{34} & & & & & \\ C_{41} & C_{42} & C_{43} & C_{44} & & & & & \\ & & & & 0 & & & & \\ & & & & & C_{66} & 0 & C_{68} & C_{69} \\ & & & & & 0 & C_{77} & C_{78} & C_{79} \\ & & & & & C_{86} & C_{87} & C_{88} & C_{89} \\ & & & & & C_{96} & C_{97} & C_{98} & C_{99} \end{pmatrix}$$

$$K = \begin{pmatrix} K_{11} & K_{12} & K_{13} & K_{14} & & & & & \\ K_{21} & K_{22} & K_{23} & K_{24} & & & & & \\ K_{31} & K_{32} & K_{33} & K_{34} & K_{35} & K_{36} & K_{37} & & \\ K_{41} & K_{42} & K_{43} & K_{44} & K_{45} & K_{46} & K_{47} & & \\ & & K_{53} & K_{54} & K_{55} & K_{56} & K_{57} & & \\ & & K_{63} & K_{64} & K_{65} & K_{66} & K_{67} & K_{68} & K_{69} \\ & & K_{73} & K_{74} & K_{75} & K_{76} & K_{77} & K_{78} & K_{79} \\ & & & & & K_{86} & K_{87} & K_{88} & K_{89} \\ & & & & & K_{96} & K_{97} & K_{98} & K_{99} \end{pmatrix}$$

m_{ij}、K_{ij}、C_{ij} 的具体表达式如下：

$$m_{11} = \frac{m_3}{4} + \frac{J_3}{B^2} = m_{22}, \quad m_{12} = \frac{m_3}{4} - \frac{J_3}{B^2} = m_{21}, \quad m_{33} = \frac{m_1}{4} + \frac{J_1}{W^2} = m_{44}, \quad m_{34} = \frac{m_1}{4} - \frac{J_1}{W^2} = m_{43}, \quad m_{55} = m_c,$$

$$m_{66} = \frac{m_2}{4} + \frac{J_2}{W^2} = m_{77}, \quad m_{67} = \frac{m_2}{4} - \frac{J_2}{W^2} = m_{76}, \quad m_{88} = \frac{m_4}{4} + \frac{J_4}{B^2} = m_{99}, \quad m_{89} = \frac{m_4}{4} - \frac{J_4}{B^2} = m_{98} \circ$$

$$K_{11} = \frac{B^2 + W^2}{2B^2} K_1 = K_{22}, \quad K_{12} = \frac{B^2 - W^2}{2B^2} K_1 = K_{21},$$

$$K_{13} = -\frac{B+W}{2B} K_1 = K_{24} = K_{31} = K_{41}, \quad K_{14} = -\frac{B-W}{2B} K_1 = K_{23} = K_{32} = K_{42},$$

$$K_{33} = K_1 + K_T + \frac{b^2}{4L^2} K_B = K_{44}, \quad K_{34} = -\left(K_T - \frac{b^2}{4L^2} K_B \right) = K_{43},$$

$$K_{35} = -\frac{b}{2L} K_B = K_{45} = K_{53} = K_{54}, \quad K_{36} = K_T + \frac{ab}{4L^2} K_B = K_{47} = K_{63} = K_{74},$$

$$K_{37} = -\left(K_T - \frac{ab}{4L^2} K_B \right) = K_{46} = K_{64} = K_{73}, \quad K_{55} = K_B,$$

$$K_{56} = -\frac{a}{2L} K_B = K_{57} = K_{65} = K_{75}, \quad K_{66} = K_2 + K_T + \frac{a^2}{4L^2} K_B = K_{77},$$

$$K_{67} = -\left(K_T - \frac{a^2}{4L^2} K_B \right) = K_{76}, \quad K_{68} = -\frac{B+W}{2B} K_2 = K_{79} = K_{86} = K_{97},$$

$$K_{69} = -\frac{B-W}{2B} K_2 = K_{78} = K_{87} = K_{96}, \quad K_{88} = \frac{B^2 + W^2}{2B^2} K_2 = K_{99},$$

$$K_{89} = \frac{B^2 - W^2}{2B^2} K_2 = K_{98} \circ$$

$$C_{11} = \frac{B^2 + W^2}{2B^2} C_1 = C_{22}, \quad C_{12} = \frac{B^2 - W^2}{2B^2} C_1 = C_{21}, \quad C_{13} = -\frac{B+W}{2B} C_1 = C_{24} = C_{42} = C_{31}$$

$$C_{14} = -\frac{B-W}{2B} C_1 = C_{23} = C_{32} = C_{43}, \quad C_{44} = C_1, \quad C_{66} = C_2,$$

$$C_{68}=-\frac{B+W}{2B}C_2=C_{79}=C_{97}=C_{86}, \quad C_{68}=-\frac{B-W}{2B}C_2=C_{78}=C_{87}=C_{96},$$

$$C_{77}=C_2, \quad C_{88}=\frac{B^2+W^2}{2B^2}C_2=C_{99}, \quad C_{89}=\frac{B^2-W^2}{2B^2}C_2=C_{98}。$$

m、C、K 均为对称矩阵。

一般对汽车系统的输入不是力的形式而是路面高程形式。激励力矩阵 F 为

$$F=K_t z_r \tag{4-6}$$

式中，K_t 为轮胎刚度矩阵；z_r 为轮胎变形量矩阵。

$$K_t=\begin{pmatrix} K_3 & & & & & & & & \\ & K_3 & & & & & & & \\ & & 0 & & & & & & \\ & & & 0 & & & & & \\ & & & & 0 & & & & \\ & & & & & 0 & & & \\ & & & & & & 0 & & \\ & & & & & & & K_4 & \\ & & & & & & & & K_4 \end{pmatrix}$$

$$
\begin{aligned}
z_r^T &= \begin{bmatrix} z_{11}-z_1 & z_{1R}-z_2 & 0 & 0 & 0 & 0 & 0 & z_{2R}-z_8 & z_{21}-z_9 \end{bmatrix} \\
&= z_R^T - z_A^T
\end{aligned}
\tag{4-7}
$$

式中，$z_R^T=\begin{bmatrix} z_{11} & z_{1R} & 0 & 0 & 0 & 0 & 0 & z_{2R} & z_{21} \end{bmatrix}$，$z_R$ 为路面高程矩阵；$z_A^T=\begin{bmatrix} z_1 & z_2 & 0 & 0 & 0 & 0 & 0 & z_8 & z_9 \end{bmatrix}$，$z_A$ 为汽车轴头位移矩阵。

由于

$$K_t z_A=\begin{bmatrix} K_3 z_1 & K_3 z_2 & 0 & 0 & 0 & 0 & 0 & K_4 z_8 & K_4 z_9 \end{bmatrix}^T=K_t z \tag{4-8}$$

于是式（4-6）可写为

$$F=K_t z_r=K_t z_R-K_t z_A=K_t z_R-K_t z \tag{4-9}$$

将式（4-9）代入式（4-5），得

$$M\ddot{z}+C\dot{z}+(K+K_t)z=K_t z_R \tag{4-10}$$

式（4-10）即为九自由度系统的运动微分方程式。

九自由度系统模型，虽然对真实的车辆而言，这个模型已经非常简化，但是对于车辆基本行驶特性分析求解来说，九个自由度的模型还是有些复杂，还需要进一步简化，进而形成四自由度模型的半车辆悬架模型和二自由度模型的 1/4 车辆悬架模型。

2. 半车辆悬架模型

在低频路面激励下，车辆的左右轮输入基本一致，考虑到车辆通常左右对称，可认为车辆左右两侧运动完全相同；在高频路面激励下，车辆所受的激励大多只涉及车轮跳动，对车身运动影响小，车身左右两边的相对运动可以忽略，这样就可以将九个自由度的模型简化成线性四自由度模型的半车辆悬架模型，如图 4-4 所示。

图 4-4 中，m_s 为车身质量；I_b 为转动惯量；m_{uf}、m_{ur} 分别为前后车轮的簧下质量，均被限制在垂向运动；F_f、F_r 分别为前后轮作动器产生的作用力；a、b 分别为车身质量的质

心到前后轴的距离；路面对轮胎、轮胎对车身、车身的位移分别用 z_{sf}、z_{sr}、z_{uf}、z_{ur}、z_2、z_4 表示；θ 为车身质心处俯仰角；z_s 为车身质心处垂向振动。

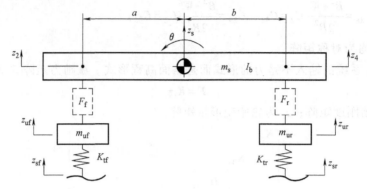

图 4-4　半车辆悬架模型

半车模型的运动方程可表示为

$$m_{uf}\ddot{z}_{uf}=K_{tf}(z_{sf}-z_{uf})-F_f \tag{4-11}$$

$$m_{ur}\ddot{z}_{ur}=K_{tr}(z_{sr}-z_{ur})-F_r \tag{4-12}$$

$$m_s\ddot{z}_s=F_f+F_r \tag{4-13}$$

$$I_b\ddot{\theta}=-aF_f+bF_r \tag{4-14}$$

当俯仰角 θ 较小时，近似有

$$\ddot{z}_2=\ddot{z}_s-a\ddot{\theta} \tag{4-15}$$

$$\ddot{z}_4=\ddot{z}_s+b\ddot{\theta} \tag{4-16}$$

因此，运动方程式（4-11）~式（4-16）可表达成另一种形式：

$$\ddot{z}_{uf}=\frac{1}{m_{uf}}\left[K_{tf}(z_{sf}-z_{uf})-F_f\right] \tag{4-17}$$

$$\ddot{z}_2=\left(\frac{1}{m_b}+\frac{a^2}{I_b}\right)F_f+\left(\frac{1}{m_b}-\frac{ab}{I_b}\right)F_r \tag{4-18}$$

$$\ddot{z}_{ur}=\frac{1}{m_{ur}}\left[K_{tr}(z_{sr}-z_{ur})-F_r\right] \tag{4-19}$$

$$\ddot{z}_4=\left(\frac{1}{m_s}+\frac{ab}{I_b}\right)F_f+\left(\frac{1}{m_s}+\frac{b^2}{I_b}\right)F_r \tag{4-20}$$

对传统的被动悬架而言，其前后悬架力分别为

$$F_f=K_{sf}(z_{uf}-z_2)+C_{sf}(\dot{z}_{uf}-\dot{z}_2) \tag{4-21}$$

$$F_r=K_{sr}(z_{ur}-z_4)+C_{sr}(\dot{z}_{ur}-\dot{z}_4) \tag{4-22}$$

式中，K_{sf}、K_{sr}、C_{sf} 和 C_{sr} 分别为被动悬架前后悬架刚度和阻尼。

3. 1/4 车辆悬架模型

用一个动力学等效系统来代替图 4-4 所示的半车辆悬架模型，就完成了两自由度的 1/4 车辆悬架模型的简化过程，如图 4-5 所示。

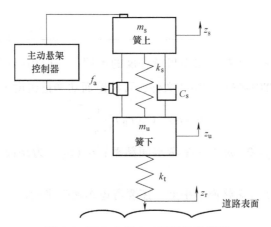

图 4-5 两自由度 1/4 车辆悬架模型

它由两部分载荷质量构成，簧上质量 m_s 和簧下质量 m_u，它们均被限制在垂向运动。其两个自由度分别为垂向弹簧位移 z_s 和非弹簧位移 z_u。对轮胎的道路位移输入用 z_r 表示。该模型的刚度和阻尼参数分别用 C_s、k_t、k_s 表示。f_a 表示控制作用力，即主动悬架控制器输入。

模型的动力学特性可表示如下：

$$m_s \ddot{z}_s = C_s(\dot{z}_u - \dot{z}_s) + k_s(z_u - z_s) + f_a \tag{4-23}$$

且

$$m_u \ddot{z}_u = -C_s(\dot{z}_u - \dot{z}_s) - k_s(z_u - z_s) - f_a + k_t(z_r - z_u) \tag{4-24}$$

引入变换表示如下：

$$x_1 = z_s - z_u, \quad x_2 = \dot{z}_s$$

且

$$x_3 = z_u - z_r, \quad x_4 = \dot{z}_u$$

系统动力学特性可用式（4-23）描述的状态空间模型形式表示：

$$\dot{X}(t) = AX + BU + GZ \tag{4-25}$$

式中，$X = [x_1 \ x_2 \ x_3 \ x_4]^T$，$U = f_a$，且 $Z = \dot{z}_r$。矩阵定义为

$$A = \begin{pmatrix} 0 & 1 & 0 & -1 \\ -k_s/m_s & -c_s/m_s & 0 & c_s/m_s \\ 0 & 0 & 0 & 1 \\ k_s/m_u & c_s/m_u & -k_t/m_u & -c_s/m_u \end{pmatrix},$$

$$B = \begin{pmatrix} 0 \\ 1/m_s \\ 0 \\ -1/m_u \end{pmatrix}, \quad G = \begin{pmatrix} 0 \\ 0 \\ -1 \\ 0 \end{pmatrix}。$$

通常，在振动角很小的情况下，半车辆悬架模型和全车辆悬架模型能够用以上的形式表示，其中 X、U 和 Z 分别表示一般状态变量、控制输入和道路粗糙度输入。

4.1.2 路面模型

不同路面之间的区别主要在于路面粗糙程度的不同，一般用路面不平度 G_q 来表示。根据国际标准组织在 ISO/TC1-08/SC2N67 文件，可将路面功率谱密度表示为

$$G_q(n) = G_q(n_0)\left(\frac{n}{n_0}\right)^{-w} \tag{4-26}$$

式中，n 为空间频率；$n_0 = 0.1m^{-1}$ 为参考空间频率；$G_q(n_0)$ 为路面不平度系数；w 为频率指数，通常取值为 2。

车辆行驶时不仅需要考虑路面不平度，还要考虑车速带来的影响，因此需要使用时间频率来代替空间频率。

使用 u 表示车速，则空间频率 n 和时间频率 f 之间的关系，可以表为

$$f = un \tag{4-27}$$

则可将式（4-26）改写为时间谱密度 $G_q(f)$，其表达式为

$$G_q(f) = \frac{1}{u}G_q(n_0)\left(\frac{f}{un_0}\right)^{-2} = G_q(n_0)n_0^2\frac{u}{f^2} = G_0\frac{u}{f^2} \tag{4-28}$$

式中，$G_0 = G_q(n_0)n_0^2$ 为路面不平度系数，其取值范围随路面等级的不同而不同。

根据功率谱密度将路面分为 A 到 H 八个不同等级，部分路面等级不平度系数的取值范围，见表 4-1。

表 4-1　部分路面等级不平度系数的取值范围

路面等级	$G_0/\times 10^{-6}\mathrm{m}^3$		
	最小值	均值	最大值
A	8	16	32
B	32	64	128
C	128	256	512
D	512	1024	2048

4.1.3 悬架控制方法

1. 主动悬架的控制原理

主动悬架一般有三种类型，液压主动悬架、气压主动悬架和电磁式主动悬架。

（1）液压主动悬架 以实车液压主动悬架为例加以说明，如图 4-6 所示。

液压主动悬架液压系统由各轮的液压缸、伺服阀、油箱、可变容量液压泵、液压脉动阻尼器、滤清器、储能器、冷却器等构成。在控制系统中有各轮测力传感器、位移传感器、簧上加速度传感器、簧下加速度传感器。在车体中央部位设有前后左右加速度传感器和侧滑延迟传感器。除此之外，还装有车速传感器、转向角传感器、液压传感器、液压泵倾斜角度传感器、液压泵转数传感器等。

（2）气压主动悬架 主动悬架具有较高的响应速度及精度，除采用液压的形式外，也

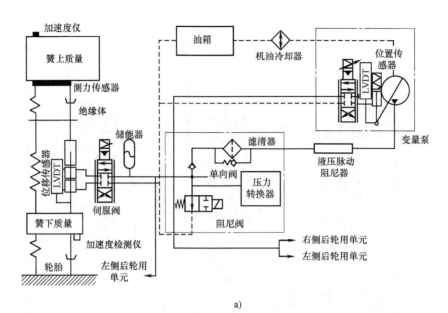

a)

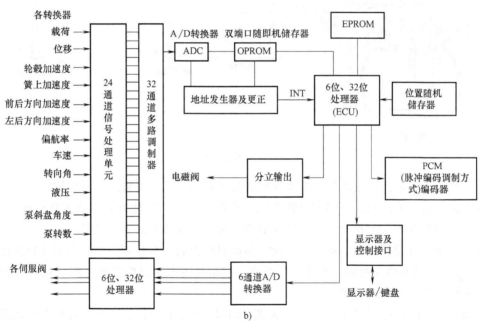

b)

图 4-6　液压主动悬架

a）主动悬架液压系统　b）主动悬架控制系统

有使用气压式的，图 4-7 所示为气压主动悬架的结构实例。从空气弹簧排出的空气不直接减压至大气压力，而是回送到低压储存器中，可节省再次加压时的能量，作动器一般采用空气弹簧，气压主动悬架的控制方法和作用原理与上述液压式主动悬架类似，这里不再赘述。

（3）电磁式主动悬架　无论液压式还是气压式主动悬架都会消耗能量，除悬架质量大和价格高等问题外，由于能量消耗大造成油耗增高也是其应用受阻的重要原因。因此，对以电动机驱动的主动悬架代替液压和气压主动悬架的研究试图解决上述问题，该方式有滚珠丝

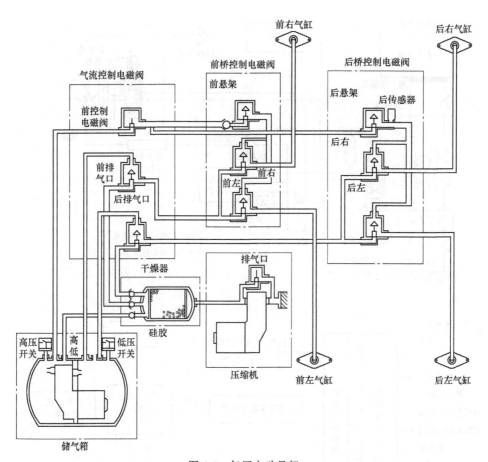

图 4-7　气压主动悬架

杠与电动机组合的形式，或使用线性电动机直接驱动的形式。电磁式主动悬架的优点：除作动器以外无须搭载液压泵、阀门和管路等机械装置，还可以将悬架的振动回收转换为电能。结构紧凑、输出功率大的作动器如果研制成功，可以实现节能的主动悬架。

主动悬架按其控制功能，可分为车速与路面感应控制、车身姿态控制和车身高度控制。

1）车速与路面感应控制。车速与路面感应控制具备车速感应控制、前后轮感应控制和坏路面感应控制三种控制功能。

① 车速感应控制。在车速很高时，悬架 ECU 输出的控制信号，使悬架的刚度和阻尼相应增大，以提高汽车高速行驶时的操纵稳定性。

② 前后轮感应控制。当汽车前轮遇到路面接缝等单个的突起障碍时，悬架 ECU 输出控制信号，相应减小后轮悬架的刚度和阻尼，以减小车身的振动和冲击。

前后轮感应控制还与车速有关，当汽车以 30～80km/h 的速度行驶遇到障碍时，安装在汽车前面的车身位移传感器的脉冲信号输入悬架 ECU，ECU 经过计算分析后输出控制信号，相应减小后轮悬架的刚度和阻尼，越过障碍后，悬架又自动回到选定模式的经常保持状态。

③ 坏路面感应控制。当汽车进入坏路面行驶时，为抑制车身产生大的振动，悬架 ECU 输出控制信号，相应增大悬架的刚度和阻尼。

当汽车以 40～100km/h 的速度驶入坏路面时，车身位移传感器输出周期小于 0.5s 的车身高度变化信号。ECU 经过计算分析后输出控制信号，悬架就自动调整状态加大控制压力。

2）车身姿态控制。车身姿态控制是指在车辆起步、制动和转向等情况下，悬架 ECU 对悬架的刚度和阻尼实施控制，以抑制车身的绕 x、y、z 三方向的转动，即侧倾，从而确保汽车乘坐舒适性和操纵稳定性。车身姿态控制包括车身侧倾控制、车身前倾（点头）和俯仰控制，以及跳动控制。

① 车身侧倾控制。由侧向加速度传感器检测引起车辆侧倾的惯性力，然后启动侧倾控制，使作用于外侧车轮的控制压力增加，作用于内侧的控制压力减少。

② 车身前倾（点头）和俯仰控制。起步或制动时会在车辆的重心产生惯性力，并使汽车发生车身俯仰或前倾（点头）。纵向加速度传感器检测到这种惯性力后，相应增加后部或前部的控制压力，同时减少前部或后部的控制压力。

③ 跳动控制。利用垂直重力传感器检测车身加速度，通过对加速度进行积分计算，可以得到车的绝对垂直速度。通过压力控制阀产生与绝对垂直速度成比例的力，这样，无论路面如何变化并作用于车身，都可以减少车身的运动。

3）车身高度控制。车身高度控制是控制器在汽车行驶车速和路面变化时，悬架 ECU 对悬架输出控制信号，调整车身的高度，以确保汽车行驶的稳定性和通过性。控制方式包括高速感应控制、连续坏路面行驶控制、水平控制和驻车控制。

① 高速感应控制。当车速超过 90km/h 时，为了提高汽车的行驶稳定性和减小空气阻力，悬架 ECU 输出控制信号，伺服阀使悬架气室向外排液（气），以降低车身的高度。

② 连续坏路面行驶控制。汽车在坏路面行驶时，应该提高车身，以减弱来自路面的突然抬起感，并提高汽车的通过性能。

当车身位移传感器连续 2.5s 以上输出大幅度的振动信号，且车速在 40~90km/h 时，悬架会从"低"状态转为"高"状态。

③ 水平控制。自动水平调节就是无论汽车乘员人数或装载质量如何增减，车身高度自动维持在一恒定值，并使车身尽可能地保持水平。保持一定的车身高度不仅可以使汽车行驶保持稳定，而且还可以使汽车前照灯光束方向保持不变。

④ 驻车控制。当汽车处于驻车控制模式时，为了使车身外观平衡，保持良好的驻车姿势，当点火开关关闭后，ECU 即发出指令，使车身高度处于常规值模式的低控制模式。

2. 主动悬架的控制算法

主动悬架研发主要包括悬架结构设计和控制算法设计。悬架结构设计必须与控制匹配才能达到其最佳性能，因此，主动悬架的控制算法变得尤为重要。目前主动悬架控制算法包括模糊控制、神经网络控制、鲁棒控制、自适应控制、遗传算法控制、最优控制及复合控制等，控制策略分类框图如图 4-8 所示。

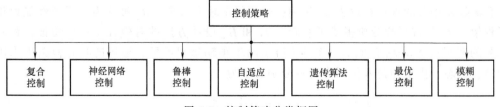

图 4-8 控制策略分类框图

（1）**自适应控制**　自适应控制系统处理的是具有"不确定性"的系统，即自适应控制是针对具有不确定性的系统设计的。这种不确定性来自多方面，系统内部或系统外部，可以有规律，也可以随机。汽车在使用过程中，载荷、车速、路况等会随着时间有较大的变化，而且悬架系统是非线性的，由于自适应控制系统具有"不确定性"的控制特点，在主动悬架控制中得到了广泛的应用。

图 4-9 所示的主动悬架阻尼自适应控制系统，是利用汽车簧上质量的振动响应，逐步调节悬架阻尼，直至车身振动加速度相应的方均根值达到极小值作为控制的目标量。

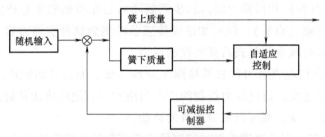

图 4-9　主动悬架阻尼自适应控制系统框图

（2）**神经网络控制**　神经网络模拟人类大脑的基本特性，作为并行分布式策略系统，可以逼近任意非线性函数，具有可学习性、并行性、自适应性、容错性。因此，在车辆主动悬架建模控制系统、悬架振动控制中得到了广泛应用。但神经网络不适应于表达基于规则的知识，需要较长的训练时间，因此神经网络一般与其他控制方法结合一起应用。图 4-10 所示为主动悬架系统的神经网络自适应控制系统简图。

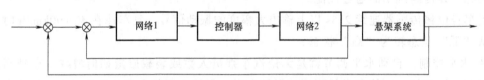

图 4-10　主动悬架系统的神经网络自适应控制系统简图

在 4-10 图中，有两个子神经网络，网络 1 对主动悬架系统进行在线辨识，在对悬架进行在线辨识的基础上，网络 2 对控制网络的权系数进行在线调整，对悬架系统进行在线控制，使悬架系统输出逐渐接近于期望值。神经网络自适应控制能较好地减小汽车振动，提高车辆行驶平顺性和稳定性。

（3）**鲁棒控制**　前面主动悬架建模时的方法都是显式、精确的系统模型，然而，悬架系统的动态模型往往不为人熟知，悬架部件的特性也是随着时间的变化而改变，为了解决该问题，使面对多变的路况和悬架状态时更具鲁棒性和灵活性，人们提出了很多新的控制方法，这些方法包含 H_2 和 H_∞ 设计方法和模糊控制等。

鲁棒控制相关的理论在过去 20 年间已经取得了较大进步。H_2 被认为为系统性能评价提供了框架，H_∞ 为抗干扰分析提供了基础，H_2 和 H_∞ 设计方法的有效性也得到验证，针对主动悬架的多目标 H_2/H_∞ 合成法，图 4-4 所示的半车辆悬架模型，通用的状态模型仍采用式（4-25），状态、扰动和输入作用力向量分别表示为

$$X = \begin{bmatrix} z_s & \theta & z_{uf} & z_{ur} & \dot{z}_s & \dot{\theta} & \dot{z}_{uf} & \dot{z}_{ur} \end{bmatrix}^T \tag{4-29}$$

且 $\boldsymbol{U}=\begin{bmatrix}f_{af} & f_{ar}\end{bmatrix}^T$，$f_{af}$、$f_{ar}$ 分别为前后轮控制作用力，即主动悬架控制器输入（类比图 4-5 中 f_a）；$\boldsymbol{W}=\begin{bmatrix}z_{rf} & z_{rr}\end{bmatrix}^T$。

$$\dot{\boldsymbol{X}} = \boldsymbol{AX} + \boldsymbol{BU} + \boldsymbol{GW}$$

式中，$\boldsymbol{A}=\begin{pmatrix}\mathbf{0} & \boldsymbol{I} \\ -\boldsymbol{M}^{-1}\boldsymbol{K} & -\boldsymbol{M}^{-1}\boldsymbol{C}\end{pmatrix}$；$\boldsymbol{B}=\begin{pmatrix}\mathbf{0} \\ -\boldsymbol{M}^{-1}\boldsymbol{K}_r\end{pmatrix}$；$\boldsymbol{G}=\begin{pmatrix}\mathbf{0} \\ -\boldsymbol{M}^{-1}\boldsymbol{G}_a\end{pmatrix}$。

其中，$\boldsymbol{M}=\begin{pmatrix}\boldsymbol{M}_s & \mathbf{0} \\ \mathbf{0} & \boldsymbol{M}_u\end{pmatrix}$，$\boldsymbol{C}=\begin{pmatrix}\boldsymbol{EC}_s\boldsymbol{E}^T & -\boldsymbol{EC}_s \\ -\boldsymbol{C}_s\boldsymbol{E}^T & \boldsymbol{C}_s\end{pmatrix}$，$\boldsymbol{K}=\begin{pmatrix}\boldsymbol{EK}_s\boldsymbol{E}^T & -\boldsymbol{EK}_s \\ -\boldsymbol{K}_s\boldsymbol{E}^T & \boldsymbol{K}_s+\boldsymbol{K}_t\end{pmatrix}$，$\boldsymbol{G}_a=\begin{pmatrix}\mathbf{0} \\ \boldsymbol{K}_t\end{pmatrix}$，$\boldsymbol{K}_r=\begin{pmatrix}-\boldsymbol{E} \\ \boldsymbol{I}\end{pmatrix}$，$\boldsymbol{I}$ 为单位矩阵。

这里，$\boldsymbol{M}_s=\begin{pmatrix}m_s & 0 \\ 0 & I_b\end{pmatrix}$，$\boldsymbol{C}_s=\begin{pmatrix}C_{sf} & 0 \\ 0 & C_{sr}\end{pmatrix}$，$\boldsymbol{K}_s=\begin{pmatrix}K_{sf} & 0 \\ 0 & K_{sr}\end{pmatrix}$，$\boldsymbol{M}_u=\begin{pmatrix}m_{uf} & 0 \\ 0 & m_{ur}\end{pmatrix}$，$\boldsymbol{K}_t=\begin{pmatrix}K_{tf} & 0 \\ 0 & K_{tr}\end{pmatrix}$，$\boldsymbol{E}=\begin{pmatrix}1 & 1 \\ a & -b\end{pmatrix}$。

如图 4-11 所示，引入 H_2/H_∞ 的测量输出 z_∞ 和 z_2，能够获得式（4-30）表示的集成 H_2/H_∞ 合成体。

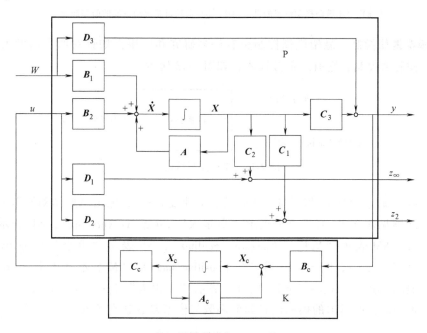

图 4-11　H_2/H_∞ 控制器闭环系统示意图

$$\begin{cases}\dot{\boldsymbol{X}}=\boldsymbol{AX}+\boldsymbol{BU}+\boldsymbol{GW} \\ \boldsymbol{z}_2=\boldsymbol{C}_1\boldsymbol{X}+\boldsymbol{D}_2\boldsymbol{U} \\ \boldsymbol{z}_\infty=\boldsymbol{C}_2\boldsymbol{X}+\boldsymbol{D}_1\boldsymbol{U} \\ \boldsymbol{y}=\boldsymbol{C}_3\boldsymbol{X}+\boldsymbol{D}_3\boldsymbol{W}\end{cases} \qquad (4\text{-}30)$$

图 4-12 所示为鲁棒控制主动阻尼效应，实线对应混合的 H_2/H_∞ 合成体，虚线对应 H_∞ 控制，点线对应 LQG 控制，点画线对应被动悬架系统，可以清楚地看到鲁棒控制有助于消除非固有振动，但它对高频部分的作用有限。

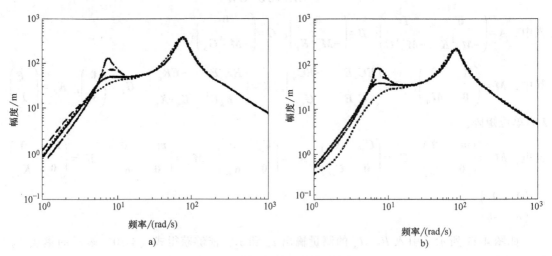

图 4-12　鲁棒控制主动阻尼效应

a）前轮道路扰动造成的升降加速　b）前轮道路扰动造成的俯仰加速

（4）模糊逻辑控制　悬架模糊控制也有许多研究和应用，如针对两自由度 1/4 车辆悬架模型的模糊悬架控制，它有三部分输入，如图 4-13 所示。

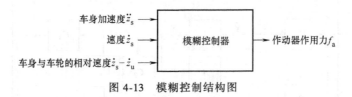

图 4-13　模糊控制结构图

车身加速度 $\ddot{z}_s$、速度 $\dot{z}_s$ 和车身与车轮的相对速度 $\dot{z}_s-\dot{z}_u$，输出悬架作动器作用力 f_a，所提出的模糊规则见表 4-2，其中 NV 表示"负很大"（negative very big），NB 表示"负大"（negative big），NM 表示"负中"（negative medium），NS 表示"负小"（negative small），ZE 表示"零值"（zero），PS 表示"正小"（positive small），PM 表示"正中"（positive medium），PB 表示"正大"（positive big），PV 表示"正很大"（positive very big）。去模糊化阶段使用了重心法，所提出的模糊性隶属度函数与模型参数紧密相关。

表 4-2　模糊控制规则表

$\dot{z}_s-\dot{z}_u$	$\ddot{z}_s$	$\dot{z}_s$	f_a	$\dot{z}_s-\dot{z}_u$	$\ddot{z}_s$	$\dot{z}_s$	f_a
PM	PM	ZE	ZE	PM	PS	ZE	ZE
PS	PM	ZE	NS	PS	PS	ZE	NS
ZE	PM	ZE	NM	ZE	PS	ZE	NS
NS	PM	ZE	NM	NS	PS	ZE	NM
NM	PM	ZE	NB	NM	PS	ZE	NM

（续）

$\dot{z}_s-\dot{z}_u$	$\ddot{z}_s$	$\dot{z}_s$	f_a	$\dot{z}_s-\dot{z}_u$	$\ddot{z}_s$	$\dot{z}_s$	f_a
PM	ZE	ZE	PS	PM	PS	P 或 N	NS
PS	ZE	ZE	ZE	PS	PS	P 或 N	NM
ZE	ZE	ZE	ZE	ZE	PS	P 或 N	NM
NS	ZE	ZE	ZE	NS	PS	P 或 N	NB
NM	ZE	ZE	NS	NM	PS	P 或 N	NB
PM	NS	ZE	PM	PM	ZE	P 或 N	PM
PS	NS	ZE	PM	PS	ZE	P 或 N	PS
ZE	NS	ZE	PS	ZE	ZE	P 或 N	ZE
NS	NS	ZE	PS	NS	ZE	P 或 N	NS
NM	NS	ZE	ZE	NM	ZE	P 或 N	NM
PM	NM	ZE	PB	PM	NS	P 或 N	PB
PS	NM	ZE	PM	PS	NS	P 或 N	PB
ZE	NM	ZE	PM	ZE	NS	P 或 N	PM
NS	NM	ZE	PS	NS	NS	P 或 N	PM
NM	NM	ZE	ZE	NM	NS	P 或 N	PS
PM	PM	P 或 N	NS	PM	NM	P 或 N	PV
PS	PM	P 或 N	NM	PS	NM	P 或 N	PB
ZE	PM	P 或 N	NB	ZE	NM	P 或 N	PB
NS	PM	P 或 N	NB	NS	NM	P 或 N	PM
NM	PM	P 或 N	NV	NM	NM	P 或 N	PS

因为模糊隶属度函数会大大影响悬架的性能，所以研究者们提出了一些优化方法来搜索最优的模糊隶属度函数集。遗传算法是在悬架模糊控制器选取最优隶属度函数中最常使用的方法之一，也有用复合模糊控制方法的，如图 4-14 所示。

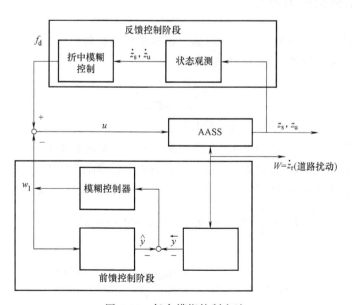

图 4-14　复合模糊控制方法

复合模糊控制是由一个模糊反馈控制器和一个模糊前馈控制器组成。模糊反馈控制根据簧上质量和簧下质量速度的变化在舒适性和稳定性之间进行平衡控制，模糊前馈控制适用于抗道路干扰，复合模糊控制是用来为乘客提供乘车舒适性，并在车辆行驶于起伏不平的道路时保持良好的稳定性，通过利用遗传算法寻优的优势，构建了控制器的最优决策规则。图 4-15 所示为实时仿真的结果，其中实线、虚线和点画线分别代表复合模糊控制、简化模糊反馈控制和线性最优控制的性能。可以看出，复合模糊控制比线性最优控制的性能更好。

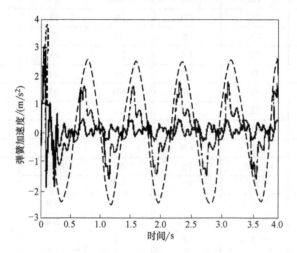

图 4-15 簧上质量加速度时间响应

4.2 车辆防侧翻控制

4.2.1 影响车辆侧翻的参数

车辆要防侧翻，首先要确定什么是侧翻。影响车辆侧翻的参数如图 4-16 所示。

定义侧翻系数 R，如式（4-31）所示：

$$R = \frac{F_{ZL} - F_{ZR}}{F_{ZL} + F_{ZR}} \tag{4-31}$$

式中，F_{ZL}、F_{ZR} 分别为左、右侧垂向轮胎载荷。

对于直线行驶，$F_{ZL} = F_{ZR}$，$R = 0$，当侧翻发生时，一侧轮胎抬起，F_{ZL} 或 $F_{ZR} = 0$，侧翻系数 R 为 ±1。可以看出，当 R 值在 ［-1, 1］ 之间时，车辆保持稳定。

图 4-16 所示的汽车简化模型考虑了悬架的变形，对簧下质量的质心 O 点取矩得

$$\frac{1}{2}TF_{ZR} - \frac{1}{2}TF_{ZL} - m_s a_{y,s}(h + h_R\cos\phi) - m_s gh\sin\phi = 0 \tag{4-32}$$

故可以得到：

$$F_{ZR} - F_{ZL} = \frac{2m_s a_{y,s}(h + h_R\cos\phi) + 2m_s gh\sin\phi}{T} \tag{4-33}$$

式中，m_s 为车辆中的簧上质量；ϕ 为簧上质量的侧倾角；h 为簧上质量的质心到侧倾中心的

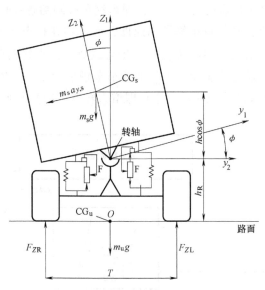

图 4-16 影响车辆侧翻的参数

（图中：CG_u 为簧下质量重心，CG_s 为簧上质量重心。）

距离；h_R 为侧倾中心与地面之间的距离；T 为轮距；g 为重力加速度。

又由于

$$F_{ZL} + F_{ZR} = mg \tag{4-34}$$

式中，m 为车辆的整车质量。

将式（4-33）、式（4-34）代入式（4-31）可得

$$R = \frac{F_{ZL} - F_{ZR}}{F_{ZL} + F_{ZR}} = \frac{2m_s a_{y,s}(h + h_R \cos\phi) + 2m_s gh\sin\phi}{Tmg} \tag{4-35}$$

由于汽车的侧倾角 ϕ 很小，所以 $\cos\phi \approx 1$、$\sin\phi \approx 0$，且因为汽车簧上质量远大于簧下质量，故 $\frac{m_s}{m} \approx 1$，从而化简得

$$R \approx \frac{2(h + h_R)}{T} \times \frac{a_{y,s}}{g} \tag{4-36}$$

由式（4-36）可知，侧翻系数 R 的大小由车身重心高度 $h_R + h$、轮距和车身重心位置横向加速度 $a_{y,s}$ 决定。要得到 R 的近似值，必须要确定车身重心高度和横向加速度。车身重心高度会因载荷不同而变化，它的值可在每次行驶开始时进行估计得到；车身重心位置横向加速度值可由固定安装在车身顶部和底部的两个加速计插值得到。轮距 T 和重力加速度 g 不变，可以控制的量就是车身重心高度 $h + h_R$ 和车身重心位置横向加速度 $a_{y,s}$。

4.2.2 车辆防侧翻系统控制

防侧翻系统控制不仅考虑垂向控制，也引入了转向和制动控制，实际上是车辆的横向、纵向和垂向的综合控制，如图 4-17 所示。在控制过程中当车辆处于侧翻临界点以内，也就是意味着只要 $|R|$ 在阈值 $\hat{R}$ 之内，紧急制动控制和紧急转向控制就不会被激活，其中阈值取

侧翻系数 R 的最大值。当 $|R|$ 临近阈值 $\hat{R}$ 时，即当汽车有侧翻趋势时，从式（4-36）可以看到，要想减小侧翻的风险，必须减小侧翻加速度，而车辆在稳态转弯时的横向加速度 $a_{y,s} = \rho v^2$，其中 ρ 为轨道曲率。所以减小侧翻加速度则可以通过减小转向曲率 ρ 或车速 v 来实现。此时紧急制动系统启动，通过给制动力 $f_{x,d}$ 来减小车辆的速度，同时转向控制系统也启动，它的作用是调节曲率 ρ（如适当减小曲率半径即增大转弯半径）从而减小 R 值，来实现防侧翻系统控制。

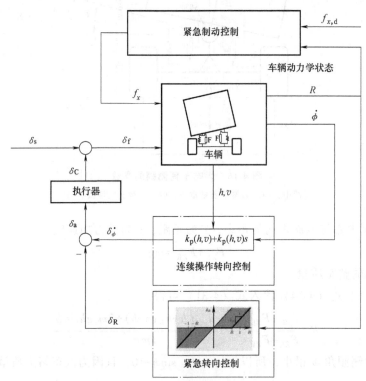

图 4-17　防止车辆侧翻的控制框架图

实践证明，车辆防侧翻控制方法对于重心高的车辆特别适用，如货车、公交车等。

4.3　车辆综合运动控制

运动控制作为智能车辆实现自主行驶的关键环节，其研究内容主要包括横向控制、纵向控制、垂向控制和综合控制。横向控制主要研究智能车辆的路径跟踪能力，即如何控制车辆沿规划的路径行驶，并保证车辆的行驶安全性、平稳性与乘坐舒适性；纵向控制主要研究智能车辆的速度跟踪能力，控制车辆按照预定的速度巡航或与前方动态目标保持一定的距离；垂向控制主要保证车辆行驶平顺性及操纵稳定性；综合控制是对智能车辆关于横-纵或横-纵-垂方向动力学间耦合和关联特性协调的研究。

4.3.1　横-纵向综合控制

横-纵向综合控制主要考虑了横向、纵向运动的非线性和轮胎横向、纵向力的耦合和冗余特性，比起单一方面控制，有效地提升了系统的整体性能。图 4-18 所示为一种由协调控制律和控制分配律组成的横-纵向综合控制方法。

具体设计如下：根据经典力学，推导反映车辆横向、纵向动力学特性的状态方程为

$$\begin{cases} \dot{v}_x = v_y r - \dfrac{c_a}{m} v_x^2 + \dfrac{1}{m} F_{gx} \\[2mm] \dot{v}_y = -v_x r + \dfrac{1}{m} F_{gy} \\[2mm] \dot{r} = \dfrac{1}{I_z} M_{gz} \end{cases} \quad (4\text{-}37)$$

式中，v_x 和 v_y 分别为车辆的纵向速度、横向速度；r 为横摆角速度；m 为车辆总质量；I_z 为车辆转动惯量；c_a 为纵向空气动力学阻力系数；F_{gx}、F_{gy} 和 M_{gz} 分别为广义纵向力、广义横向力和广义横摆力矩。

F_{gx}、F_{gy} 和 M_{gz} 的近似表达为

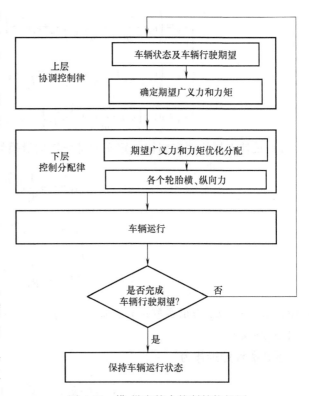

图 4-18 横-纵向综合控制结构框图

$$F_{gx} = F_{x1} + F_{x2} + F_{x3} + F_{x4} \quad (4\text{-}38)$$

$$F_{gy} = F_{y1} + F_{y2} + F_{y3} + F_{y4} \quad (4\text{-}39)$$

$$M_{gz} = (-F_{x1} + F_{x2}) \frac{d_f}{2} + (-F_{x3} + F_{x4}) \frac{d_r}{2} + (F_{y1} + F_{y2}) l_f - (F_{y3} + F_{y4}) l_r \quad (4\text{-}40)$$

式中，F_{x1}、F_{x2}、F_{x3}、F_{x4} 分别为各个轮胎纵向力；F_{y1}、F_{y2}、F_{y3}、F_{y4} 分别为各个轮胎横向力；l_f 和 l_r 分别为前后轴至车辆质心的距离；d_f 和 d_r 分别为前后轴轮距。

车辆相对于期望行驶路径的横向和纵向位置的数学模型为

$$\begin{cases} \dot{e}_y = v_x e_a - v_y - r D_L \\[2mm] \dot{e}_a = v_x K_L - r \\[2mm] \dot{e}_x = v_p - v_x - \tau_h \dot{v}_p \end{cases} \quad (4\text{-}41)$$

式中，v_x 和 v_p 分别为车辆纵向速度和前方牵引车辆的纵向速度；e_y 为横向位置偏差；e_a 为方位偏差角；e_x 为纵向距离偏差；D_L 为预瞄距离；K_L 为道路曲率；τ_h 为车间时距；r 为横摆角速度。

结合上述公式，推导出描述智能电动车辆运动行为规律的动力学模型为

$$
\begin{cases}
\ddot{e}_y = \left(v_y r - \dfrac{c_a}{m}v_x^2 + \dfrac{1}{m}F_{gx}\right)e_a + v_x\dot{e}_a - \left(-v_x r + \dfrac{1}{m}F_{gy}\right) - \dfrac{D_L}{I_z}M_{gz} \\[2mm]
\ddot{e}_a = \left(v_y r - \dfrac{c_a}{m}v_x^2 + \dfrac{1}{m}F_{gx}\right)K_L - \dfrac{1}{I_z}M_{gz} \\[2mm]
\ddot{e}_x = \dot{v}_p - \left(v_y r - \dfrac{c_a}{m}v_x^2 + \dfrac{1}{m}F_{gx}\right) - \tau_h\ddot{v}_p
\end{cases}
\tag{4-42}
$$

1）设计上层协调控制律。定义非奇异终端滑模切换面为

$$
\begin{cases}
s_1 = e_y + \dfrac{1}{\beta_1}\dot{e}_y^{\,p_1/q_1} \\[2mm]
s_2 = e_a + \dfrac{1}{\beta_2}\dot{e}_a^{\,p_2/q_2} \\[2mm]
s_3 = e_x + \dfrac{1}{\beta_3}\dot{e}_x^{\,p_3/q_3}
\end{cases}
\tag{4-43}
$$

式中，β_1、β_2、β_3 为正实数；p_1、p_2、p_3、q_1、q_2、q_3 为正整数，且 $1<p_1/q_1<2$，$1<p_2/q_2<2$，$1<p_3/q_3<2$。

设计滑模趋近律为

$$
\begin{cases}
\dot{s}_1 = \left(-k_1 s_1 - r_1 s_1^{m_1/n_1}\right)\dot{e}_y^{\,p_1/q_1-1} \\[2mm]
\dot{s}_2 = \left(-k_2 s_2 - r_2 s_2^{m_2/n_2}\right)\dot{e}_a^{\,p_2/q_2-1} \\[2mm]
\dot{s}_3 = \left(-k_3 s_3 - r_3 s_3^{m_3/n_3}\right)\dot{e}_x^{\,p_3/q_3-1}
\end{cases}
\tag{4-44}
$$

式中，k_1、k_2、k_3、r_1、r_2、r_3 为正实数；m_1、m_2、m_3、n_1、n_2、n_3 为正整数，且 $0<m_1<n_1<1$，$0<m_2<n_2<1$，$0<m_3<n_3<1$。

对式（4-41）求时间导数后将式（4-42）带入其中，再与式（4-40）联立，求解得到用于调节横向偏差、方位偏差、纵向偏差的非奇异终端滑模控制律，即智能电动车辆的上层协调控制律：

$$
\begin{pmatrix} F_{gx} \\ F_{gy} \\ M_{gz} \end{pmatrix} = \boldsymbol{B}^{-1}\begin{pmatrix} a \\ b \\ c \end{pmatrix}
\tag{4-45}
$$

其中，

$$
\boldsymbol{B} = \begin{pmatrix}
\dfrac{e_a}{m} & -\dfrac{1}{m} & -\dfrac{D_L}{I_z} \\[3mm]
\dfrac{K_L}{m} & 0 & -\dfrac{1}{I_z} \\[3mm]
\dfrac{1}{m} & 0 & 0
\end{pmatrix}
\tag{4-46}
$$

$$\begin{cases} a = -v_y r e_a + \dfrac{c_a}{m} v_x^2 e_a - v_x \dot{e}_a - v_x r - \dfrac{\beta_1 q_1}{p_1} \dot{e}^{\,2-\frac{p_1}{q_1}} - \dfrac{\beta_1 q_1}{p_1} (k_1 s_1 + r_1 s_1^{\,m_1/n_1}) \\[2mm] b = -v_y r K_L + \dfrac{c_a}{m} v_x^2 K_L - \dfrac{\beta_2 q_2}{p_2} \dot{e}^{\,2-\frac{p_2}{q_2}} - \dfrac{\beta_2 q_2}{p_2} (k_2 s_2 + r_2 s_2^{\,m_2/n_2}) \\[2mm] c = v_p - v_y r + \dfrac{c_a}{m} v_x^2 - \tau_h \ddot{v}_p + \dfrac{\beta_3 q_3}{p_3} \dot{e}^{\,2-\frac{p_3}{q_3}} + \dfrac{\beta_3 q_3}{p_3} (k_3 s_3 + r_3 s_3^{\,m_3/n_3}) \end{cases} \quad (4\text{-}47)$$

定义期望的广义力/力矩 $\boldsymbol{F}_d$ 与各执行机构控制分量 $\boldsymbol{U}$ 之间的关系为

$$\boldsymbol{F}_d = (F_{gx} \quad F_{gy} \quad M_{gz})^T = \boldsymbol{M}_f \boldsymbol{U} \quad (4\text{-}48)$$

其中，

$$\boldsymbol{M}_f = \begin{pmatrix} 1 & 0 & 1 & 0 & 1 & 0 & 1 & 0 \\ 0 & 1 & 0 & 1 & 0 & 1 & 0 & 1 \\ \dfrac{d_f}{2} & l_f & -\dfrac{d_f}{2} & -l_f & -\dfrac{d_r}{2} & -l_r & \dfrac{d_r}{2} & l_r \end{pmatrix} \quad (4\text{-}49)$$

$$\boldsymbol{U} = \begin{bmatrix} F_{x1} & F_{y1} & F_{x2} & F_{y2} & F_{x3} & F_{y3} & F_{x4} & F_{y4} \end{bmatrix} \quad (4\text{-}50)$$

2）下层控制分配律设计。对期望的广义力/力矩 $\boldsymbol{F}_d$ 分配到各执行机构控制分量 $\boldsymbol{U}$ 上，可以看作对期望控制量 $\boldsymbol{F}_d$ 的最优化分配，于是将其转化为利用内点惩罚函数解决二次规划问题。

定义内点惩罚函数为

$$\phi(\boldsymbol{U}, r^{(k)}) = J_{\text{cost}}(\boldsymbol{U}) - r^{(k)} \sum_{i=1}^{4} \frac{1}{g_i(\boldsymbol{U})} \quad (4\text{-}51)$$

设置约束为

$$g_i(\boldsymbol{U}) = \sqrt{F_{xi}^2 + F_{yi}^2} - u F_{zi} \leqslant 0 \quad (4\text{-}52)$$

$$F_{xi,\min} \leqslant F_{xi} \leqslant F_{xi,\max}$$

$$F_{yi,\min} \leqslant F_{yi} \leqslant F_{yi,\max}$$

计算目标函数 $J_{\text{cost}}(\boldsymbol{U})$ 的约束最优解 $\boldsymbol{U}$：

$$J_{\text{cost}}(\boldsymbol{U}) = \frac{1}{2} \boldsymbol{U}^T \boldsymbol{W}_u \boldsymbol{U} + \frac{1}{2} (\boldsymbol{F}_d - \boldsymbol{M}_f \boldsymbol{U})^T \boldsymbol{W}_e (\boldsymbol{F}_d - \boldsymbol{M}_f \boldsymbol{U}) \quad (4\text{-}53)$$

式中，$i = 1$，2，3，4；$\boldsymbol{W}_u$ 和 $\boldsymbol{W}_e$ 分别为控制分配输入和控制分配误差的权重矩阵；u 为路面附着系数；F_{zi}、F_{xi} 和 F_{yi} 分别为轮胎垂直载荷、纵向力和横向力；$F_{xi,\min}$、$F_{xi,\max}$ 及 $F_{yi,\min}$、$F_{yi,\max}$ 分别为纵向力和横向力的上限和下限；k 为迭代次数；r 为惩罚因子。

4.3.2 横-纵-垂向综合控制

只基于横-纵向综合控制而不考虑垂向控制的研究，或者基于横-纵向综合控制并采用经验工况划分和简单分配等人为解耦方法的垂向控制研究，都难以最大限度地提升车辆的性能。而建立统一的横-纵-垂向综合控制可以在进一步改善车辆行驶姿态的同时，还大幅度增强操纵稳定性和车辆行驶的平顺性。图 4-19 所示为一种分层式的横-纵-垂向协同优化控制系统，包括对上层行驶期望目标策略的制订、对中层横-纵-垂向协同优化方法分析和对下层执行控制策略的制订。

具体设计如下：

1）上层根据车辆状态参数判断车辆行驶期望并确定期望合力和力矩。设定车辆期望纵向合力 $F_{x,\text{des}}$、横向合力 $F_{y,\text{des}}$、垂向合力 $F_{z,\text{des}}$ 为

$$\begin{cases} F_{x,\text{des}} = ma_{x,\text{des}} \\ F_{y,\text{des}} = \dfrac{mv_x^2}{R} \\ F_{z,\text{des}} = mg \end{cases} \quad (4\text{-}54)$$

式中，$a_{x,\text{des}}$ 为纵向期望加速度；v_x 为纵向车速；m 为整车质量；R 为转弯半径；g 为重力加速。

利用 PID 方法设定车辆期望的横摆力矩 $M_{z,\text{des}}$、侧倾力矩 $M_{x,\text{des}}$ 和俯仰力矩 $M_{y,\text{des}}$ 为

$$\begin{cases} M_{z,\text{des}} = \left(K_{P1} + \dfrac{K_{I1}}{s} + K_{D1}s\right)(\gamma_{\text{des}} - \gamma) \\ M_{x,\text{des}} = \left(K_{P2} + \dfrac{K_{I2}}{s} + K_{D2}s\right)(\rho_{\text{des}} - \rho) \\ M_{y,\text{des}} = \left(K_{P3} + \dfrac{K_{I3}}{s} + K_{D3}s\right)(\theta_{\text{des}} - \theta) \end{cases}$$

$$(4\text{-}55)$$

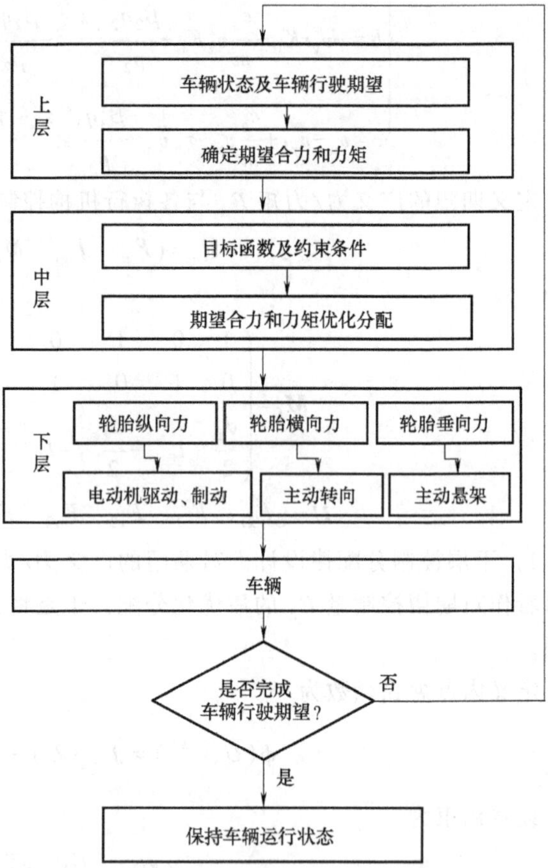

图 4-19　横-纵-垂向协同优化控制结构框图

式中，K_{P1}、K_{P2}、K_{P3} 为比例参数；K_{I1}、K_{I2}、K_{I3} 为积分参数；K_{D1}、K_{D2}、K_{D3} 为微分参数；s 为拉普拉斯算子；γ_{des} 为期望横摆角；ρ_{des} 为期望侧倾角；θ_{des} 为期望俯仰角。

2）中层建立约束条件和目标函数，将期望合力和力矩协同优化求解分配到各个轮纵向、横向和垂向。设定约束条件为

$$\begin{cases} F_{x,\text{des}} = F_{x\text{fl}} + F_{x\text{fr}} + F_{x\text{rl}} + F_{x\text{rr}} \\ F_{y,\text{des}} = F_{y\text{fl}} + F_{y\text{fr}} + F_{y\text{rl}} + F_{y\text{rr}} \\ F_{z,\text{des}} = F_{z\text{fl}} + F_{z\text{fr}} + F_{z\text{rl}} + F_{z\text{rr}} \\ M_{x,\text{des}} = 0.5t_{\text{f}}(F_{z\text{fl}} - F_{z\text{fr}}) + 0.5t_{\text{r}}(F_{z\text{rl}} - F_{z\text{rr}}) \\ M_{y,\text{des}} = -l_{\text{f}}(F_{z\text{fl}} + F_{z\text{fr}}) + l_{\text{r}}(F_{z\text{rl}} + F_{z\text{rr}}) \\ M_{z,\text{des}} = l_{\text{f}}(F_{y\text{fl}} + F_{y\text{fr}}) - l_{\text{r}}(F_{y\text{rl}} + F_{y\text{rr}}) + 0.5t_{\text{f}}(-F_{x\text{fl}} + F_{x\text{fr}}) + 0.5t_{\text{r}}(-F_{x\text{rl}} + F_{x\text{rr}}) \\ F_{y\text{fl}}F_{z\text{fr}} - F_{y\text{fr}}F_{z\text{fl}} = 0 \\ F_{y\text{rl}}F_{z\text{rr}} - F_{z\text{rl}}F_{y\text{rr}} = 0 \end{cases} \quad (4\text{-}56)$$

$$\begin{cases} F_{xi}^2 + F_{yi}^2 - (\mu_i F_{xi})^2 \leqslant 0 \\ -T_{i,\max}/r \leqslant F_{xi} \leqslant T_{i,\max}/r \\ -F_{y,\max} \leqslant F_{yi} \leqslant F_{y,\max} \\ -k_{xi,\max}/r \leqslant \Delta F_{xi}/\Delta t \leqslant k_{xi,\max}/r \\ -k_{yi,\max} \leqslant \Delta F_{yi}/\Delta t \leqslant k_{yi,\max} \\ -k_{zi,\max} \leqslant \Delta F_{zi}/\Delta t \leqslant k_{zi,\max} \\ F_{zi} \geqslant 0 \end{cases} \tag{4-57}$$

式中，下角标 i 为 fl、fr、rl 和 rr，对应左前轮、右前轮、左后轮和右后轮；F_{zi}、F_{xi} 和 F_{yi} 分别为各轮的垂向、纵向和横向力；t_f 和 t_r 分别为前、后轴轮距；μ_i 为各轮与路面间的摩擦系数；$T_{i,\max}$ 为电动机的最大转矩；$F_{y,\max}$ 为轮胎最大横向力；r 为轮胎的有效半径；Δt 为时间步长；ΔF_{xi}、ΔF_{yi} 和 ΔF_{zi} 分别为 Δt 时间内纵向力、横向力和垂向力的变化量；$k_{xi,\max}$、$k_{yi,\max}$ 和 $k_{zi,\max}$ 分别为电动机转矩最大变化率、轮胎横向力最大变化率和轮胎垂向变化率。

设定目标函数为

$$f(\boldsymbol{x}) = \mathrm{Var}\left(\frac{\sqrt{F_{xi}^2 + F_{yi}^2}}{\mu F_{zi}}\right) + \omega_1 \mathrm{E}\left(\frac{\sqrt{F_{xi}^2 + F_{yi}^2}}{\mu F_{zi}}\right) + \omega_2 \mathrm{Var}\left(\frac{F_{zi,0}}{F_{zi}}\right) \tag{4-58}$$

式中，$F_{zi,0}$ 为各轮静载；Var 为求计算方差；E 为求平均值；ω_1 和 ω_2 为权重系数。

在优化求解过程中，设定数学模型的约束条件为

$$\begin{cases} g_k(\boldsymbol{x}) + s_k = 0 \\ h_i(\boldsymbol{x}) = 0 \end{cases} \tag{4-59}$$

设定数学模型为

$$f_{\mathrm{u}}(\boldsymbol{x}, s) = f(\boldsymbol{x}) - \mu \sum_k \ln s_k \tag{4-60}$$

式中，$\boldsymbol{x} = [\begin{matrix} F_{xi} & F_{yi} & F_{zi} \end{matrix}]^{\mathrm{T}}$ 为各轮纵、横、垂向力组成的 12×1 列向量；$f(\boldsymbol{x})$ 为目标函数；$g_k(\boldsymbol{x})$ 和 $h_i(\boldsymbol{x})$ 为上述约束条件的表达式；k 和 i 分别为第 k 和 i 项；s_k 为第 k 个不等式约束的松弛变量；μ 为惩罚因子。

将上述数学模型转化为拉格朗日函数，再对拉格朗日函数添加约束优化问题的 KKT 条件，再使用泰勒多项式近似得到最优解迭代公式为

$$\begin{pmatrix} \boldsymbol{x}^{(k+1)} - \boldsymbol{x}^{(k)} \\ s^{(k+1)} - s^{(k)} \\ \lambda \\ y \end{pmatrix} = -\begin{pmatrix} \nabla_x^2 L(\boldsymbol{z}^{(k)}) & 0 & \boldsymbol{J}_g^{\mathrm{T}}(\boldsymbol{x}^{(k)}) & \boldsymbol{J}_H^{\mathrm{T}}(\boldsymbol{x}^{(k)}) \\ 0 & (\boldsymbol{S}^{(k)})^{-1}\boldsymbol{\Lambda} & \boldsymbol{I} & 0 \\ \boldsymbol{J}_g(\boldsymbol{x}^{(k)}) & \boldsymbol{I} & 0 & 0 \\ \boldsymbol{J}_h(\boldsymbol{x}^{(k)}) & \boldsymbol{I} & 0 & 0 \end{pmatrix}^{-1} \times \begin{pmatrix} \nabla f(\boldsymbol{x}^{(k)}) \\ \mu(\boldsymbol{S}^{(k)})^{-1}\boldsymbol{e} \\ g(\boldsymbol{x}^{(k)}) + s^{(k)} \\ h(\boldsymbol{x}^{(k)}) \end{pmatrix}$$

$$\tag{4-61}$$

式中，$\boldsymbol{J}_g$ 为 $\boldsymbol{g}(\boldsymbol{x}) = [g_1(\boldsymbol{x}), \cdots, g_k(\boldsymbol{x})]^{\mathrm{T}}$ 的雅可比矩阵；$\boldsymbol{J}_h$ 为 $\boldsymbol{h}(\boldsymbol{x}) = [h_1(\boldsymbol{x}), \cdots, h_k(\boldsymbol{x})]^{\mathrm{T}}$ 的雅可比矩阵；$\boldsymbol{e} = [1, \cdots, 1]_{1 \times k}^{\mathrm{T}}$；$(\boldsymbol{S}^{(k)})^{-1} = \mathrm{diag}((s_1^{(k)})^{-1}, \cdots, (s_k^{(k)})^{-1})$；$\boldsymbol{\Lambda} = \mathrm{diag}(\lambda_1, \cdots, \lambda_k)$。

迭代计算后最优解为

$$\boldsymbol{x} = \begin{bmatrix} F_{xi} & F_{yi} & F_{zi} \end{bmatrix}^{\mathrm{T}} \tag{4-62}$$

3）下层对电动机驱动系统、前/后轮主动转向系统和主动悬架系统进行精确控制。

各轮的期望驱动转矩 T_{wi} 为

$$T_{wi} = F_{xi} r \tag{4-63}$$

各轮所需主动悬架的力 $F_{zi,A}$ 为

$$F_{zi,A} = (F_{zi} - \hat{F}_{zi}) / i_s \tag{4-64}$$

式中，i_s 为垂向力作用于悬架和轮胎间存在的机械增益；$\hat{F}_{zi}$ 为考虑纵向和横向载荷转移估计所得各轮垂向力。

各轮期望转角为

$$\begin{pmatrix} \delta_{\mathrm{fl,des}} \\ \delta_{\mathrm{fr,des}} \\ \delta_{\mathrm{rl,des}} \\ \delta_{\mathrm{rr,des}} \end{pmatrix} = -\frac{l_r}{l} \begin{pmatrix} \alpha_{\mathrm{fl,des}} \\ \alpha_{\mathrm{fr,des}} \\ \alpha_{\mathrm{fl,des}} \\ \alpha_{\mathrm{fr,des}} \end{pmatrix} - \frac{l_f}{l} \begin{pmatrix} \alpha_{\mathrm{rl,des}} \\ \alpha_{\mathrm{rr,des}} \\ \alpha_{\mathrm{rl,des}} \\ \alpha_{\mathrm{rr,des}} \end{pmatrix} + \frac{1}{R} \begin{pmatrix} l_f \\ l_f \\ -l_r \\ -l_r \end{pmatrix} \tag{4-65}$$

$$\alpha_{i,\mathrm{des}} = \begin{cases} \arctan\left[\dfrac{F_{yi} C_\lambda}{C_\alpha (C_\lambda - F_{xi})} \right], & \dfrac{\mu_i F_{zi}}{2\sqrt{F_{xi}^2 + F_{yi}^2}} \geq 1 \\[4mm] \arctan\left[\dfrac{C_\lambda \mu_i^2 F_{yi} F_{zi}^2}{4 C_\lambda C_\alpha \sqrt{F_{xi}^2 + F_{yi}^2} + (\mu_i F_{zi} - \sqrt{F_{xi}^2 + F_{yi}^2}) - C_\alpha \mu_i^2 F_{xi} F_{zi}^2} \right], & \dfrac{\mu_i F_{zi}}{2\sqrt{F_{xi}^2 + F_{yi}^2}} < 1 \end{cases} \tag{4-66}$$

式中，$\alpha_{i,\mathrm{des}}$ 为轮胎侧向偏角；C_λ 为轮胎滑移刚度；C_α 为轮胎侧偏刚度。

综上所述，智能车辆为非完整运动约束系统，具有高度非线性动态特性、强耦合以及其执行机构（轮胎）存在冗余等特点，单一方面的控制必然导致控制目标和执行结果出现冲突，横-纵向综合控制也难以大幅度提升车辆运行性能。因此，如何设计高品质的横-纵-垂向综合运动控制也成为实现智能车辆安全、舒适、节能与环保综合行驶性能的重点和难点，具有重要的研究意义。

思 考 题

4-1 以某轿车的单轮模型为例，参数见下表，说明车辆行驶性能指标的计算方法。

参数	符号	数值	单位	参数	符号	数值	单位
簧上质量	m_b	317.5	kg	轮胎刚度系数	k_s	192	kN/m
簧下质量	m_w	45.4	kg	悬架阻尼系数	C_0	1.5	kN·s/m
悬架弹簧刚度系数	k_a	22	kN/m				

4-2 某车辆模型如图 4-5 所示，参数为 $m_s = 330\mathrm{kg}$，$m_u = 25\mathrm{kg}$，$k_s = 13\mathrm{N/m}$，$k_t = 170\mathrm{kN/m}$，$C_s = 1000\mathrm{N \cdot s/m}$。选择阶跃输入和随机输入作为激励信号，阶跃输入函数为

$$z_0 = \begin{cases} 0 & 0 \leqslant t < 0.2 \\ \dfrac{t-0.2}{2.5} & 0.2 \leqslant t < 0.45 \\ 0.1 & t \geqslant 0.45 \end{cases}$$

随机输入，选择 B 级路面作为地面不平度输入信号，其功率谱密度函数可以近似表示为

$$S_q(\omega) = 1.28 \times 10^{-2} \omega^{-2}$$

选择隶属度大于 0.5 的加权平均法，即在输出的模糊集中，选择隶属度大于 0.5 的元素与相应的隶属度的乘积，然后求平均作为控制量。比较主动悬架和被动悬架系统在阶跃输入和随机输入时的性能指标。

第5章

智能车辆决策控制

前面各章针对智能车辆下层综合运动控制做了讨论和分析，本章将对智能车辆上层决策控制展开论述。智能车辆决策控制包含路径规划及轨迹跟随。路径规划是智能车辆导航和控制的基础，轨迹跟随控制是实现智能无人驾驶技术的关键。

本章首先讨论智能车辆决策控制系统架构及智能车辆决策系统的工程实际应用方法；其次，分析全局和局部路径规划的各自特点及其对应的控制策略；然后，从汽车动力学角度分析影响车辆控制策略的关键因素，及如何建立数学模型；最后，分别讨论路径规划和路径跟随的三个应用实践：智能车辆的换道、超车和并道，智能车辆的自动泊车控制及多车协同控制。

5.1 车辆路径规划与跟随

图 5-1 所示为智能车辆的决策系统整体架构，"定位"将车辆的具体位置信息提交给智能车辆的主控系统，决策规划路径。在实际的开发工作中，路径决策规划是一个模块，而"定位"是一个模块，是车辆环境感知的结果，通常采用多传感器信息融合技术，包括采集与预处理、坐标变换、信息融合三个功能单元。

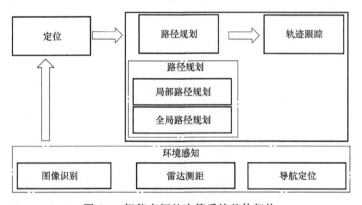

图 5-1 智能车辆的决策系统整体架构

路径规划是指在模型化的环境中按照一定的评价标准规划出一条从起始状态到目标状态的可行路径。根据对车辆所处环境信息的掌握程度可分为两类：基于环境信息已知的全局路径规划，又称为静态规划或离散规划；基于传感器信息的局部路径规划，又称为动态规划或在线规划。两者的主要区别在于，前者在规划时没有考虑环境的现场约束，如障碍物的形状位置、道路的宽度、道路的曲率半径等。局部路径规划通过传感器设备实时获取周围环境信息，除了周围障碍物的形状位置信息与道路的形状信息外，还包括交通信号、车辆自身的行驶状态等。路径规划的核心就是算法的设计，从传统的算法到智能算法，路径规划技术得到了极大的发展。

轨迹跟随控制技术，是实现智能车辆无人驾驶的关键功能，其主要原理是采用控制方法控制车辆准确跟随目标路径从而到达目的地，实现的方式有路径跟随控制与速度跟随控制。智能车辆的轨迹跟随控制主要是研究如何通过控制车辆的转向系统以及制动/驱动系统使得车辆能够以期望的速度沿着期望的路线行驶，从而实现车辆的无人驾驶操作。目前各类的智能辅助驾驶系统中，都或多或少涉及车辆的轨迹跟随控制技术，如自适应巡航系统（ACC）、智能车辆紧急制动系统（autonomous emergency braking，AEB），涉及车辆的纵向控制；而车道保持系统以及避障系统，则涉及车辆的横向控制，也即路径跟随控制；而自动泊车系统则同时需要进行纵向控制和横向控制，也就是轨迹跟随的控制。无论是沿着智能辅助驾驶的道路逐步过渡到自动驾驶，还是直接实现无人驾驶，车辆轨迹跟随控制技术都是其中不可或缺的一环。考虑到构成车辆的各个部分，如轮胎、悬架、转向系统等都是非线性系统，不同部分之间存在耦合，而且车辆的参数如质量等存在不确定性，因而很难建立精确的车辆动力学模型；再加上行驶的工况复杂多变，这都给车辆的轨迹跟随控制带来了极大的困难。目前，绝大部分关于轨迹跟随控制的研究方法中，主要采用预瞄理论和模型预测理论。

5.1.1 路径规划算法

路径规划的核心就是算法的设计，从传统的算法到智能算法，路径规划技术得到了极大的发展。目前，路径规划的方法有很多，根据其不同的特点，分为传统算法、图形学算法以及人工智能算法。

智能车辆全局路径规划在实际应用过程中，可以分为两个步骤：①建立环境模型，即将现实的环境进行抽象后建立的相关模型；②路径搜索，即寻找符合条件的最优路径。不同的环境模型对路径搜索方法具有非常显著的影响。环境建模的方法主要有可视图法（V-graph）、自由空间法（free space approach）和栅格法（grid）等。模型建立完毕，需要搜索一条避障的最短路径。后期的搜索算法主要有 Dijkstra 算法、A＊算法，以及最近研究较多的遗传算法、蚁群优化等搜索技术。

1. 传统算法

传统路径规划算法包括人工势场算法、禁忌搜索算法、模拟退火算法等。

（1）**人工势场算法**（artificial potential field，APF）　人工势场算法是一个典型的在线路径规划算法，其应用了"水往低处流"的思路，通过模仿引力斥力下的物体运动来规划路径。在算法中目标地点与运动物体之间的作用假设为引力，障碍物与运动物体之间的作用假设为斥力，那么物体被力场作用向目标地点运动，并通过建立引力场和斥力场的势场函数来进行路径的寻优。该算法的优点是所规划的路径简单平滑，较容易满足车辆稳定行驶的需要，但是容易陷入局部最优的问题。

APF 在车辆运动的工作环境中的基本思想是构造一个人工势场，势场中包括斥力极和吸引极，不希望车辆进入的区域和障碍物定义为斥力极，目标及建议车辆进入的区域定义为引力极，使得在该势场中的车辆运动受到其目标位置引力场和障碍物周围斥力场的共同作

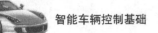

用，朝目标前进。

车辆在运动空间中的位置设定为 X，通常的目标函数势场函数，即引力场函数为

$$U_{at}(X) = \frac{1}{2}k_1(X-X_{goal})^2 \tag{5-1}$$

式中，k_1 为位置增益系数；$X-X_{goal}$ 为车辆与目标车辆 X_{goal} 之间的相对位置。

相应的吸引力为目标势场函数的负梯度，即

$$F_{at}(X) = -\mathbf{grad}[U_{at}(X)] = -k_1(X-X_{goal}) \tag{5-2}$$

在车辆到达目标的过程中，这个力线性收敛于零。

斥力场函数为

$$U_{re}(X) = \begin{cases} \frac{1}{2}\eta_1\left(\frac{1}{\rho}-\frac{1}{\rho_0}\right)^2(X-X_{goal}) & \rho \leqslant \rho_0 \\ 0 & \rho > \rho_0 \end{cases} \tag{5-3}$$

式中，η_1 为位置增益系数；ρ 为车辆在空间的位置 X 与障碍物之间的最短距离；ρ_0 是一个常数，代表障碍物的影响距离。

n 是一个大于零的任意常数，由于引入车辆的实际位置与目标车辆之间的相对距离，应保证整个势场仅在目标点 X_{goal} 全局最小。

$X \neq X_{goal}$ 时，斥力可写为

$$F_{re}(X) = -\mathbf{grad}[U_{re}(X)] = \begin{cases} F_{re1} + F_{re2} & \rho \leqslant \rho_0 \\ 0 & \rho > \rho_0 \end{cases} \tag{5-4}$$

其中，

$$F_{re1} = \eta_1\left(\frac{1}{\rho}-\frac{1}{\rho_0}\right)\frac{1}{\rho^2}\frac{\delta\rho}{\delta X}(X-X_{goal})^n \tag{5-5}$$

$$\frac{\delta\rho}{\delta X} = \left(\frac{\delta\rho}{\delta x} \quad \frac{\delta\rho}{\delta y}\right)^T \tag{5-6}$$

$$F_{re2} = \frac{n}{2}\eta_1\left(\frac{1}{\rho}-\frac{1}{\rho_0}\right)\frac{1}{\rho^2}(X-X_{goal})^{n-1} \tag{5-7}$$

势场函数 U_{re}、U_{at} 使得车辆所受的合力 F_{sum}，将驱使车辆远离障碍物，逼近目标。矢量 F_{re1} 的方向为从障碍物指向车辆，矢量 F_{re2} 的方向为从车辆指向目标。显然，当 F_{re1} 对车辆产生斥力时，F_{re2} 对车辆产生朝向目标的吸引力。

(2) 禁忌搜索（tabu search，TS）**算法** 禁忌搜索算法是一种亚启发式（meta-heuristic）随机搜索算法，是模拟人类智力的一种全局寻优算法。它从一个初始可行解出发，选择一系列的特定搜索方向（移动）作为试探，选择实现让特定的目标函数值变化最多的移动。为了避免陷入局部最优解，TS 算法中采用了一种灵活的"记忆"技术，对已经进行的优化过程进行记录和选择，指导下一步的搜索方向，这就是 Tabu 表的建立。

(3) 模拟退火（simulated annealing，SA）**算法** 模拟退火算法最早的思想是由 N. Metropolis 等人于 1953 年提出。1983 年，S. Kirkpatrick 等成功地将退火思想引入到组合优化领域。它是基于蒙特卡罗（Monte Carlo）迭代求解策略的一种随机寻优算法，其出发点是

基于物理中固体物质的退火过程与一般组合优化问题之间的相似性。模拟退火算法从某一较高初温出发，伴随温度参数的不断下降，结合概率突跳特性在解空间中随机寻找目标函数的全局最优解，即在局部最优解能概率性地跳出并最终趋于全局最优。

SA 算法原理：将固体加温至充分高，再让其徐徐冷却，加温时固体内部粒子随温升变为无序状，内能增大，而徐徐冷却时粒子渐趋有序，在每个温度都达到平衡态，最后在常温时达到基态，内能减为最小。根据 Metropolis 准则，粒子在温度 T 时趋于平衡的概率为 $-e(-\Delta E/k_\mathrm{B}T)$，其中 E 为温度 T 时的内能，ΔE 为其改变量，k_B 为玻尔兹曼（Boltzmann）常数。用固体退火模拟组合优化问题，将内能 E 模拟为目标函数值 f，温度 T 演化成控制参数 t，即得到解组合优化问题的模拟退火算法：由初始解 i 和控制参数初值 t 开始，对当前解重复"产生新解→计算目标函数差→接受或舍弃"的迭代，并逐步衰减 t 值，算法终止时的当前解即为所得近似最优解，这是基于蒙特卡罗迭代求解法的一种启发式随机搜索过程。退火过程由冷却进度表（cooling schedule）控制，包括控制参数的初值 t 及其衰减因子 Δt、每个 t 值时的迭代次数 L 和停止条件 S。

SA 算法通过赋予搜索过程一种时变且最终趋于零的概率突跳性，从而可有效避免陷入局部极小并最终趋于全局最优的串行结构的优化算法，是一种通用的优化算法，理论上算法具有概率的全局优化性能，目前已在工程中得到了广泛应用。

2. 图形学算法

图形学算法是基于环境模型的基础上进行的路径规划方法。目前主要的图形学算法有栅格法、可视图空间法、Voronoi 图法等。

（1）栅格法　栅格法将环境划分为一系列网格，并对网格进行编码，从而将环境信息用有序列的号码来表示。存在障碍物的单元格标记为 1 的状态，无障碍物的单元格标记为 0 的状态。如此栅格法可对环境进行建模，并结合其他的搜索算法在无障碍区域内规划出一条避障的路径。在路径存在的情况下该方法能够确保找到一条路径，但随着栅格规模的扩大，搜索的复杂度也将随之增大，此时路径规划的效率较低。通过提高算法的启发性来提高搜索效率与寻优质量是一个不错的方法。可见，提高搜索算法的启发性是该类算法的关键。

（2）可视图空间法　可视图空间法是空间中将障碍物描述为规则的多边形，描述起始点、目标点以及所有多边形顶点的特征，从起始点到目标点之间画出经过多边形顶点的可行连线（不穿过障碍物），最后筛选出最优的连线即完成路径的规划。可视图空间法的优点是简单直观，容易求得最短路径。但一旦起始点与目标点发生改变，就要重新构造视图，缺乏灵活性，即局部路径规划能力差。

（3）Voronoi 图法　Voronoi 图法是计算几何里的一种基于距离的平面划分方法。它是由一组由连接两邻点直线的垂直平分线组成的连续多边形组成。N 个在平面上有区别的点，按照最邻近原则划分平面；每个点与它的最近邻区域相关联。而后运用算法对多边形的边所构成的路径网进行最优搜索。其优点是把障碍物包围在元素中，能实现有效避障；其缺点是图的重绘比较费时，因而不适用于大规模环境下的路径规划。

3. 人工智能算法

人工智能算法有蚁群算法、神经网络算法与遗传算法等。

（1）蚁群算法（ant colony optimization，ACO）　蚁群算法是一种迭代寻优算法，启发于蚁群觅食的群落行为。蚂蚁在觅食过程中会在道路上留下一定浓度的信息素，并会选择信息素较多的路径行走，在相同时间内最短路径上蚂蚁经过的次数最多，所以这条路径含有的信息素最多，从而得出一条最佳路径。该算法模拟蚁群觅食这一过程，其优点是可以进行全局寻优，并且可以进行并行计算，所以方便计算机实现。其缺点在于计算量大，并且容易陷入局部最优解。

（2）**神经网络算法**　神经网络算法是一种表现很优秀的人工智能算法，在人工智能领域中有着很广泛的应用。其思想主要来自生物神经网络行为，可用于实现分布式并行信息处理。神经网络具有非常优秀的学习能力，而且学习能力鲁棒性强。但是将其用于路径规划时效果并不理想，因为复杂的环境很难用公式进行描述。不过将该算法与其他算法结合用于路径规划却是一个很好的尝试。

（3）**遗传算法**　遗传算法是一种应用广泛的人工智能算法，是人工智能领域的一个重要分支。算法思想来源于达尔文生物进化论中的遗传选择和优胜劣汰的自然法则，是一种迭代求解的优化算法。通过建立与基因遗传学原理相似的数学模型来模拟基因的交叉、变异、选择、适者生存的过程来解决问题。遗传算法的最大的优点是可以通过与其他算法相结合来进行迭代寻优。

5.1.2　轨迹跟随控制算法

智能车辆无人驾驶的路径跟随问题实际上是一个转向盘控制的问题，也可以称之为车辆的横向控制。它主要是根据车辆前方的期望路径信息，产生一个合适的转向盘转角从而实现准确的路径跟随。车辆的速度控制是轨迹跟随控制的另外一个问题，也称之为车辆的纵向控制，它主要是通过控制车辆的驱动以及制动系统实现车辆的速度控制。路径跟随控制以及速度控制二者一起构成了智能车辆轨迹跟随控制。轨迹跟随控制系统最终应该能够满足以下的要求和性能：

1）跟随精度：在进行轨迹跟随的控制过程中，要尽可能减少路径跟随和速度跟随的误差，这是智能车辆轨迹跟随控制的最基本的要求。

2）平稳性：在实现轨迹跟随控制的过程中，在假设给出的期望轨迹合理的情况下，车辆的速度控制要尽量平稳；转向盘转角的控制要适度，避免大角度转向。

3）适应性：由于车辆的行驶工况复杂，轨迹跟随控制算法对不同的工况要具有较好的适应性。

由前面章节介绍的车辆动力学模型可以看出，车辆的纵向运动对横向运动的影响较大，实际上车辆的纵向与横向动力学之间是存在耦合的。但是考虑到除了一些极限和特殊的工况，例如，车辆在紧急避障的过程中，在有人驾驶时，驾驶人通常会同时进行制动以降低车速而且快速转动转向盘以避开障碍物，大部分的驾驶人很少在控制车辆转向的同时还控制车辆的车速，所以为了简化控制系统的复杂度，可以考虑对纵向和横向进行解耦控制。在设计横向控制器时，假设车速不变或变化很小，从而可以采用车辆二自由度模型来代表车辆的横向动力学特性。下面将分别介绍车辆的横向路径跟随控制与纵向速度跟随控制。

最优预瞄理论的理论依据是模拟驾驶人在开车的过程中，通过对道路前方信息的预估，为了使得车辆实际轨迹与理论轨迹的偏差最小，从而得到一个最优的转向盘转角输入。因此在介绍基于最优预瞄理论之前，首先需要对道路信息进行一个描述。

在智能车辆无人驾驶的轨迹跟随的过程中，车辆的期望行驶路径和速度通常由上层的轨迹规划层给出。根据控制的需要，轨迹规划层给出的轨迹形式为一系列的点集，点集的定义为 $(x_i,\ y_i,\ s_i,\ v_{x,i})$，分别代表轨迹上该点的横纵坐标，曲线弧长以及车辆的纵向车速，如图 5-2 所示。

最优预瞄理论的原理如下：驾驶人沿着当前车辆行驶的方向进行预瞄，根据当前的车辆状态，选择一个合理的预瞄距离，然后计算参考轨迹中离预瞄点最近的点与预瞄点的距离，该距离就称为预瞄误差。为了使得车辆实际行驶的轨迹与期望的轨迹的误差最小，根据车辆的模型，从而确定预瞄误差与转向盘转角之间的传递函数关系；最后根据该传递函数，就可以得到最优的转向盘转角。

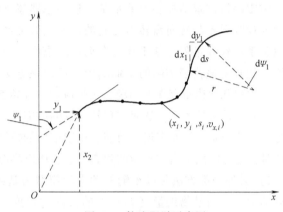

图 5-2　轨迹跟随示意图

为了建立预瞄误差与转向盘转角之间的关系，需要建立合适的数学模型，如图 5-3 所示。考虑到车辆行驶道路的复杂性，预瞄距离的选取对预瞄跟随效果的影响很大。在车速较低的情况下，如果预瞄的距离过大，就会导致车辆前方的信息无法很好地利用；当车速较高的情况下，如果预瞄距离过短，则会丢失部分未来道路的信息，从而使控制效果变差。此外，即使预瞄距离选取合理，采用单点预瞄模型仍然可能导致前方道路的情况与车辆当前状态不一致的情况，从而使得跟随效果变差。而且实际驾驶人在开车的过程中，也不可能只关注前方道路一点的信息，因此，采用单点预瞄模型很难取得比较令人满意的结果。为了充分利用前方道路的信息，可以采用多点预瞄模型。

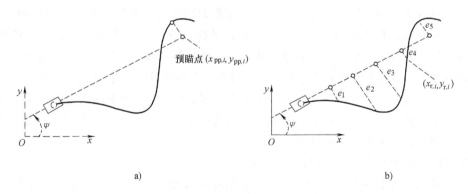

a)

b)

图 5-3　预瞄模型

a) 单点预瞄　b) 多点预瞄

预瞄点上的坐标可以根据下面的公式确定：

$$x_{\mathrm{pp},i}(t)=x_{\mathrm{CG}}(t)+K_i d_{\mathrm{look-head}}(t)\cos[\psi(t)] \tag{5-8}$$

$$y_{pp,i}(t) = y_{CG}(t) + K_i d_{look-head}(t)\sin[\psi(t)] \tag{5-9}$$

总的来看，基于最优预瞄控制理论的控制算法可以分为两类：

1）基于预瞄假设以及最优曲率控制原则，即驾驶人根据前方轨迹一点的信息和当前汽车的运动状态估计得到的到达该预期点的误差，计算出一个最优的圆弧轨迹，并由轨迹圆弧曲率与转向盘转角的对应关系来确定转向盘的转角输入。

纯跟踪轨迹跟随控制器就是基于这种思路建立的。通过建立车辆当前位置与预瞄处期望位置的预瞄误差与转向盘转角之间的传递函数关系，从而得到转向盘转角输入。由于该传递函数关系的建立过程是基于几何车辆运动模型，而几何车辆运动模型仅在车速较低的情况下才能比较真实地代表实际的车辆响应，所以该方法只适用于低速工况下的路径跟随控制。

考虑到几何模型存在的问题，实际应用中开始逐渐研究采用车辆动力学模型来建立预瞄误差与转向盘转角的关系，从而实现转向盘的前馈控制，同时基于航向角误差与当前车辆位置误差建立反馈控制，从而实现了前馈加反馈结构的控制器。这种控制器由于考虑了前方道路信息的同时，还考虑到了当前车辆的状态信息，所以具有更好的鲁棒性与对速度的适应性。

2）另外一类方法是以车辆的动力学模型为基础，通过建立最优的圆弧轨迹与车辆期望的运动学或动力学物理量（如车辆的横向加速度）之间的关系，然后对其进行反馈跟踪控制，从而间接实现最优的轨迹跟随控制。

5.2　变道控制

换道、超车和并道是车辆行驶中经常执行的操作。换道是车辆成功超车与并道的先决条件，换道可分为强制换道及自由换道。强制换道指在车辆接近出口或入口时，按照出行路线及交通规则需要变换车道，否则车辆将无法到达目的地，此时变更车道的行为称为强制换道。自由换道是指由于前车的阻碍，而相邻车道（如超车道）又允许进入时所发生的换道行为。

换道的过程主要包含以下几个方面，首先探测周围环境存在的车辆（车辆探测），其次将探测所获得车辆进行量化（车辆建模），最后寻找一条动态轨迹规划算法（路径规划），并使车辆从原车道沿着规划的轨迹到达相邻车道，然后超越前方车辆，最后实施并道返回原车道（跟踪控制）。在这样复杂的过程中，必须兼顾车辆的横向控制和纵向控制，与此同时还需考虑换道与超车的快速性、平顺性和安全性，因此国外智能车辆的控制大多限于单一的横向控制或单一纵向控制，而在换道与超车方面的研究相对较少，主要集中在车辆换道的辅助安全系统和简化的换道控制的研究。

分析车辆换道的特点，可以得出以下的结论：

（1）复杂性　车辆的换道是处在一个动态时变的环境当中，车辆的轨迹规划非常复杂，需要大量的计算。

（2）随机性　车辆的换道环境存在很多随机性和不确定因素，其他车辆的出现也带有随机性。

（3）多约束　车辆的运动存在几何约束和物理约束。几何约束是指车辆的形状制约，而物理约束是指车辆受其自身加速性能和转向性能的限制。

（4）**多目标** 路径性能规划的要求存在多种目标，如规划路径最短、完成时间最短、安全性能最好、能源消耗最小等。这些目标往往存在冲突，应该考虑在它们之间寻求某种折中。

5.2.1 变道场景描述

如图 5-4 所示，换道可以看成以下几个阶段：车辆切换至相邻车道；到达相邻车道后，加速行驶一段时间，超越前方车辆；最后从相邻车道实施换道返回原行车车道。这三个阶段简称为换道、超越和并道。从本质上分析，超车过程可认为是驾驶人两次换道行为和一次超越行为的综合结果，可看出车辆换道与车辆超车的关系是密不可分的，要想超车必须换道，车辆换道是超车过程中的重要环节，是超车的基础。

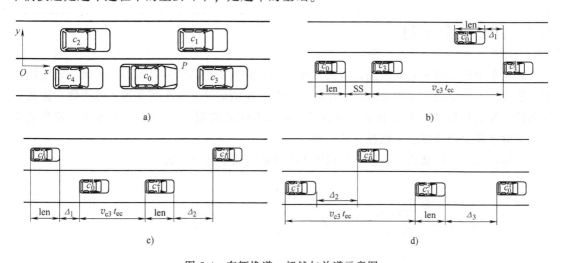

图 5-4　车辆换道、超越与并道示意图

a）车辆原始位置示意图　b）车辆换道示意图　c）车辆超越示意图　d）车辆并道位置图

5.2.2 变道系统实现

根据图 5-4 场景描述，须对换道的运动轨迹进行研究。车辆换道运动轨迹规划有基于函数的运动轨迹规划、基于圆弧的运动轨迹规划、基于正反梯形横向加速度的运动轨迹规划、基于多项式的换道轨迹规划。

为了避免与其他车辆发生碰撞，还须考虑换道车辆间的安全距离。所谓安全距离（safe spacing，SS），即安全行车间距，指行驶在公路上同一车道的后车与前车之间为保证交通安全而必须保持的行车间距。如果前、后两车行车间距保持在此距离以上，则不会发生追尾碰撞类交通事故。所谓最小安全车距（minimum safe spacing，MSS），又称临界安全车距，是指为保证安全而两车之间必须保持的最小行车间距。由于道路的通行能力与车辆的速度成正比，与车间距成反比，因此可通过调整车辆间相对速度和增加车辆间距以降低因换道操作引发的交通事故，但这将会大幅度降低道路的通行能力。总体目标是希望道路有高的通行能力，同时又要保证车辆换道的安全。

针对安全行车间距，目前主要提出了三种安全距离模型：

1）基于典型制动过程的安全距离计算模型。

2）驾驶人预瞄安全距离模型。

3）基于车间时距的安全距离模型。

因为在智能车辆的跟踪控制中，要求轮式车辆的平移速度不能为零，即始终处于运动过程中。由于车辆不满足 Brockett 光滑镇定的必要条件，因此对于跟踪问题只能寻求不连续控制律、时变控制律或混合控制律。车辆的轨迹跟踪控制一般是通过控制实际车辆跟踪虚拟车辆来实现的。

在轨迹跟随控制方面，如 5.1 节介绍的路径规划和轨迹跟随控制算法，均可应用于智能车辆无人驾驶自主换道、超越和并道控制系统中。

5.3 自动泊车控制

智能车辆的路径规划和跟随控制技术还有一个典型应用，就是自动泊车控制。该应用在于，依据停车位空间的位置及大小、车辆动力学、车辆运动学及车辆和外界障碍物碰撞约束等条件，预先规划出理想的泊车行驶路径，再以不同的控制方法跟踪该轨迹以实现自动泊车，同时满足跟随精度、平稳性、适应性。

实际应用中的自动泊车系统，均由图 5-5 所示的几个部分构成。

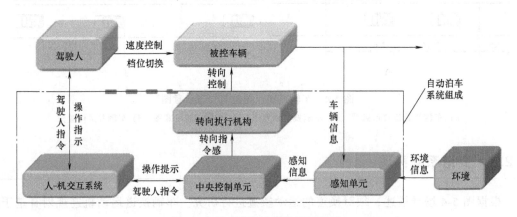

图 5-5　自动泊车系统结构原理图

1. 感知单元

感知单元功能包括泊车环境信息感知和车辆自身运动状态感知。感知单元对环境信息感知主要包括车位检测和车与周围物体相对距离测量，环境感知系统由车位检测传感器、避障保护传感器等组成。车辆运动状态感知主要通过轮速传感器、陀螺仪、档位传感器等获取车辆行驶状态信息。泊车系统中央控制单元在环境感知和车辆自身运动状态已知的前提下进行车辆运动控制，因此感知单元是泊车系统的基本单元。

2. 中央控制单元

中央控制单元的主要功能有：

1）分析处理感知单元获取的环境信息，得出准确的车位信息。

2）车辆泊车运动控制。中央控制单元根据车辆运动状态，判断所需车辆档位，并将档位操作提示通过人-机交互界面传达给驾驶人。当驾驶人完成正确的档位操作，中央控制单元根据车辆实际泊车位姿与目标泊车位姿偏差，计算出合理的转向盘转角，并实时向转向执行机构发送转向指令。整个泊车过程中，泊车系统控制器实时接收并处理车辆避障传感器输出的信息，当车辆与周围物体相对距离小于设定安全值时，泊车系统控制器将采取合理的车辆运动控制，以保证泊车过程的安全性。因此，泊车运动控制单元——中央控制单元为泊车系统核心单元。

3. 转向执行机构

转向执行机构由转向系统、转向驱动电动机、转向电动机控制器、转向柱转角传感器等组成。转向执行机构接收泊车系统中央控制单元发出的转向指令后执行转向操作。由此可知，泊车运动由驾驶人和泊车系统配合控制完成。因此，转向执行机构是泊车系统不可缺少的组成部分。

4. 人-机交互系统

人-机交互系统用于实现驾驶人与泊车系统之间的信息交互。中央控制单元通过人-机交互界面将车位信息及操作提示信息显示给驾驶人，同时，驾驶人通过人-机交互系统向泊车系统发出泊车要求指令，如是否选择泊车系统已检测到的车位、车辆停放基准等。

5.3.1　自动泊车场景描述

车辆停放方式主要分为三种：①平行泊车，即车辆平行于基准线（道路）停放；②垂向泊车，即车辆垂直于基准线（道路）停放；③斜向泊车，即车辆与基准线（道路）呈一定夹角停放，如图5-6所示。车辆能否实现平行泊车入位的两个重要因素是：①车位空间大小；②泊车起始位置。

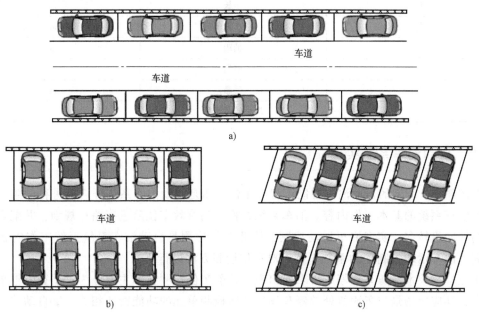

图 5-6　泊车方式示意图

a）平行泊车示意图　b）垂向泊车示意图　c）斜向泊车示意图

图 5-7 所示是智能车辆无人驾驶自动泊车时的控制流程示意图，由该图可以看出，自动泊车是由车位检测开始，其有效与否，决定了车辆是否能到达可行起始点区，成为后期路径规划和运动控制的关键步骤。

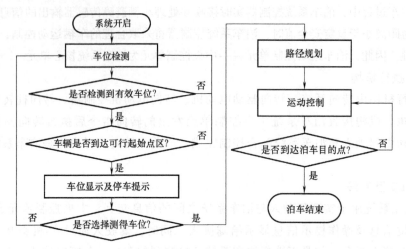

图 5-7　自动泊车时的控制流程示意图

自动泊车过程复杂，除了需要考虑到车辆本身结构上的限制外，还需要考虑到车位的大小、避障以及泊车起始位置等多种因素。因此在进行自动泊车系统设计前，需要对部分约束进行分析，参见表 5-1 对部分参数进行计算，以便后续的设计。

表 5-1　自动泊车系统所需的车辆参数

符　号	含　义	单　位
L_C	车长	m
L_K	车宽	m
L	轴距	m
L_f	前悬	m
L_r	后悬	m
R_{min}	最小转弯半径	m

5.3.2　自动泊车系统实现

参照图 5-7 所示的自动泊车控制流程，车位检测是自动泊车系统开启后进行的第一项工作，是泊车系统的基本工作内容。泊车系统在检测到有效车位后进行路径规划，并配合驾驶人控制转向盘转向，实现泊车运动控制，因此车位检测是自动泊车系统后续工作内容（路径规划、泊车运动控制）的基础，首先对车位检测方法进行研究。

车位检测技术伴随车辆停放需求而出现，目前车位检测技术主要分为：①智能停车场车位检测，其应用场景与车辆所处的停车场的环境检测单元的功能密切相关；②自动泊车系统车位检测，其应用场景主要基于车载的传感器种类和数量，目前常见的车载环境感知传感器类型见表 5-2。

表 5-2　车载环境感知传感器

传感器类型	测量性能(范围/精度/频率)	影响因素
超声波雷达	测量范围:0.2~10m 测量精度:±0.1m 测量频率:10~20Hz	不受光照影响,测量精度受测量物体表面形状、材质影响大
毫米波雷达	测量范围:0~100m 测量精度:±0.5m 测量频率:20~50Hz	角度分辨力高,抗电子干扰强,受雨雾等因素影响大
激光雷达	测量范围:1~150m 测量精度:±0.1m 测量频率:10~20Hz	聚焦性好,易实现远程测量,受光照、烟雾等因素影响大,能量高度集中,具有一定危害性
摄像头	测量范围:3~25m 测量精度:0.3m 测量频率:30~50帧/s	测量精度不受物体表面材质、形状等因素影响,受环境光照强度影响大

车位检测后,开始自动泊车路径规划和轨迹跟随设计之前,按照选定车型的参数(见表5-1),需要对泊车参数及起始位置进行计算和确定,如倒车过程中最小转弯半径计算、平行车位/垂直车位/斜车位起始点区域计算,分别举例如下:

(1) **最小转弯半径计算**　图5-8所示为平行车位最小车位示意图,为研究方便,采用前轮驱动的乘用车,将车位等效成矩形,车位的定点分别为 a、b、c、d,车辆的定点分别为 A、B、C、D,M 点为车辆后轴中点。R_A、R_B、R_C、R_D、R_M 分别为车辆定点和后轴中点的转弯半径。将图5-8中的 R_B 近似看作车辆的最小转弯半径 R_{min},R_M 为车辆的后轴中点的转弯半径。由几何关系可以确定:

$$(R_M + L_K/2)^2 + (L+L_f)^2 = R_B^2 \tag{5-10}$$

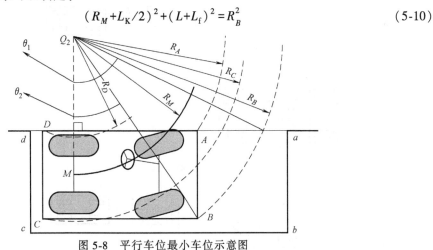

图 5-8　平行车位最小车位示意图

(2) **自动泊车所需的最小车位**　国家标准中分别规定了平行车位、垂直车位和斜车位的最小尺寸。平行车位在垂直车道方向上的长度为2.5m,平行车道方向上的长度为6m;垂直车位在垂直车道方向上的长度为6m,平行车道方向上的长度为2.5m;斜车位在垂直车道方向上的长度为6m,平行车道方向上的长度为2.8m。对于自动泊车系统而言,最小尺寸的垂直车位和斜车位均能满足泊车要求。但是平行车位平行车道方向上的长度未必满足泊车要求,因此需要单独计算出满足自动泊车系统的平行车位的最小尺寸。

分析倒车过程难度较大，为了降低分析难度，可以采用逆向分析，即分析目标车辆驶出车位的过程。目标车辆能够无碰撞驶出车位时，所需要的最小车位即为平行车位自动泊车所需要的最小车位。

（3）泊车起始点区域的计算　自动泊车系统启动后，自动泊车系统先进行车位检测，当自动泊车系统检测到了可用的车位后，还需要将车辆停放到指定位置，才能保证自动泊车系统顺利运行，即需要保证目标车辆距离车位的横向距离和纵向距离的合理性。横向距离过小或纵向距离过小都会导致泊车失败。因此计算出泊车起始点区域对泊车系统具有重要意义。

图 5-9 所示是三种车位自动泊车过程示意图。平行车位自动泊车过程示意图如图 5-9a 所示，泊车过程可以由以下步骤完成：目标车辆初始位置为 C_0，沿直线 l_0 行驶至 C_1；目标车辆在 C_1 点以 R_1 为转弯半径沿着圆弧 C_1C_2 驶至 C_2 点；随后沿直线 l_1 行驶至 C_3 点，最后以 R_2 为转弯半径沿着圆弧 C_3C_4 驶至 C_4 点。泊车过程完成。

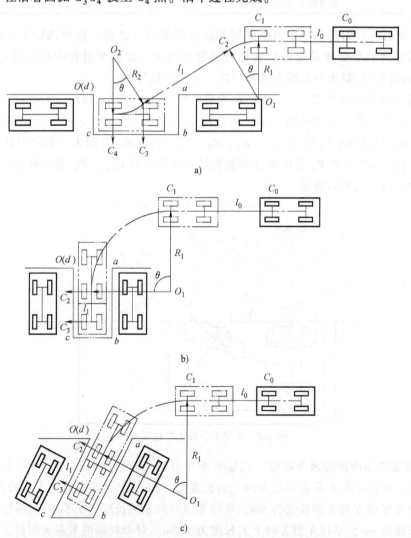

图 5-9　平行车位/垂直车位/斜车位自动泊车过程示意图

a）平行车位自动泊车过程示意图　b）垂直车位自动泊车过程示意图　c）斜车位自动泊车过程示意图

垂直车位自动泊车过程示意图如图 5-9b 所示，泊车过程可以由以下步骤完成：目标车辆初始位置为 C_0，沿直线 l_0 行驶至 C_1；目标车辆在 C_1 点以 R_1 为转弯半径沿着圆弧 C_1C_2 行驶至 C_2 点；随后沿直线 l_1 行驶至 C_3 点。泊车过程完成。

斜车位自动泊车过程示意图如图 5-9c 所示，泊车过程可以由以下步骤完成：目标车辆初始位置为 C_0，沿直线 l_0 行驶至 C_1；目标车辆在 C_1 点以 R_1 为转弯半径沿着圆弧 C_1C_2 行驶至 C_2 点；随后沿直线 l_1 行驶至 C_3 点。泊车过程完成。

1. 自动泊车路径规划

泊车路径可定义为：连接车辆泊车起始点与终止点，并引导车辆安全进入目标车位，最终到达目的点的可行驶路径。由此可知泊车路径需满足两个要求：①安全性，即车辆沿着泊车路径运动时不与周围物体发生碰撞；②可跟踪性，即满足车辆行驶性能约束（最小转弯半径、转向系统最大转向速度、转向系统最大转向角加速度等）。

自动泊车系统的路径规划需要保证所规划的路径能够连接目标车辆的起点和终点。若因为泊车空间而不能满足，可以依靠路径跟踪进行弥补。

平行车位/垂直车位/斜车位自动泊车系统路径规划的基本流程见表 5-3。

表 5-3 平行车位/垂直车位/斜车位自动泊车系统路径规划的基本流程

第一步	确定规划路径的曲线类别
第二步	确定目标车辆的起始点和终止点以及在此两点处的车辆姿态。目标车辆的起始点位置由目标车辆上的传感器和车位检测策略确定
第三步	确定避障约束。当检测到可用的平行车位后，所规划的路径除了要满足起始点和终止点的位置约束和姿态约束外，还需要考虑避障约束，即目标车辆在倒车入库的过程中不能与车位发生碰撞

2. 自动泊车的路径跟踪

由前面的泊车路径规划可知，泊车路径函数为含有多个变量，且有多个非线性约束的函数，在线实时路径规划较困难。为降低泊车系统计算工作量，离线自动泊车方式将设计好的泊车路径存储到泊车系统中，在实际泊车过程中，泊车系统根据车位和车辆泊车起始点位置信息，从存储器中选取合适的泊车路径，并控制车辆跟踪该路径。

智能车辆路径规划的控制策略有很多种算法均可实现，本书以模糊控制算法为例。

理想的自动泊车系统能够使目标车辆顺利抵达预设的坐标，同时也能保证其姿态达到预设的要求。所以，自动泊车系统的路径跟踪不仅要求能够做到位置跟踪，同时还得保证航向角的跟踪。因此，模糊控制器的输入端信号包括了位置误差。又由于航向角误差可以反映出位置的变化率，而且对于控制目标而言更加直接，所以模糊控制器的输入端信号还要包括航向角误差。

具体的模糊控制方法为：

第一步：通过目标车辆的二自由度运动模型计算出目标车辆的位置和航向角，然后与规划的路径曲线相比较，计算出目标车辆与目标轨迹的位置误差和该位置的航向角误差。

第二步：将计算的位置误差和航向角误差输入到模糊控制器，由模糊控制器进行模糊化、逻辑推理和反模糊化，计算出该时刻转向角的数值。

第三步：将模糊控制器计算出的转向角数值输入到目标车辆的二自由度模型，和速度信号共同控制车辆的运行，并将结果反馈到第一步。由此构成循环反馈。

5.4　多车协同控制

近年来智能交通系统（intelligent transportation system，ITS）成为世界交通运输的前沿研究领域，也是未来交通系统的重要发展方向，被视为能有效地缓解交通拥堵、事故频发和环境污染等工业社会问题并节约能源的新途径，而多车协同驾驶系统是 ITS 发展过程中的关键内容，已成为欧、美、日等交通发达国家和地区研究、推广和应用的重点。

多车协同具体应用场景是车队协同控制，旨在兼顾道路交通安全的前提下，充分利用道路容量，将具备自主行驶能力的若干车辆组成一列或多列具有行驶速度相同、车辆间距小的柔性汽车队列。根据不同的交通状况和车辆行驶需求，在智能车路系统的综合管理控制和人车交互的作用下，车队可以实现自主等速巡航、变速跟随、组合驶离等多工况下的协同驾驶，可有效减少人为因素引发的交通事故；以最优匹配的固定车速与车距进行协同行驶能大大降低车辆的行驶空气阻力，节约能源并降低二氧化碳排放；同时增强了交通流的可组织性，有利于综合管理，使交通动态变化的随机性减弱，确定性增强，从而提高车流密度和交通运输效率。因此车队协同驾驶从系统设计的角度提出了一种高效、安全、环保和舒适的交通运行模式，可达到优化利用系统资源、提高道路交通安全和缓解交通拥堵的目标。

运行在自动化高速路环境下的物流货车与乘用车辆是车队协同驾驶技术应用与推广的主要对象，对物流运输而言意义尤为重大，可减小物流公司对经验丰富的货车驾驶人的依赖性，降低运营成本并提高物流运输过程中的安全性和效率。此外，还可以应用于拥有专属路权的快速公交车辆和矿林区作业的运输车队，车队协同驾驶系统是对有限资源和现有技术的高效整合，具有巨大的应用前景和研究价值，其应用场景如图 5-10 所示。

图 5-10　车队协同应用场景

5.4.1　多车协同控制系统架构

车队协同驾驶系统很好地将现代交通运输对安全、环保、节能和舒适的发展要求融合在一起，因此建立一个容错、高效与稳健的系统架构是快速开展协同驾驶技术研发的关键，车队协同驾驶体系架构如图 5-11 所示，其架构的总体技术要求如下：

1）分层控制应具有一定的柔性和扩展性，主控制层下面包含若干子控制层，随着技术研发的逐渐成熟，允许各功能模块的添加与修改，便于协同驾驶系统的完善与升级。

2）模块化的结构特点将整个系统进行细分，有利于各子系统的独立设计、实施与测试，加快车队协同驾驶系统细分技术的成熟和产品化。

3）系统架构需实现对车辆行驶状态、道路状况、交通流以及突发事件实时监测与快速响应，系统架构中的分散控制器需要在确定的时间产生控制作用。

4）系统架构应具有较强的稳定性和可靠性，避免子功能模块的失效导致交通流紊乱，甚至瘫痪，因此应具备容错与应急功能设计。

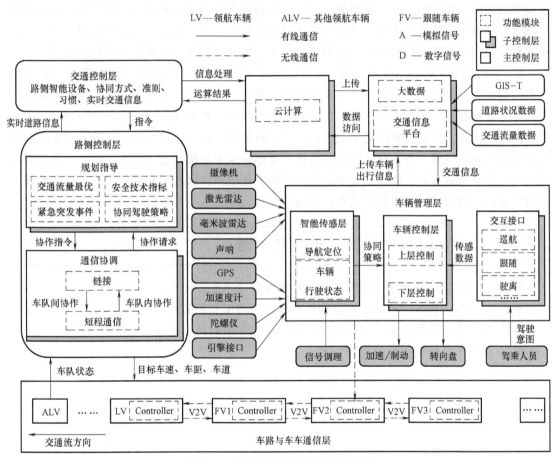

图 5-11 车队协同驾驶体系架构示意图

5.4.2 多车协同控制关键技术

1）多模式通信技术。协同式自适应巡航控制（cooperative adaptive cruise control，CACC）是基于车车通信技术，通过车车协同控制，实现车辆的队列行驶。它可以看作是自适应巡航控制的拓展，用无线通信的方式把多辆跟驰车辆联系起来形成队列，移动通信设备一方面把车辆自身状态信息发送给车队中的其他成员，另一方面负责接收其他车辆传递的信息，所以无线通信必须保证具有实时性。除此之外，通信的安全性和可靠性对于交通安全也至关重要，车辆只有接收到正确有效的信息，才能在正确的控制策略模式下控制车队行驶，避免碰撞。随着通信技术的快速发展，车车协同控制技术通信模式的选择也越来越多，

IEEE802.11 无线局域网以及 IEEE802.11p 专用短程通信在车联网中都具有良好的效果，飞速发展的 4G/5G 技术也会给车车协同控制带来更多通信模式的选择。多种通信模式在不同应用条件下的使用及切换，有利于推动车车协同技术的发展，从通信标准的制定到关键技术开发再到试验测试，车车通信技术是发展车队协同控制最重要的一环。

2) 车载环境感知和精确定位技术。车队无论在什么样的场景下协同行驶，车辆自身对周围环境的感知和利用组合惯性导航对车辆的精准定位都是不可缺少的。车队中的车辆不但要完成纵向的协同控制，在一定场景下还要完成协同车队换道，路口转弯等任务。通过视觉检测可以获取车道线等行车周围准确可靠的环境信息，再融合惯性导航定位和卫星定位可以把车辆定位误差缩减至厘米级别，这对提高车车协同安全控制的可靠性具有积极意义。

3) 不同场景下的协同控制技术。在不同场景下完成车车协同任务的策略和难度都有所区别。例如，在高速公路上完成货车车队协同，就要严格控制车速和车间距，货车在跟驰的过程中，要防止其他车辆的插入就要保证较小的车间距，在高速公路上行驶的车辆对车速有最小的限制，高速行驶的车辆对安全性就提出了较高的要求。虽然在高速公路上对车队的横向协同控制要求较低，但是车队的高速更换车道也是需要解决的技术难题。由此，不但要采用合理的控制策略，设计能保证安全的跟驰算法，还要保证队列跟驰的稳定性，使跟驰误差不会向队列尾部放大，还要使其具有广泛的适用性。

思 考 题

5-1 简述全局路径规划与局部路径规划的各自特点及应用场合。

5-2 讨论与分析人工势能法在车辆路径规划中的优点和缺点。

5-3 参考人工智能书籍，试着描述深度学习在车辆路径规划及跟随中的作用。

5-4 阐述车队协同控制的关键技术。

第6章

智能车辆感知系统

　　视觉感知技术是智能汽车的关键技术，其作用是使用摄像头（或相机）对车辆四周的道路环境状况进行监测，通过对视频数据的分析与处理，获得车辆前方的可行驶区域和道路上的交通标识、行人、车辆、障碍物等环境信息，协助智能车辆控制系统完成控制决策。

　　本章的主要内容包括：智能车辆的感知系统简介、双目视觉、车道线和路面的识别、车辆与行人识别与追踪、道路交通标识的识别以及多传感器融合技术简介，基本涵盖了智能车辆感知系统中使用的关键技术。

6.1　智能车辆的感知

　　环境感知是研究汽车智能驾驶技术的基础，车辆通过传感器可以获得行驶路径、障碍物、交通标识等驾驶环境信息，进而才能进行决策规划和运动控制，因此环境感知在智能驾驶技术中起着至关重要的作用，是实现辅助驾驶及车辆完全自主驾驶的前提条件。智能车辆的感知技术涉及的关键内容主要有三个方面：传感器、环境检测、定位与导航。

1. 传感器

　　传感器是智能车辆进行感知的工具，汽车传感器可分为车辆感知和环境感知两大类。动力、底盘、车身及电子电气系统中的传感器属于车辆感知范畴，ADAS以及无人驾驶系统中引入的车载摄像头、毫米波雷达、激光雷达等属于环境感知范畴。三款无人驾驶汽车的传感器配置见表6-1，其常用的环境传感器一般包括激光雷达、毫米波雷达、摄像头和超声波传感器。

表 6-1　无人驾驶汽车传感器配置

车型	主要配置
百度无人车	三维(3D)激光雷达、雷达、摄像头等
奥迪 A8	1个激光扫描仪、1个长距雷达、4个中距雷达、1个红外夜视摄像头、1个高清三维摄像头、4个高清鱼眼摄像头、12个超声波传感器等
特斯拉 Model S	1个长距离雷达、1个摄像头、12个长距离超声波距离传感器等

　　激光雷达利用旋转的反射镜将激光发射出去，通过测量发射光和反射光之间的时间差来测量距离，其中三维激光雷达的反射镜附有一定范围的俯仰运动，可获取物体的高精度三维信息，但是激光雷达容易受到雨、雪、雾的干扰，并且价格昂贵。激光雷达的参数型号见表6-2。

表 6-2　激光雷达的参数型号

公司	线数	测量范围			距离精度/cm	角分辨率	
		距离/m	水平视场/(°)	垂直视场/(°)		水平/(°)	垂直/(°)
HDL，Velodyne	64	120	360	26.8	<2	0.09	0.4
	32	120	360	40	<2	0.16	1.33
IBEO LUX	8	120	110	6.4	<10	0.125	0.8
	4	120	110	3.2	<4	0.125	0.8
SICK LMS511	单线	26~80	190	—	100	0.25	—

毫米波雷达是指发射波长为 1~10mm、工作频率在 30~300GHz 频域的雷达，毫米波雷达利用多普勒原理，对动态目标检测效果好，不受恶劣天气的影响，对烟尘、雨、雾有良好的穿透传播特性。但是毫米波雷达通常视场较小，并且毫米波在大气中传播衰减较为严重。常见的毫米波雷达参数型号见表 6-3。

表 6-3　毫米波雷达参数型号

公司/型号	测量范围			距离精度/m	角分辨率/(°)
	分类	距离/m	方位角/(°)		
Continental ARS308	长距	200	±5	2	1
	中距	60	±17	0.4	0.1
Delphi ESR	长距	175	±10	0.5	0.5
	中距	60	±45	0.25	0.1

摄像头主要用于车道线检测、识别障碍物及交通标识等。摄像头的成本低廉，技术相对比较成熟，但是存在受环境光影响较大、难以准确获得三维信息等问题。主流摄像头参数型号见表 6-4。

超声波传感器传播的是频率高于声波的机械波，在空气中传播时能量有较大衰减，因此超声波雷达主要用于近距离的对感知精度要求不高的障碍物检测。超声波传感器种类众多且价格低廉，通常一辆车上会安装多个超声波传感器，用于避免低速时的碰撞。

表 6-4　主流摄像头参数型号

公司/型号	主要参数		有效像素（横向×竖向）
	每秒帧数	像元尺寸/μm(长×宽)	
Point Grey Firely	60	6.0×6.0	752×480
IDS uEye XS	30	1.4×1.4	2592×1944

2. 环境检测

智能车辆的决策系统需要获得环境信息，包括可通行区域、交通标识、行人、车辆及障碍物，并计算行人、车辆及障碍物的相对距离。智能车辆需要检测的目标及相应传感器见表 6-5。

表 6-5 智能车辆需要检测的目标及相应传感器

检测目标	子类	传感器
交通标识	信号灯	摄像头
	标志	
道路	车道线	摄像头
	道路边沿	
环境目标	行人	摄像头+毫米波雷达
	车辆	摄像头+激光雷达等

人类在驾驶过程中的大多数环境信息来源于视觉，视觉系统视场宽且成本低，虽然视觉感知容易受到环境的影响，但是它能够提供边缘信息等，具有识别对象和分类的巨大潜力。因此基于视觉的环境检测是智能车辆环境检测技术的主要发展方向。

3. 定位与导航

智能车辆在行驶过程中不仅需要探测周围环境信息，还需要获得车辆与外界环境的相对位置关系并确定绝对位置，定位与导航也是环境感知的关键技术之一。

卫星导航系统在智能车辆的定位与导航中占据着重要位置，目前主要有美国的 GPS、我国的北斗卫星导航系统、俄罗斯的 GLONASS、欧盟的 GALILEO 四大全球卫星导航系统。目前应用最为广泛的卫星导航系统是 GPS，它可以向全球用户提供连续、实时、高精度的三维位置、三维速度和时间信息，具有较高的定位和测速精度。但是在山区、隧道和高楼林立高架纵横的城市等环境中，GPS 信号容易受到干扰，如果信号丢失，重捕后再次定位时间较长，严重影响车辆正常的定位与导航。通常在卫星导航系统的基础上结合其他技术来提高定位与导航的精度和保证系统的可靠性。目前常用的定位与导航技术见表 6-6。

表 6-6 常用定位与导航技术

定位导航技术	基 本 原 理
卫星导航定位	通过综合多颗位置已知的卫星与接收机之间的距离数据
惯性导航(INS)	以牛顿力学定律为基础，根据陀螺仪和加速度计的输出建立导航坐标系并解算出车辆在坐标系中的速度、偏航角和位置等消息
航迹推算(DR)	利用上一时刻的位置，根据实测的行驶距离、航向和速度信息，推算得到当前时刻的位置和行驶轨迹
地图匹配(MM)	将车辆位置与数字地图中的道路网络数据进行比较和匹配，找到车辆所在路段并计算出车辆投影在路段上的确切位置
同时定位与地图创建(SLAM)	在移动过程中根据环境信息进行自身定位，同时创建环境地图并实时更新，实现自主定位与导航

6.1.1 基于激光雷达的感知系统

随着智能车辆研究的不断深入，基于激光雷达的目标检测方法得到了较为广泛的应用并取得了令人瞩目的成绩。目标检测中常用的激光雷达有三维激光雷达和单线激光雷达。目前大多数智能车研究均采用 Velodyne 三维 64 线激光雷达建立栅格地图，实现目标检测等环境感知功能。

1. 激光雷达测距原理

激光雷达是工作在光频波段的雷达，激光雷达系统由收发天线、收发前端、信号处理模块、汽车控制装置和报警模块组成，如图 6-1 所示。

激光雷达通过测算激光发射信号与激光回波信号的往返时间，计算出目标的距离和运动状态等信息，实现对目标的

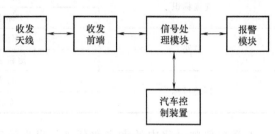

图 6-1　激光雷达组成

探测、跟踪和识别。根据发射激光信号的形式不同，分为脉冲法激光测距和相位法激光测距，如图 6-2 和图 6-3 所示。激光雷达特点见表 6-7。

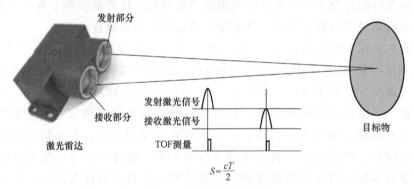

$$S=\frac{cT}{2}$$

图 6-2　脉冲法激光测距

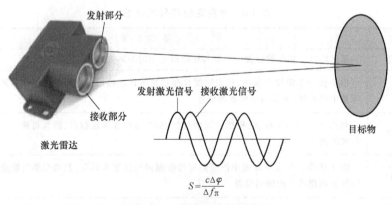

$$S=\frac{c\Delta\varphi}{\Delta f\pi}$$

图 6-3　相位法激光测距

表 6-7　激光雷达特点

优点	分辨率高,具有极高的角度、距离和速度分辨率;探测范围广,可达 300m;信息量丰富,全天候工作
缺点	易受到大气条件及工作环境烟尘影响;不具备识别交通标识的功能

2. 激光雷达感知原理和数据特点

现在自动驾驶中常用的激光雷达为机械式激光雷达，其由若干组可以旋转的激光发射器和接收器组成。每个发射器发射的一条激光束俗称"线"，主要有单线、4线、16线、32线、64线和128线。

常见机械式激光雷达中激光束是波长在900nm左右的近红外光（NIR），可以根据激光直接获得周围一圈的准确的三维空间信息。这种雷达的成像原理比较简单：发射器和接收器连接在一个可以旋转的机械结构上，某时刻发射器将激光发射出去，之后接收器接收返回的激光并计算激光与物体碰撞点到雷达原点的距离。

由于每次发射/接收的角度是预先设定的，因此根据距离、水平角度和垂直角度就能求出碰撞点相对于激光雷达中心的坐标。每条线每次发射激光得到的数据由一个四元组(x, y, z, i)表示，其中(x, y, z)是三维坐标，i表示反射强度。

以某款32线激光雷达为例，如图6-4所示，32根线从上到下排列覆盖15.0°~-24.9°。处于工作状态时，这32根线在水平平面旋转可以采集一周360°的数据。雷达的旋转速度和角分辨率是可以调节的，常用速度为10Hz（100ms转一圈）对应每0.2°采集一次数据，即一周可以采样的数据为360°/0.2°=1800个。

由于光速非常快所以在1800个中的任何一个位置进行一次发射和接收动作可以看成是瞬时完成的。受到硬

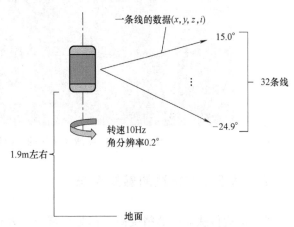

图6-4 某32线激光雷达的成像原理示意图

件能力的限制，一般转速越快则发射和接收激光的次数越少，即角分辨率越小。常用激光雷达采集到的数据点距离雷达中心一般不会超过150m。通常采集到的360°的数据被称为一帧，上面的例子中一帧数据在理论上最多包含32×（360°/0.2°）=57600个点。

在实际情况中，如果激光雷达被放置在车的上方大约距地面1.9m的位置，则在比较空旷的场景中大约获得40000个点，一部分激光点因为被反射向天空或被吸收等并没有返回到接收器，也就无法得到对应的点。图6-5所示是典型的一帧数据的三维可视化图。

激光雷达具有不受光照影响和直接获得准确三维信息的特点，因此常被用于弥补摄像头传感器的不足。激光雷达采集到的三维数据通常被称为点云，激光雷达点云数据有很多独特的地方：

1）距离中心点越远的地方越稀疏。

2）机械激光雷达的帧率比较低，一般可选5Hz、10Hz和20Hz，但是因为高帧率对应低角分辨率，所以在权衡了采样频率和角分辨率之后常用10Hz。

3）点与点之间根据成像原理有内在联系，比如平坦地面上的一圈点是由同一个发射器旋转一周生成的。

4）激光雷达生成的数据中只保证点云与激光原点之间没有障碍物以及每个点云的位

置有障碍物，除此之外的区域不确定是否存在障碍物。

5）由于自然界中激光比较少见，所以激光雷达生成的数据一般不会出现噪声点，但是落叶、雨雪、沙尘、雾霾可能会对其造成影响，产生噪声点。

6）与激光雷达有相对运动的物体的点云会出现偏移，如采集一圈激光点云的耗时为100ms，在这一段时间如果物体相对激光有运动，则采集到的物体上的点会被压缩或拉伸。

图 6-5　某 32 线激光雷达的一帧数据的三维可视化图

6.1.2　基于微波雷达的感知系统

激光雷达传感器虽然精度高，但是在雾霾、大雨等情况下，其探测指标会显著下降。红外线相机可以根据物体的红外特征，显示物体的轮廓，其缺点是温度稳定性差，难以适应恶劣天气。超声波传感器探测距离较近，一般应用于汽车倒车测距。摄像头可以识别道路标志等，但其在逆光、弱光环境下性能变差，图像处理算法复杂。微波雷达探测距离相对较远，测距、测速精度较高，并且可以适应全天候的气象条件，价格相对较低。因此，微波雷达在汽车自适应巡航系统、盲区监测系统中得到应用，可以预见，微波雷达在智能车辆中的应用将越来越广泛。

各种传感器优缺点对比见表 6-8。

表 6-8　各种传感器优缺点对比

种类	优点	缺点
激光雷达	距离测量精度高,空间分辨能力高	受天气影响较大
红外相机	可以感知物体红外特征并成像	价格高,受环境温度影响较大
超声波传感器	体积小,价格便宜	测量距离近
普通摄像头（图像处理）	可以识别道路标志等,双目相机可以较精确定位	受天气影响较大,环境逆光,弱光性能差,图像处理复杂
微波雷达	测距、测速精度高,探测距离远,可以全天候工作,环境影响小	现阶段不支持成像

毫米波雷达的波长介于微波与光波之间，可以获得目标物体的相对距离、相对速度以及方位角等信息，并且毫米波雷达的探测性能稳定，适应环境的能力较强，相同的测量条件下，与其他传感器相比，毫米波雷达具有结构简单、分辨率高、尺寸小、价格低等特点，因此能够满足智能车辆对环境感知的要求。

毫米波雷达的缺点主要是在传播过程中，毫米波会受到空气中水蒸气及氧分子的影响，因为这些气体产生的谐振会造成毫米波频率被吸收或者散射，产生严重的衰减，因此在实际应用中需要寻找合适的频率来降低毫米波在空气传播中的衰减。

经过多年的研究发展，当前用于防撞的微波雷达频段应用主要集中于 24GHz 和 77GHz 这两种频段，并且朝着 79GHz 频段发展。受限于成本，根据实际应用的需求，24GHz 频段雷达主要用于汽车盲区监测系统，77GHz 频段雷达主要用于自适应巡航控制系统。汽车盲区监测系统主要监测汽车后方左右车道 10m 内以一定的速度靠近的目标。比如汽车、摩托车等，这就需要雷达具有探测、分辨多目标的能力。

微波雷达在汽车上主要以毫米波雷达为主，毫米波雷达按照工作体制的不同分为两类：脉冲式毫米波雷达与调频式连续波毫米波雷达。

脉冲式毫米波雷达是根据发射与接收的脉冲信号之间的时间差来计算目标的距离的。如果目标的距离较近，那么脉冲信号的发射与接收之间的时间差相对较小，雷达计算目标距离的时间有限，所以需要系统采用高速的信号处理技术，这样脉冲式毫米波雷达的近距离探测技术复杂，成本较高。因此在实际应用中，一般选择结构相对简单、成本低廉的调频式连续波毫米波雷达。

毫米波雷达利用多普勒效应来测量得出不同距离目标的速度。多普勒效应是指发射源向给定的目标发射微波信号，发射频率和反射回来的频率存在差值，然后分析频率差值，就可以精确测量出目标相对于雷达的运动速度等信息。

1. 毫米波雷达测距原理

雷达的调频器通过天线发射连续波信号，发射信号遇到目标后，经过目标的反射会产生回波信号，发射信号与回波信号相比，有相同的形状，只是时间上存在差值，以发射信号为三角波为例，则发射信号与返回的回波信号对比如图 6-6a 所示。

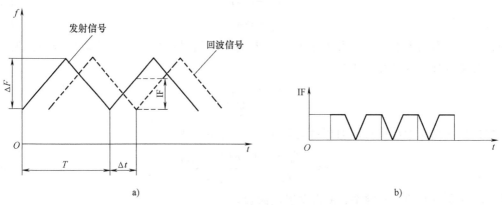

图 6-6　调频式连续波毫米波雷达测距原理

雷达探测目标的距离半径 R 为

$$R = \frac{\Delta t c}{2} \qquad (6\text{-}1)$$

式中，Δt 为发射信号与回波信号的时间间隔（ms）；c 为光速。

IF 变化图像如图 6-6b 所示，发射信号与回波信号形状相同，因此根据三角函数关系式可得

$$\frac{\Delta t}{\text{IF}} = \frac{T/2}{\Delta F} \qquad (6\text{-}2)$$

式中，T 为发射信号的周期（ms）；ΔF 为调频带宽；IF 为发射信号与回波信号混频后的中频信号频率。

根据上面两式可得目标距离 R 与中频信号间的关系式为

$$R = \frac{cT}{4\Delta F}\text{IF} \qquad (6\text{-}3)$$

2. 毫米波雷达测速原理

当目标与雷达信号发射源之间存在相对运动时，除了目标反射的回波信号与发射信号间存在时间差外，回波信号的频率与发射信号之间会产生多普勒位移 f_d，对比图如图 6-7 所示。

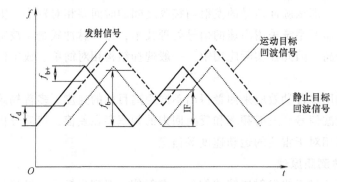

图 6-7 调频式连续波毫米波雷达测速原理

图 6-7 中，中频信号在信号的上升阶段的频率 f_{b+} 与下降阶段的频率 f_{b-} 分别为

$$f_{b+} = \text{IF} - f_d \qquad (6\text{-}4)$$

$$f_{b-} = \text{IF} + f_d \qquad (6\text{-}5)$$

式中，IF 为发射源与目标处于相对静止状态时的中频信号频率；f_d 为发射信号与回波信号间的多普勒位移，其计算方法为

$$f_d = \frac{f_{b-} - f_{b+}}{2} \qquad (6\text{-}6)$$

根据多普勒原理计算目标的相对运动速度 v，计算式为

$$v = \frac{c(f_{b-} - f_{b+})}{4f_0} = \frac{\lambda(f_{b-} - f_{b+})}{4} \qquad (6\text{-}7)$$

式中，f_0 为发射波的中心频率；λ 为发射波波长。

雷达相对于世界坐标系的偏移向量为 $\boldsymbol{T}_r$，雷达坐标系扫描的极坐标系与三维世界坐标系转换关系如式（6-8）所示：

$$\begin{cases} x_w = R\sin\theta + T_{r,x} \\ y_w = T_{r,y} \\ z_w = R\cos\theta + T_{r,z} \end{cases} \tag{6-8}$$

式中，R 为毫米波雷达扫描到的目标的相对距离；θ 为相对角度。

通过毫米波雷达的环境感知，可以得到目标的分布状态，将目标的分布按照目标的坐标位置进行划分，以实现可通行区域的选择。

6.1.3 基于机器视觉的感知系统

在基于机器视觉的环境感知技术中，面向结构化和野外环境的研究较早，并已取得了较为完善的研究成果，但对于城市环境的研究尚处于发展阶段。就目前发展来看，面向城市环境的实用系统更倾向于采用成本低廉、信息量大的机器视觉技术。机器视觉技术在智能车辆中的典型应用，如图 6-8 所示。

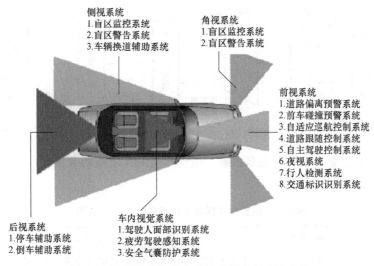

图 6-8　机器视觉技术在智能车辆中的典型应用

目前，很多公司已经将机器视觉技术应用到智能辅助驾驶系统的研发中。Mobileye 公司基于单目视觉研发了车载视觉 ADAS 系统，同时实现了对多种类型车辆、行人目标检测和测距，以及对不同道路交通标识的识别，如图 6-9 所示。该系统集成了 LDW、FCW、AEBS 等全面的 ADAS 系统解决方案，并已经大量装备于宝马、奔驰、沃尔沃等车型。

基于机器视觉的环境感知方法具有信息量大、成本低的优势，但也具有相应的缺点，其计算方法相对复杂，需要实时性高和鲁棒性强的检测与识别算法作为支撑。另外天气、光照和复杂场景等非确定性因素变化，都会对识别结果产生影响，算法需要具有较高的环境适应性。

1. 视觉传感器

视觉传感器被广泛应用到智能车辆的环境感知系统。测距传感器和图像传感器的融合能发挥二者的长处，在获取车辆环境信息和目标识别等方面优势明显。

视觉传感器主要有光源、镜头、图像传感器、模/数转换器、图像处理器、图像存储器等组成，如图 6-10 所示，以实现车道线识别、障碍物检测、交通标识和地面标志识别、交通信号灯识别、可通行空间检测等功能。

图 6-9 Mobileye 车辆行人检测效果

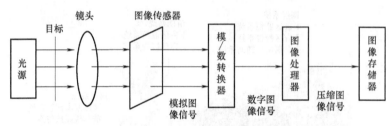

图 6-10 视觉传感器组成结构

视觉传感器是智能车辆实现众多预警、识别类 ADAS 功能的基础，广泛应用于各 ADAS 系统中，见表 6-9。

表 6-9 视觉传感器在智能网联汽车上的应用

ADAS	使用摄像头	具体功能介绍
车道偏离预警系统	前视	当前视摄像头检测到车辆即将偏离车道线时发出警报
盲区监测系统	侧视	利用侧视摄像头将后视镜盲区影像显示在后视镜或驾驶舱内
自动泊车辅助系统	后视	利用后视摄像头将车尾影像显示在驾驶舱内
全景泊车系统	前视、侧视、后视	利用图像拼接技术将摄像头采集的影像组成周边全景图
驾驶人疲劳预警系统	内置	利用内置摄像头检测驾驶人是否疲劳、闭眼等
行人碰撞预警系统	前视	当前视摄像头检测到车辆与前方行人可能发生碰撞时发出警报
车道保持预警系统	前视	当前视摄像头检测到车辆即将偏离车道线时通知控制中心发出指示，纠正行驶方向
交通标识识别系统	前视、侧视	利用前视侧视摄像头识别前方和两侧的交通标识
前向碰撞预警系统	前视	当前视摄像头检测到与前车距离小于安全车距时发出警报

ADAS 功能不同，摄像头安装位置也不同，如图 6-11 所示。

车载相机传感器的工作原理是摄像头发生光线，当光线遇到障碍物时，会反射一部分光

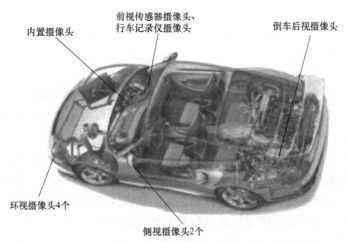

图 6-11　摄像头安装位置

线到镜头，经过摄像头的镜头聚焦到电荷耦合器件芯片上。电荷耦合器件根据光线的强弱积聚相应的电荷，经过周期性放电，则会产生表示一幅画的电信号，经过放大电路和自动增益控制，于是由图像处理芯片处理的数字信号，经过模/数转换到图像数字信号处理器中，通过提取图像中的障碍物，从而得到相应的物理信息。

主要应用于车载相机的传感器分为以下几大类：电荷耦合器件传感器（CCD）、互补金属氧化物半导体传感器（CMOS）、红外传感器（IR）和立体视觉传感器。

与其他环境感知传感器相比，相机传感器在对于障碍物边缘、范围和姿态等方面的检测效果更好，尤其是相机传感器对于障碍物的识别能力很强。但是一方面是制约于相机传感器的发展，另外一方面是其对光照非常敏感，比如在晚上，相机传感器的分辨能力就比较弱，并且相机传感器同时受场景的变化影响也很大，比如在交通拥挤的情况下，相机传感器就存在较多误报的情况。这些技术的局限性，都是制约相机传感器发展的因素。

2. 视觉感知关键技术

视觉感知主要用于检测动态（如车辆、行人）或静态（如车道、交通标识）障碍物，不同的障碍物会使车辆面临着不同的任务决策和驾驶规则。例如，一条道路对边界进行了严格定义，车辆必须在保证不超过边界的情况下安全行驶。近年来，主要集中于对车道、车辆、行人、交通标识的检测与研究。图 6-12 所示为视觉感

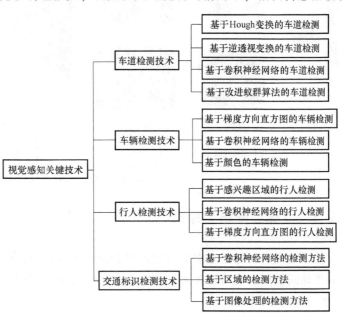

图 6-12　视觉感知的关键技术

163

知关键技术。

6.2 双目视觉

双目视觉是机器视觉中一个重要的分支，它能够帮助机器感知场景中物体的深度信息。在汽车辅助驾驶领域，通过双目视觉系统可获得智能车辆周边环境中的车辆、行人、障碍物等物体的深度信息。

双目视觉的研究最早起始于 20 世纪 60 年代中期。20 世纪 80 年代初，Marr 教授创造性地从信息融合的角度将神经生物学、视觉心理学和图像处理等不同交叉学科领域的研究成果结合在一起，提出了计算机视觉的理论框架。这一基础理论对双目视觉技术的发展产生了极大的促进作用，形成了从获取图像到最终恢复三维场景的完整体系。到 20 世纪 90 年代初，Barnard 等人在双目视觉理论基础上进行了总结提炼，将双目视觉的实现过程细分为具体的六个环节，进一步完善了双目视觉理论框架，如图 6-13 所示。

图 6-13　早期双目视觉算法步骤

在 20 世纪初，相关研究学者对双目视觉流程进一步细化，将双目视觉流程概述为以下四个步骤：图像获取、立体校正、立体匹配和三维重建，如图 6-14 所示。目前立体匹配是双目视觉系统中的难点，也是双目视觉中重要的研究方向。

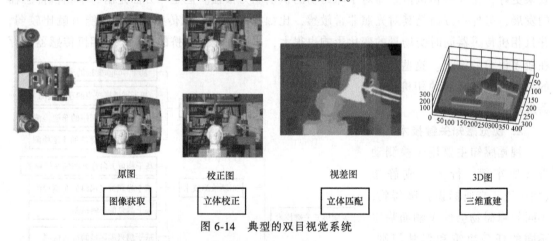

图 6-14　典型的双目视觉系统

6.2.1　立体匹配相关理论

立体匹配的目标是根据双目摄像机获取到的两幅图像信息，建立起周围环境中的物体在两幅图像间投影点的对应关系，即在左右图中找到属于同一个物体的两点。

1. 相机成像原理

小孔成像模型（pinhole model）属于一种全透视模型，经常被用来描述相机成像的过程，其成像过程如图 6-15 所示，其中物体 A 透过小孔 O 得到图像 a。小孔后面成像平面得到的图像是颠倒的，为了应用和理解方便，通常在小孔前面加一个虚构的成像平面。该平面获得的图像和场景中物体的方向和位置一致，常用来表示相机所得到的图像，如图 6-16 所示，其中场景的世界参考坐标系为 $O_W XYZ$，相机的参考坐标系为 $O_C xyz$。

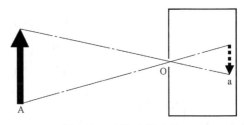

图 6-15　小孔成像过程

假设场景有一点 N，其世界坐标值则为 $N_W = [X_W, Y_W, Z_W]^T$，其相机坐标值为 $N_C = [x_C, y_C, z_C]^T$，N 在图像平面生成点为 n，其相机坐标值为 $n_C = [x_C, y_C, z_C]^T$，图像坐标系为 $O_I uv$，n 点在图像中坐标为 $n_I = [u_I, v_I]^T$，其中 N_W、N_C 和 n_C 的单位都是 mm，而 n_I 的单位是像素。相机的焦距，即成像平面到相机原点 O_C 的距离为 f。这些坐标系相互转化需要用到相机的内部参数和外部参数，内部参数包含 s_x、s_y、u_0、v_0、f 和 k_1，其中 s_x 和 s_y 是像素点在水平和垂直方向上的物理尺度因子，把以毫米为单位的坐标转化成以像素为单位的坐标；(u_0, v_0) 是成像平面的中心点；f 是相机的焦距长度；k_1 是摄像成像平面径向畸变参数。外部参数包含一个大小为 3×3 的旋转矩阵 R 和一个 3×1 的平移矩阵 T，平移矩阵能够定义相机的参考成像中心点在世界的参考坐标系下的位置，旋转矩阵能够定义相机的参考坐标系在世界的参考坐标系下的方向。因此这两个矩阵可以明确相机的参考坐标系与世界的参考坐标系之间的关系。对相机的标定过程就是求解这些内外部参数。

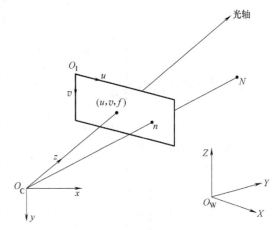

图 6-16　图像成像的过程

世界的参考坐标系中的一点 $N_W = [X_W, Y_W, Z_W]^T$ 经过三维转换可以得到其在相机的参考坐标系中对应坐标值 $n_C = [x_C, y_C, z_C]^T$，转化公式为

$$\begin{pmatrix} x_C \\ y_C \\ z_C \end{pmatrix} = \begin{pmatrix} T_{11} & T_{12} & T_{13} \\ T_{21} & T_{22} & T_{23} \\ T_{31} & T_{32} & T_{33} \end{pmatrix} \begin{pmatrix} X_W \\ Y_W \\ Z_W \end{pmatrix} + \begin{pmatrix} R_x \\ R_y \\ R_z \end{pmatrix} \tag{6-9}$$

式中，$T = \begin{pmatrix} r_{11} & r_{12} & r_{13} \\ r_{21} & r_{22} & r_{23} \\ r_{31} & r_{32} & r_{33} \end{pmatrix}$；$R = \begin{pmatrix} t_x \\ t_y \\ t_z \end{pmatrix}$。

简化式（6-9），N_W^1 是 N_W 的齐次坐标，则有 $n_C = D_1 N_W^1$，有

$$\begin{pmatrix} x_C \\ y_C \\ z_C \end{pmatrix} = \begin{pmatrix} r_{11} & r_{12} & r_{13} & t_x \\ r_{21} & r_{22} & r_{23} & t_y \\ r_{31} & r_{32} & r_{33} & t_z \end{pmatrix} \begin{pmatrix} X_W \\ Y_W \\ Z_W \\ 1 \end{pmatrix} \tag{6-10}$$

其中，$\boldsymbol{D}_1 = \begin{pmatrix} r_{11} & r_{12} & r_{13} & t_x \\ r_{21} & r_{22} & r_{23} & t_y \\ r_{31} & r_{32} & r_{33} & t_z \end{pmatrix}$。

那么相机的参考坐标系中点 $\boldsymbol{n}_C = [x_C , y_C , z_C]^T$ 到图像的参考坐标系中点 $\boldsymbol{n}_I = [u_I , v_I]^T$ 转化矩阵 $\boldsymbol{D}_2$，则有

$$g \begin{pmatrix} u_I \\ v_I \\ 1 \end{pmatrix} = \begin{pmatrix} \dfrac{f}{s_x} & 0 & u_0 \\ 0 & \dfrac{f}{s_y} & v_0 \\ 0 & 0 & 1 \end{pmatrix} \begin{pmatrix} x_C \\ y_C \\ z_C \end{pmatrix} \tag{6-11}$$

式中，g 为比例因子；$\boldsymbol{D}_2 = \begin{pmatrix} \dfrac{f}{s_x} & 0 & u_0 \\ 0 & \dfrac{f}{s_y} & v_0 \\ 0 & 0 & 1 \end{pmatrix}$。

结合式（6-10）和式（6-11）得

$$g \begin{pmatrix} u_I \\ v_I \\ 1 \end{pmatrix} = \begin{pmatrix} \dfrac{f}{s_x} & 0 & u_0 \\ 0 & \dfrac{f}{s_y} & v_0 \\ 0 & 0 & 1 \end{pmatrix} \begin{pmatrix} r_{11} & r_{12} & r_{13} & t_x \\ r_{21} & r_{22} & r_{23} & t_y \\ r_{31} & r_{32} & r_{33} & t_z \end{pmatrix} \begin{pmatrix} X_W \\ Y_W \\ Z_W \\ 1 \end{pmatrix} = \boldsymbol{D}_2 \boldsymbol{D}_1 \begin{pmatrix} X_W \\ Y_W \\ Z_W \\ 1 \end{pmatrix} \tag{6-12}$$

式（6-12）表示世界的参考坐标系中一点 N_W 到图像平面上一点 $\boldsymbol{n}_I$ 的转化过程。其中 $\boldsymbol{D}_1$ 代表相机的外部参数矩阵，而 $\boldsymbol{D}_2$ 代表相机内部参数矩阵，相机标定目的就是得到 $\boldsymbol{D}_1$ 和 $\boldsymbol{D}_2$。

2. 立体匹配的原理

双目视觉系统是采用两个相同的相机搭建，用来得到外界三维环境信息的视觉系统。平行光轴的双目视觉系统是双目视觉系统中最常见的一种系统，它和人眼结构类似。两个相机水平放置，光轴平行，成像平面在空间共面，而且两个相机的焦距和图像的中心点都一样，成像示意图如图 6-17 所示。相机的参考坐标系的原点是 O_C，它与左相机的成像中心点 O_L 重合，点 M 在相机的参考坐标系中坐标为 $M(x_C , y_C , z_C)$，点 M 在左图像坐标系中对应点为 $m(u, v)$，在右图像坐标系中对应点 $m_1(u_1, v_1)$，M 点对应的视差值 $d = u - u_1$。在平行放置的双目视觉系统中，$v = v_1$，这种情况下，双目视觉的匹配算法能够得到很大简化。

根据透视投影的计算公式可以得到 $m(u, v)$ 和 $m_1(u_1, v_1)$ 与 $M(x_C , y_C , z_C)$ 点之间的关系，即

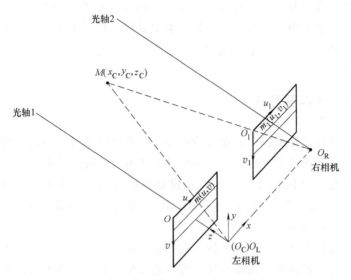

图 6-17　平行放置的双目视觉系统成像示意图

$$\begin{cases} u = \dfrac{x_C f}{z_C s_x} + u_0 \\[3mm] v = \dfrac{y_C f}{z_C s_y} + v_0 \end{cases} \qquad (6\text{-}13)$$

$$\begin{cases} u_1 = \dfrac{(x_C - B)f}{z_C s_x} + u_0 \\[3mm] v_1 = \dfrac{y_C f}{z_C s_y} + v_0 \end{cases} \qquad (6\text{-}14)$$

由于在平行光轴的双目视觉系统中视差值可以通过 $d = u - u_1$ 计算得到，因此可以推算出 $M(x_C, y_C, z_C)$ 的坐标值，见式（6-15）。通过式（6-15）可知，只要知道相机内部参数和双目视觉的基线长度，即可以估算出图像中的点对应的三维点。

$$\begin{cases} x_C = \dfrac{(u - u_0)B}{d} \\[3mm] y_C = \dfrac{(v - v_0)B s_y}{d s_x} \\[3mm] z_C = \dfrac{Bf}{d s_x} \end{cases} \qquad (6\text{-}15)$$

平行光轴的双目视觉系统由于其简单的几何关系能够大大简化三维重建和匹配算法。所以在双目视觉系统应用中，如机器人和无人驾驶汽车，通常都是采用平行光轴的双目视觉系统。

3. 立体匹配的约束条件

机器视觉的主要任务是处理视觉信息，从二维图像信息恢复三维的物理世界，让机器具有一些人眼的特性。这一处理过程本身属于逆过程，而且在成像过程中，由于系统畸变和噪声的存在，使得机器视觉任务变得非常困难，机器视觉实际上属于病态问题（ill-posed problem）。因此在解决机器视觉任务的时候，往往需要加入一些约束条件来简化图像处理算法。双目视觉的匹配算法也不例外，匹配算法的约束主要目的是减少视差值搜索范围和降低匹配点的歧义性，具体的约束条件包括极线约束、顺序约束、连续性约束、唯一性约束、对应约束和视差范围约束。

6.2.2 传统的立体匹配算法

立体匹配作为双目视觉系统中最重要的一环，许多研究学者试图定义出它通用的算法流程，以推进立体匹配算法的标准化，进一步提升算法的实用性。其中，受到学术界普遍认可的算法流程是把传统立体匹配算法匹配的过程分为四大步骤：①匹配代价计算（matching cost computation）；②代价聚合（cost aggregation）；③视差值估算（disparity optimization）；④视差优化（disparity refinement）。

匹配代价计算的过程就是寻找一种相似性度量函数，来计算左右两幅图像任意两个像素之间的相似程度。两个像素相似程度越高，则匹配代价越低，这两个点成为匹配点的概率就越高。但如果只计算两个点之间的相似程度，则容易受到噪点的影响，导致误匹配。为了提高匹配算法的鲁棒性，通过代价聚合的方式，将某个像素点邻域范围内的多个像素点的匹配代价值，按照一定的方式聚合起来（通常是加权求和）作为中心像素点的匹配代价。这一方法起到空间滤波的作用，可以大大提高匹配代价计算的准确性。当匹配代价计算完成，则要根据匹配代价来计算视差，最简单的方式就是选择匹配代价最低的点作为匹配点来计算视差值。这种方式为局部算法，仅仅单独考虑每个点匹配情况，而忽略了相邻像素点之间的关系，导致视差的连续性较差。全局算法则是构建一个全局能量方程，寻找使得这个方程能量最低的视差组合，并以此作为视差计算结果。最后，根据立体匹配的约束条件，对计算得到的视差图进行精细化处理，提高视差图的连续性，这一步操作通常称为视差优化。

1. 匹配代价计算

匹配代价计算是双目匹配的第一步，它会计算每个像素点的所有可能的视差值的匹配代价，然后建立视差空间图像（disparity space image，DSI）。它通常运用基于像素的相似性测量准则来计算参考图中某一像素点与匹配图中可能的匹配点之间的相似度。匹配代价计算主要分为参量化代价（parametric costs）和非参量化代价（nonparametric costs）。所有的参量化代价计算方法都是基于像素点灰度值计算得到，常见的参量化代价计算方法有以下几种：灰度值的绝对值差值（absolute difference，AD）、灰度值的绝对值差值之和（sum of absolute difference，SAD）、零均值灰度值的绝对值差值之和（zero-mean sum of absolute difference，ZSAD）、截断上限灰度值的绝对值差值（TAD）、归一化交叉相关（normalized cross correlation，NCC）。

非参量化代价计算方法只考虑匹配点邻域内像素点的顺序，因此能够处理灰度值差异不大的像素点间相似度计算问题。常见的非参量化代价计算方法有统计变化（census transformation，CT）和交叉比较统计（cross-comparison census，CCC）。

为了提高匹配代价计算的准确率，很多双目视觉匹配算法把以上几种相似性测量准则结合在一起，以充分利用不同相似性测量准则的优点。具体包括：

1）AD-census 结合算法。该算法将 AD 算法与 CT 算法结合起来，可以充分利用两种算

法的优势。

2）基于灰度梯度图的 AD-census 结合算法。该算法与 AD-census 的区别在于其不是直接用灰度图进行计算，而是先求出每个像素点的灰度梯度，然后对梯度图进行处理。灰度梯度在图形边缘较大，在图形内部较小，因此可以很好地保留图形的边缘信息。该算法对辐射畸变与重复纹理区域不太敏感，但在误差像素阈值为 1 个像素时，表现不如 AD-census 算法。

3）基于灰度梯度相似性度量与 SAD 结合算法。由于传统的 SAD 算法对于左右图片光照一致性的要求较高，而基于灰度梯度的相似性度量方法对光照差异、图像畸变的鲁棒性较高，因此将两种算法结合起来。

4）CT 与灰度相对差值均值结合算法。该算法引入了新的算法灰度相对差值均值相似性度量，算法的本身借鉴了 CT 算法的思想，对于一个支持窗口的中心元素，分别求它与其他像素点的灰度差值的绝对值，并融合 CCC 稀疏算法，允许按照一定的步长间隔选取点，来计算灰度差值，而并非将匹配窗口中的所有像素点都求灰度差。

2. 代价聚合

代价聚合是匹配算法流程中重要的一步，它是对匹配代价得到的结果进行聚合操作，即对聚合窗口内的像素点进行加权求和，计算得到的结果为代价聚合值。这样做的好处在于极大减少了代价计算阶段中噪点的影响，起到空间滤波的效果，提升了匹配过程中的鲁棒性。常见的代价聚合算法如下：

基于双边滤波器的自适应权重成本聚合算法（bilateral support weights，BL）。

双边滤波器是最为典型的自适应权重成本聚合算法，其他自适应权重算法基本都是在继承 BL 算法的思想基础上，做出了改进与优化。双边滤波器的思路也很简单，利用颜色的相似度和坐标距离的远近来决定权重的大小，这是基于一定的假设——同一平面上同一物体的颜色变化不大而且距离较近，因此匹配窗口中的其他像素点与中心点的颜色相似度越高，距离越近，权重就越大，反之权重越小。如下式：

$$W_{\mathrm{BL}}(p,q) = \exp\left\{-\left[\frac{\mathrm{Col}(p,q)}{\gamma_{\mathrm{c}}} + \frac{\mathrm{Dist}(p,q)}{\gamma_{\mathrm{d}}}\right]\right\} \tag{6-16}$$

其中，

$$\mathrm{Col}(p,q) = \sum_{i=1}^{3}\left[\mid I^{i}(p) - I^{i}(q)\mid\right] \tag{6-17}$$

$$\mathrm{Dist}(p,q) = \sqrt{(p_x - q_x)^2 + (p_y - q_y)^2} \tag{6-18}$$

$\mathrm{Col}(p,q)$ 表示颜色相似度；i 代表颜色通道，对于灰度图，$i=1$；$\mathrm{Dist}(p,q)$ 表示坐标距离。权重 $W_{\mathrm{BL}}(p,q)$ 是将两者对应的指数函数相乘，并且引入两个参数 γ_{c} 和 γ_{d} 用于调整两个因素的影响因数。

在此基础上有些学者发现空间距离这一因素对匹配结果影响不大，为提高计算效率提出了改进算法——不考虑空间距离的双边滤波器自适应权重算法

$$W(p,q) = \exp\left[-\frac{\mathrm{Col}(p,q)}{\gamma_{\mathrm{c}}}\right] \tag{6-19}$$

基于双边滤波器的自适应权重算法是在成本聚合领域中应用很广泛的一种算法，在众多

的成本聚合算法中 BL 算法匹配错误率低，计算效率也较高，但随着支持窗口的尺寸增加，计算效率会大幅降低。不考虑空间距离的双边滤波器自适应权重算法在准确度上略有下降，计算效率随着支持窗口的尺寸增加，反而有一定的提升，但并没有明显的速度优势，因此通常只在对匹配精度要求不高，但支持窗口尺寸较大时可以参考使用。

常用的代价聚合算法还包括基于测地距离的自适应权重成本聚合算法（geodesic support weights，GEO）、基于导向滤波器的自适应权重成本聚合算法（guided filter support weights，GF）、基于多窗口的自适应窗口成本聚合算法（shiftable windows）、基于可变窗口尺寸的自适应窗口成本聚合算法（variable windows）、基于十字交叉的自适应窗口成本聚合算法（cross-based support region）等，限于篇幅这里不做详细介绍。

3. 视差值计算

这一步主要的目标就是从代价聚合后的视差空间图像中选择出最合适的视差值。最简单的估算像素点视差值的算法就是选择聚合代价最小的视差值，这种方法就是"赢家通吃"（winner-takes-all，WTA）。由于局部匹配算法更多地依靠匹配代价计算和代价聚合的算法来保证视差图的质量，所以局部匹配算法经常会使用这种简单的视差值计算方法。

赢家通吃的算法虽然简单，但是并不能进一步提高视差图的质量，因此为了得到更多的正确匹配对，许多更复杂更优秀的计算视差值的算法被提了出来。其中有合作算法（cooperative methods）、半全局算法（semi-global methods）和全局算法（global methods），其比较见表 6-10。

表 6-10　视差值计算方法比较

算法名称	优化方法	优点	缺点
合作算法	区域间协同优化	准确视差图	运算量大
半全局算法	扫描线优化	准确视差和运算量少	
全局算法	图割、置信度传播、动态规划	准确视差图	运算量大，内存消耗大

合作算法首先使用图像的颜色信息对输入图像进行分割，然后利用传统的双目匹配算法得到视差图，视差拟合技术用来优化每个分区的视差值。合作算法能够通过在视差平面的参数空间中聚合分区来减少需要计算分区的数量，合作算法的主要缺点就是该算法需要反复迭代，大大地增大了计算量。半全局算法是试图在图像中若干个扫描线上优化全局能量方程，而不是在整幅图像上优化，因此它能够兼顾算法的效率和准确度，目前常被应用于实时系统中。全局匹配算法首先是建立全局能量方程，再利用全局优化方法来寻找能让全局能量方程值最小的视差图。图割和置信传播是两个主要优化全局能量方程的方法，尽管它们能够产生比较准确的视差图，但是它们都需要很大的硬件内存和运算量，这让全局匹配算法很难应用到实时系统中。

4. 视差优化

视差优化是对视差计算得到的视差图做进一步的后处理，对获取的视差图进行错误校验，消除视差图中的异常值，从而提高最终视差图的质量。常用的优化方法如下：

（1）左右一致性检测（left-right consistency check，LRC check）　该算法是一种可靠的检查误匹配视差点的方法，通过比较匹配对在左图和右图中的视差值，把视差点分为可靠点和误匹配点，方法如下：

$$\begin{cases} D_{\mathrm{L}}(P_x,P_y)=D_{\mathrm{R}}\big[P_x-D_{\mathrm{L}}(P_x,P_y),P_y\big]\Rightarrow P \text{ 是非遮挡点} \\ D_{\mathrm{L}}(P_x,P_y)\neq D_{\mathrm{R}}\big[P_x-D_{\mathrm{L}}(P_x,P_y),P_y\big]\Rightarrow P \text{ 是遮挡点} \end{cases} \tag{6-20}$$

左图中像素点 $P(x,y)$ 的视差值 $D_{\mathrm{L}}(P_x,P_y)$，如果与右图中与 $P(x,y)$ 相差 $D_{\mathrm{L}}(P_x,P_y)$ 个像素值的点的视差值相同，则满足左右一致性检测，为非遮挡点，否则为遮挡点。

该算法是误匹配点检测方面应用最为广泛的方法，因为其假设合理，计算简单，许多论文都采用这一方式。但这一步仅仅是完成了误匹配点的检测，后续还要用其他算法对误匹配点进行填充修正。

(2) 亚像素求精（sub-pixel estimation） 由于计算得到的视差值都是整数（单位是像素），用整数级别的视差值计算得到的深度也是不连续的，因此得到的深度信息不准确。为了求得精确的深度信息，亚像素求精是最简单有效的方法，传统方法是采用二次多项式插值。假设视差值对应的匹配成本满足二次多项式

$$f(x)=ax^2+bx+c \tag{6-21}$$

式中，$f(x)$ 是匹配成本；x 是视差值。

则让聚合成本最低的视差值为

$$x_{\min}=-\frac{b}{2a} \tag{6-22}$$

如果已知 $x=d$，$d+1$，$d-1$，即视差值为 d、$d+1$、$d-1$ 对应的匹配成本 $f(d)$、$f(d+1)$、$f(d-1)$，则可以解得二次多项式参数 a、b、c，并求得 $x_{\min}$，有

$$x_{\min}=d-\frac{f(d+1)-f(d-1)}{2f(d+1)+f(d-1)-2f(d)} \tag{6-23}$$

$x_{\min}$ 就是经过亚像素求精得到的视差值。该算法十分简单，但效果却十分明显，在绝大多数的立体匹配算法上都可以应用。

(3) 中值滤波（median filter，MF） 中值滤波是一种典型的非线性滤波技术，在一定条件下可以克服线性滤波器（如均值滤波）带来的图像细节模糊。其思想也十分简单，将模板内的（立体匹配中通常取 3×3 的正方形）像素点的视差值从小到大排序，用中值去代替模板中心像素点的视差值。

$$\begin{pmatrix} 5 & 6 & 5 \\ 4 & 3 & 3 \\ 7 & 5 & 4 \end{pmatrix} \overset{\text{sort}}{\Rightarrow} (3\ 3\ 4\ 4\ 5\ 5\ 5\ 6\ 7) \overset{\text{MF}}{\Rightarrow} \begin{pmatrix} 5 & 6 & 5 \\ 4 & 5 & 3 \\ 7 & 5 & 4 \end{pmatrix} \tag{6-24}$$

该算法可以消除噪声，同时不会对视差不连续的边缘区域造成明显的影响，因此也得到了广泛的应用，基本可以看作立体匹配过程中默认的后处理方式。

6.2.3 深度学习算法

近些年来，深度学习的方法在机器视觉领域得到了广泛应用，尤其是基于卷积神经网络的算法在机器视觉的各个任务层面得到成功应用，如图像分类、语义分割和目标跟踪检测等。其中，立体匹配作为一种基础的机器视觉应用领域，得到了众多高校、科研机构和企业

的关注，许多优秀的算法不断涌现。相对于传统算法，深度学习方法由于其具有效果好、速度快、鲁棒性强、泛化能力强等优势，逐渐成为了立体匹配算法中的主流。虽然同样是利用深度学习方法解决立体匹配问题，但由于各个算法的指导思想、侧重点和网络结构均有不同，因此其采用的解决方案也是天差地别。总体上来讲，深度学习方法在立体匹配领域中的应用可分为四个类别：基于 Siamese 网络的立体匹配算法、深度学习与传统算法相结合的方法、端到端的深度学习算法和弱监督或无监督的深度学习算法。这里仅介绍基于 Siamese 网络的立体匹配算法。

在立体匹配过程中，如何设计合适的匹配代价计算方法，寻找最佳的匹配点是视差估计的关键步骤。传统算法的核心思想都是寻找一种特征，使其能将左右图中符合该特征的匹配点辨别出来。但传统的特征提取算法普遍具有鲁棒性差、对光照变化和噪声敏感、无法处理光滑表面或弱纹理区域等问题，因此为了获得更具鲁棒性的特征，LeCun 等人首次将卷积神经网络（MC-CNN）引入立体匹配领域中，利用 Siamese 网络结构从一对立体匹配图中获取更加抽象、更具鲁棒性的特征，并计算出两者之间的相似性，以此作为匹配代价。其网络结构如图 6-18 所示。

由图 6-18 可知，MC-CNN 是由一个 8 层的网络构成，在左右通道中分别输入取自立体匹配图像的大小为 9×9 的图块，L1 层是一个 32 通道的 5×5 的卷积层，L2 和 L3 层是由 200 个神经元组成的全连接层，L1、L2、L3 构成了两个权值共享的平行支路，图块经过这三层的处理之后，得到了两个 200×1 维的特征向量，将其级联拼接起来，组成一个 400×1 维的特征向量。然后经过 4 层 300 个神经元组成的全连接层，最后利用 softmax 函数输出两个数值，分别代表匹配的可能性和不匹配的可能性，其中不匹配的可能性直接作为匹配代价。在得到匹配代价之

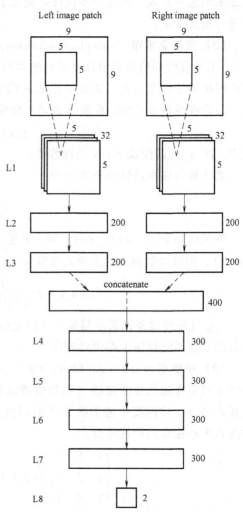

图 6-18　MC-CNN 网络结构示意图

后，该算法仍需要十字交叉代价聚合、半全局匹配、WTA 等传统步骤来计算视差。在后处理步骤中，首先采用插值法来补充左右视差不一致的点，再利用亚像素增强来提高算法的分辨率，最后采用精细化处理，包括中值滤波和双边滤波，使输出的视差图更加平滑。

在训练过程中，首先从左右图像中提取数目相同的正样本和负样本，正样本是由一个左图中的图块和一个右图中的图块构成，其中心点处的像素是正确匹配的，负样本则是不完全匹配的两个图块。

一组训练样本可表示为 $\langle P_{9\times9}^{\mathrm{L}}(p),\ P_{9\times9}^{\mathrm{R}}(q)\rangle$，其中 $P_{9\times9}^{\mathrm{L}}(p)$ 表示左图中心位于 $p(x, y)$ 处的大小为 9×9 的图块。对于所有的视差 d 可知的像素点，都可以提取一组正样本和一组负样本。对于正样本，其对应图块的中心 q 坐标满足下式：

$$q = (x - d + o_{\mathrm{pos}}, y) \tag{6-25}$$

对于负样本，其对应图块的中心 q 坐标满足下式：

$$q = (x - d + o_{\mathrm{neg}}, y) \tag{6-26}$$

式中，$o_{\mathrm{pos}} \in [P_{\mathrm{low}}, P_{\mathrm{high}}]$；$o_{\mathrm{neg}} \in [-N_{\mathrm{high}}, -N_{\mathrm{low}}] \cup [N_{\mathrm{low}}, N_{\mathrm{high}}]$。

o_{pos}、o_{neg} 都是在对应的子集中随机选取的，P_{low}、P_{high}、N_{low}、N_{high} 属于超参数，需要根据试验来确定。

网络输出的结果是两个经归一化处理的数字，分别代表匹配的可能性和不匹配的可能性，利用交叉熵损失函数来计算输出的结果与真实值之间的差别，交叉熵损失函数如下：

$$L(g, h) = -\sum_i g(i)\log h(i) \tag{6-27}$$

式中，$g(i)$ 表示真实值；$h(i)$ 表示输出结果；i 表示输出类别数量，该算法中 $i = 2$。

例如，输入的一组正样本 $(1, 0)$，真实值 $g(1) = 1$，$g(2) = 0$，表示匹配的概率为 1，不匹配的概率为 0。若输出的结果为 $(0.8, 0.2)$，即 $h(1) = 0.8$，$h(2) = 0.2$。则可计算损失值为

$$L(g, h) = -(1 \times \log 0.8 + 0 \times \log 0.2) = 0.097 \tag{6-28}$$

损失函数的值越小，表示输出结果与真实值越接近。利用随机梯度下降算法（SGD），通过不断调整权重参数，使得损失值逐渐下降，提高网络输出的匹配代价的精确度。

在此基础上，LeCun 等人在次年又提出了基于 MC-CNN 的改进算法 MC-CNN-acrt/fast，其中 MC-CNN-acrt 与 MC-CNN 相似，同样将特征向量级联拼接起来后，送入全连接层，不同的是在最后一层采用 sigmoid 函数，计算两个图块之间的相似程度，输出结果为一个表示相似度的数值。而 MC-CNN-fast 网络，利用特征向量的点乘操作来代替全连接层，点乘积就表示两个图块之间的相似度，试验结果显示这会对准确率产生一定的影响，但大大提高了计算速度。Luo 等人提出的 Content-CNN 则进一步将视差计算转变为一个多类别的分类问题，每一个视差值都代表一个类别，利用 softmax 函数输出每对图块属于不同视差值的概率，选择其中概率最大的作为该点处的视差。

基于 Siamese 网络的立体匹配算法，其网络结构简单，层级少，参数少，运算复杂度低，且相较于传统算法，其提取的特征鲁棒性更强，计算得到的匹配代价值更为准确。但本质上，这一类别的算法只是解决了立体匹配流程中的匹配代价计算部分，后续仍需要代价聚合、视差计算、视差优化等步骤，处理速度较慢，无法满足实时性要求，属于深度学习在立体匹配领域较为早期的应用。

6.3　车道线和路面识别

目前，车道线和路面的识别仍然是一个较难的研究课题。由于现实世界的构造过于复杂，不同国家交通法规不同，车道线标志也有所区别，即便是同一个国家，由于地貌差异，各个城市之间使用的车道线标志的种类方式也有所不同，这些标线种类的差异性是算法本身

需要克服的第一个问题。此外，车道线很容易随着使用时间逐渐变长而出现腐蚀、模糊不清的现象，造成一些图像算法很难检测到这种腐蚀的车道线。另外天气也是影响车道线识别算法效果的重要因素，当出现下雪、暴雨天气，车道线容易被遮挡，直观检测车道线标志完全无法实施，需要一些基于规则的其他方法才能解决类似的场景。

车道线识别算法涉及车辆的安全行驶，算法必须能够识别处理所有种类的交通标线，正确分析车道位置。目前为止，大多车道线识别方法都是基于计算机视觉的图像检测算法，也有一些利用激光雷达反射值的检测算法，但是这类算法对车道线标线粉刷材质要求高，必须按照国家指定标准粉刷，算法才能获得很好的检测效果。因此，这种方法往往不是主要的检测方法，而是作为一种辅助检测手段辅助视觉检测算法。基于机器视觉的车道线识别是目前较为常见的一种解决方案，根据研究方法的不同，目前的车道线识别算法可以划分为基于传统机器视觉的算法和基于深度学习的算法。

基于传统机器视觉的车道线检测方法主要分为两大类：基于道路特征的车道线检测和基于道路模型的车道线检测。基于道路特征的车道线检测作为主流检测方法之一，主要是利用车道线与道路环境的物理特征差异进行后续图像的分割与处理，从而突出车道线特征，以实现车道线的检测。该方法复杂度较低，实时性较高，但容易受到道路环境干扰。基于道路模型的车道线检测主要是基于不同的二维或三维道路图像模型（如直线型、抛物线型、样条曲线型、组合模型等），采用相应方法确定各模型参数，然后进行车道线拟合。该方法对特定道路的检测具有较高的准确度，但局限性强，运算量大，实时性较差。

除了上述的传统车道线检测算法以外，基于深度学习的车道线检测算法在检测精度和速度方面也大放异彩。近年来，深度学习，特别是基于卷积神经网络深度学习方法在计算机视觉领域表现了其强大的能力。深度卷积神经网络可以对图像自动构筑强大的特征用于分类、分段等任务。一些学者也开始把深度卷积神经网络应用到车道线检测中。

2016 年，在智能驾驶和自动驾驶最高级别的行业会议 IEEE 智能汽车研讨会（IV2016）上，百度地图视觉算法研究团队带着自己的车道线检测技术成果参与了该会议，与以往在单一视图上进行车道线数据提取的传统研究思路不同，百度地图创新性地将前视图和俯视图图像相结合，设计了一套独特的 DVCNN 深度神经网络框架。其算法 DVCNN 基于双视图的精确鲁棒的车道线检测卷积神经网络，在逆透视变换图上提取出候选车道线，然后映射回原图，得到一个原图候选区域，然后将候选车道线对应的原图区域和逆透视变换后图像的相应区域一同送入卷积神经网络进行分类。其卷积神经网络分为两个子网络，分别对原图区域和鸟瞰图区域进行特征提取，分别产生两个 256 维特征向量，然后进行拼接形成 512 维的特征向量进行分类，以判断是否为车道线。在准确率方面，经过上百个城市街景数据的验证，该方法能够将自然场景中的车道线提取准确度提升到 95% 以上。

随着端到端的车道线检测算法的出现以及语义分割等基于深度学习的算法出现，车道线检测的精度和速度都随之迅速提高，各类新型算法也层出不穷，使得车道线检测算法不断得到发展。

6.3.1 传统机器视觉车道线检测

传统基于视觉的车道线检测的过程包括车道图像预处理和车道线的检测识别。其一般流程如图 6-19 所示。针对车道图像中车道线所处位置及车道线的角度范围特点，对车道图像进行区域分割，后续的处理都将在分割后的区域里进行；然后使用白平衡的方法，尽可能地将调整好车道图像 R、G、B 三通道比例，使图像显示更加清晰；再经图像灰度化之后，加入了对比度增强、滤波降噪及边缘增强处理，凸显车道图像中的边缘信息（如车道线），并有效降低图像中的噪声干扰。接着选定二值化阈值，对经过上述预处理后的车道图像进行二值化，将背景信息变为黑色，将车道线信息变为白色。最后在二值化后的图像中，对车道线进行检测和识别，并提取出车道线参数。

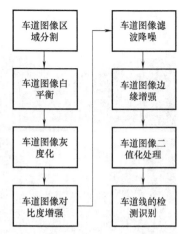

图 6-19　车道线识别一般流程

1. 车道图像预处理

在基于机器视觉的车道线检测过程中，由于拍摄的实际道路图像中存在各种不利于后期车道线拟合和提取车道线参数的因素，如较差的光照条件、路旁行人、道路标志干扰、其他车辆和物体阴影等。这些干扰因素会使道路图像存在大量噪声干扰信息，严重影响了车道线检测识别的效率和准确性。因此，在进行车道线检测识别之前，需要对车道图像进行预处理。

常见的数字图像处理技术主要包括图像变换、图像增强、图像平滑、图像分割和图像识别等，常见图像处理技术见表 6-11。

表 6-11　常见图像处理技术

图像处理技术	功能及作用
图像变换	在变换域中处理图像矩阵，减少计算量
图像增强	增强图像的清晰度、对比度、边缘特性等
图像平滑	弱化图像中的突变、噪声、边缘等
图像分割	根据算法需求划分图像处理计算区域
图像识别	经预处理后进行图像特征识别分类等

（1）**车道图像分割**　车载摄像头采集到的路面信息中常常包含天空、绿化带、护栏、车辆、树木、建筑物、行人、文字等干扰信息，去除这些干扰信息能够有效地降低计算的复杂度和搜索干扰区间的范围，提高检测的实时性和正确率。

如图 6-20 所示，树木、绿化带、护栏和天空等是主要的干扰信息，而且天空的亮度接近车道线的亮度。因此可以利用图像分割剔除这些干扰信息。图像分割是指根据图像预处理和系统功能需求，将待处理图像分为特定的具有各自特性的区域，以便更为迅速准确地提取出感兴趣目标的方法和过程。图 6-21 所示为分割后的图片。

图像分割可以去除车道图像中的一些无关的干扰信息，同时减小了车道线搜索的区域范围。车道线主要在图像的中下部，即使过滤掉部分车道信息对后续的影响也不大，因此图像分割提高了检测算法的速度和准确性。

（2）**车道图像白平衡处理**　白平衡处理是指通过调整图像像素信息，使在不同光照条件下采集的照片，尽可能地接近人眼所看到的实际物体。当汽车在不同天气状况下行驶时，

图 6-20　含有大量干扰信息的原图

图 6-21　分割后的图片

会采集到各种光照条件的车道图像。车道图像的白平衡处理的作用就是为了调整好车道图像中红、绿、蓝三通道的比例，将不同光照条件下采集的原始图像还原为更为真实的道路图像。

在强光照条件下拍摄的车道图像特点是路面与车道线的对比度偏低，如果直接对该图像进行二值化处理，处理后的图像将会出现许多噪声甚至光斑。为了减少这种不利因素的影响，需对强光下原始图像进行白平衡处理。处理的车道线二值化图像噪声干扰信息明显减少，车道标识线较为清晰，从对比效果图来看效果明显，如图 6-22 所示。

（3）车道图像灰度化　灰度图（gray scale image）又称灰阶图，灰度化处理是指将彩色图像转变为灰度图像的过程。彩色图像中的每一个像素点都是由 R、G、B 三个通道的颜色组合而成。每个通道分别可以取 255 个数值，因此一个像素点将会有 1600 多万种颜色变化取值。所以在数字图像处理过程中，对图像先进行灰度化处理可以减少后续图像的计算量。灰度图像同样也能反映原图像色度和亮度的整体布局和分布特征。因此对车道图像灰度化处理可以提高后续算法的处理速度，使得整个处理过程更加实时高效。

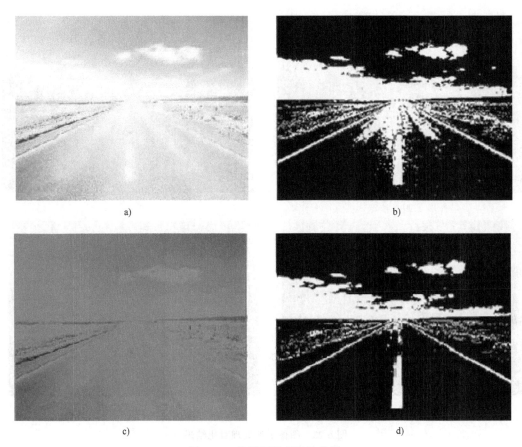

图 6-22　车道图像对比效果图

a）强光下原始车道图　b）原始图像二值化图　c）白平衡后车道图像　d）白平衡后的二值化图

（4）**车道图像平滑处理**　通过车载摄像头获取车辆前方的道路信息时，会夹杂着无用的噪声信号等干扰信息。这些干扰信息会覆盖所需的车道线特征信息，对后续的车道线检测识别与预警产生较大的影响。所以，平滑处理的首要目的是减少检测图像中的干扰信息。常见的方法有高斯滤波、均值滤波和中值滤波。高斯滤波在低频区域处理的效果较好，但很容易丢失车道线的边缘信息。均值滤波的缺点是对像素点相邻窗口的数据关联性的忽略。中值滤波不但可以很好地进行去噪处理，而且还能保留车道线的重要特征信息。因此，车道线检测常采用中值滤波对图像进行平滑处理。

中值滤波算法是通过寻取图像中某点的邻域范围，再对该范围内的各个像素点进行求和取中值，然后再替换该像素点，使其逼近真实数值，从而剔除图像中的噪声点。中值滤波算法主要是对二维模板内的像素点进行数值排列，从而得到升序或者降序的数据序列。图 6-23所示为图像平滑处理对比结果。

（5）**车道图像增强**　图像增强用于增强图像中的有用信息，在视觉效果上增强了图像的整体对比度，使其比原始图像更加适用于特定应用。图像增强的技术包括空间域增强和频域增强两种。空间域增强操作的目的往往是改变像素点的值；频域增强以信号的角度处理图像，使用傅里叶变换进行二维信号的运算处理，通过使用频域滤波器实现对图像的高频或低

图 6-23 图像平滑处理对比结果

a）原图　b）均值滤波　c）中值滤波　d）高斯滤波

频信号的增强。常用的空间域图像增强方法有对比度拉伸、直方图均衡和直方图匹配以及各种空间滤波器；频域图像增强主要有高通和低通滤波器以及同态滤波器等。

（6）车道图像边缘增强　边缘增强算法可以突出图像中边缘区域，减弱非边缘区域。车道线相对于非车道区域具有强边缘，即车道线边缘相对邻近区域强度显著上升，应用边缘增强算法可以突出车道线边缘，减弱噪声干扰。常用的边缘增强算法有 Canny 算子、Sobel 算子、Laplacian 算子等，其中 Canny 算子是检测效果最好的算子。

Canny 算子是一种根据局部极大值确定边缘的算法。一共有四个工作流程：①应用高斯滤波器进行平滑处理，增强抗干扰能力；②计算梯度和方向，计算一阶水平差分和垂直差分以及方向角；③非极大值抑制，抑制相近梯度方向的相邻像素中较小梯度，只取梯度大的像素点，使其成为边缘点；④双阈值边缘检测和边缘连接。设定两个阈值 a、b（$a<b$），把小于 a 的点排除，作为非边缘点，把大于 b 的点保留作为边缘点，在大于 a 小于 b 且与大于 b 的点相邻的点连接为边缘点。

Sobel 算子、Laplacian 算子和 Canny 算子的效果对比，如图 6-24 所示。

2. 传统车道线检测算法

（1）基于 Hough 直线变换的车道线检测　霍夫变换（Hough transform）直线检测是图像处理技术中的一种直线提取方法。在计算机图像识别中，很难直接利用图像矩阵来进行条

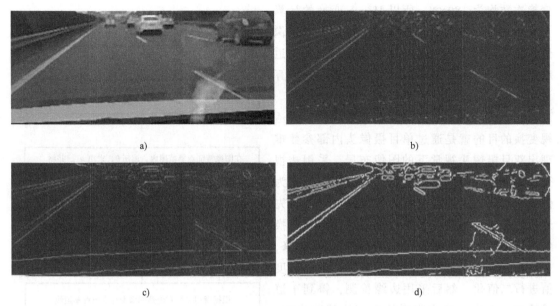

图 6-24　边缘增强对比图

a）原图　b）Sobel 算子　c）Laplacian 算子　d）Canny 算子

件特征搜索判断，解决办法是将图像像素映射到参数空间来进行后续计算。Hough 变换直线检测便根据此原理，将像素参数由直角坐标映射到参数空间中，通过 Hough 变换算法便能很容易地对图像直线进行提取。Hough 变换的直线提取是目前采用最多的一种直线检测方法，它的显著优点是对图像噪声不敏感，能够较好地识别出车道标识线。对于图像中车道线局部被遮挡或车道线轻微损坏的情况适应性较强。采用基于有效区域的 Hough 变换车道线检测，并针对车道线的角度特点，将检测范围角度值规定在一定值域内，以减少车道图像识别区域，提高车道线检测效率。

Hough 变换的原理是对图像整体空间域进行计算，得到累加器的峰值，以此用于对图像中直线特征进行检测。Hough 变换的实质是将图像空间域中像素点较为接近，且沿同一方向角范围内的像素点集进行归类整合，且通过某种方式将这些分类点集联系起来。Hough 变换的基本思想是将图像平面的各个特征像素点对应至平面中，通过统计各个像素点的方向、坐标位置等特性来解决，式（6-29）是通过直线极坐标的方式进行 Hough 变换：

$$\rho = x\cos\theta + y\sin\theta \tag{6-29}$$

可以证明同一条直线上的点在参数空间中所对应的正弦曲线交于一点 (ρ, θ)，ρ 表示原点至直线的距离，θ 是直线夹角。在 Hough 变换中，ρ 与 θ 的选择范围通常为 $\rho \in (0, r)$，$\theta \in (0°, 180°)$，其中 r 为图像对角线长度。

Hough 变换步骤如下：

1）对图像空间中的白点进行搜索。

2）利用式（6-29）对 $\theta \in (0°, 180°)$ 求极径。

3）对 (ρ, θ) 单元投票累加，即 $A(\rho, \theta) = A(\rho, \theta) + 1$。

假设所计算的图像上有 N 个目标像素点，极角变换的步长为 1°，且投票累加次数和总变换次数均为 180×N，所以 Hough 变换的计算量大小由目标点的数量所决定。因此，对图像进行预处理可以使 Hough 变换能在有效的车道线范围内进行，尽可能地减少目标点。整体算法实现流程如图 6-25 所示：

（2）**基于逆透视变换的车道线检测** 逆透视变换的目的就是通过单目摄像头内部参数推理出双目摄像头视觉下的图像布局，采用透视变换的方法将前方图像的路面通过透视变换为俯视图。基于逆透视变换的车道线检测就是先通过透视变换将前方图像的路面通过透视变换为俯视图，然后在俯视图中将车道线提取出来，提取的方法也是寻找车道线的特征，按照灰度值进行二值化，然后采用边缘检测，得到车道线的边缘轮廓，将检测到的车道线提取出来。这种方法的优点是可以找到多条车道线，实时效果比较好。缺点是对于复杂路况稳定性比较

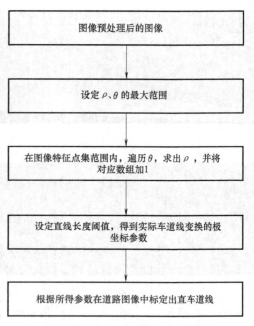

图 6-25 Hough 变换实现流程图

差，透视变换时图像的损失比较大，在透视图中不一定能够检测到变形后的车道线，受到周边物体遮挡影响严重，不适用于路况复杂和摄像头的视角比较小的前方视野。

（3）**基于边缘点拟合的车道线检测** 边缘点拟合依据的原理：车道线是白色的，而路面是灰色的，车道线和路面存在稳定的灰度梯度差，通过设定合理的阈值，就可以将车道线的边缘提取出来，提取的车道线的边缘点有很多，找到同一水平位置相邻的车道线的边缘点，取它们的中点作为车道线上的一点，依次得到整个车道线的点，由于车道线的与路面的颜色灰度值会受到颜色变化的影响，所以单一的阈值分割出来的边缘点并不在车道线的中间，而是在一个区域内，车道线提取的中点集合并不是在一条直线上，而是分布在直线的两侧，要得到最终的车道线需要对这些点进行拟合，一般采用拟合函数进行拟合。这种方法的优点是计算量较小，可以拟合带有曲率的车道线，缺点是环境适应性差，受光照干扰较大，稳定性差。

（4）**基于人工构造特征学习的车道线检测** 传统的车道线特征在对车道线进行表示时，由于光照、阴影等各种因素的影响，在进行区分车道线和非车道线时往往不够有力和鲁棒。Kim Z. W. 等人在对图像进行逆透视变换后，在逆透视图上进行窗口滑动，将车道宽度大小的图片作为特征并送入支持向量机（support vector machine，SVM）来对图像进行像素级分段。然后利用粒子滤波和随机抽样一致（random sample consensus，RANSAC）算法从候选像素点集中产生车道线。Gopalan R. 等人将对图像进行窗口滑动，并计算 haar-like 特征，送入一个级联分类器；同时对图像进行边缘检测，对边缘图像进行窗口滑动，将边缘作为特征，送入另一个级联分类器。最后融合两个分类器结果得到候选区域，再精细化得到车道线。之后 Gopalan R. 等人又对每个像素建立颜色、边缘、纹理构成的特征，并送入分类器进行分类，判断其是否属于车道线，从而对图像进行像素级分段。

6.3.2　深度学习算法

传统的基于人工构造特征学习的车道线检测算法在进行车道线特征检测后,需要把检测到的特征部分进行拟合,从而把分散的特征连接成一整条车道线。传统的拟合算法包括最小二乘法、霍夫变换、随机抽样一致算法(RANSAC)。这些方法通常搭配车道线的边缘检测算法使用,其中最小二乘法是最为简单的车道线拟合算法,把一条车道线周围所有的边缘点都认为是组成车道线的一部分,拟合出一条与所有点距离之和最小的一条线。这种拟合方法简单但没有加入对真实车道线位置和形态的考量,若车道线的特征点误检较多,则无法正确拟合出车道线。

霍夫变换是识别几何形状的基础算法,该算法通过把坐标空间转换为参数空间,通过已知的点坐标完成对参数的确定。该方法需要事先确定需要检测的形状,对特定场景的车道线检测有较好的效果,但是其灵活性不够,无法拟合多种场景的车道线。

RANSAC 则通过迭代寻找多数样本一致性集合的模型,以此来拟合最佳车道线模型,该方法在车道线拟合上的效果和灵活度超过上述两种算法。

近年来,深度学习,特别是基于卷积神经网络深度学习方法在计算机视觉领域表现出其强大的能力。深度卷积神经网络可以对图像自动构筑强大的特征用于分类、分段等任务。一些学者也开始把深度卷积神经网络应用到车道线检测中。

Jun Li 先使用 IPM 把包含车道线的图像预处理为车道线相互平行的效果,再把车道线按照纵向分成几段,使用卷积神经网络提取每段车道线特征。卷积神经网络的引入,代替了人为设计车道线特征,损失函数和标注信息直接引导神经网络学习更适合该任务的滤波器和分类器以达到预期的目标。

Jiman Kim 等设计了基于特征融合的车道线检测算法,在该算法中,使用卷积网络和反卷积网络,把卷积神经网络设计为对称的金字塔网络,该网络把高层的语意信息经过反卷积网络回传到高分辨率的特征图中,从而达到像素级的车道线分割。

传统车道线检测方法主要依赖于高度定义化、手工特征提取和启发式方法,以确保车道线分割出来。较为常见的手工特征提取是基于颜色、结构、纹理等,结合 Hough 变换和粒子滤波或 Kalman 滤波。当识别出车道线之后,利用后处理技术过滤掉误检和成组分割在一起的情况以得到最终车道线。最近出现的方法是用深度网络做密集预测以替代人工提取特征的方法,比如像素级的车道线分割。

近来的很多方法都尽力直接采用图像分类的方法进行语义分割,结果虽然有所进步,但是仍然比较粗糙。这主要是因为最大值池化和下采样降低了特征图的分辨率。Seg Net 是剑桥大学提出旨在解决自动驾驶场景下或者智能机器人的图像语义分割深度网络。Seg Net 的设计思想来自为了语义分割而从低分辨率的特征图到输入分辨率映射。这种映射也必须产生一些特征用于精确的边界定位。这里仅介绍 Seg Net 网络。

Seg Net 基于 FCN 网络,修改了 VGG-16 网络得到的语义分割网络,核心的可训练的分割结构包含一个编码网络和一个对应的解码网络,并跟随着一个像素级别的分类层。编码器网络的架构与 VGG-16 网络中的 13 个卷积层相同。解码网络的作用是将编码后的低分辨率的特征图映射到输入分辨率的特征图。具体来说,解码器使用在对应编码器位置的最大值池化过程中使用的池化参数来执行非线性上采样，从而消除了上采样的学习需要。上采样后的图像是稀疏的，然后其与可训练的滤波器卷积以产生密集的特征图。图 6-26 所示为 Seg Net 网络结构示意图。

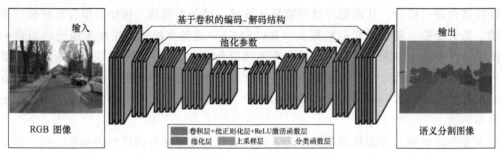

图 6-26　Seg Net 网络结构示意图

Seg Net 中的编码网络和 VGG-16 的卷积层在结构上是相同的，但其移除了全连接层，这样可以使 Seg Net 比其他常用网络结构显著的小并且更容易训练。Seg Net 的关键部分是解码器网络，由一个对应于每个编码器的解码器层组成。其中，解码器使用从相应的编码器接收的最大值池化参数来进行输入特征图的非线性上采样。这个想法来自于被设计用于无监督功能学习的架构。在解码网络中重用最大值池化参数有以下优点：它改进了边界划分，减少了实现端到端训练的参数数量，并且这种上采样的形式可以仅需要少量的修改而合并到任何编码-解码形式的架构中。图 6-27 和图 6-28 所示分别为编码解码结构示意图和部分具体示意图。

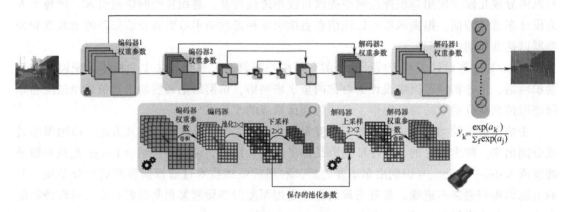

图 6-27　编码器-解码器结构示意图

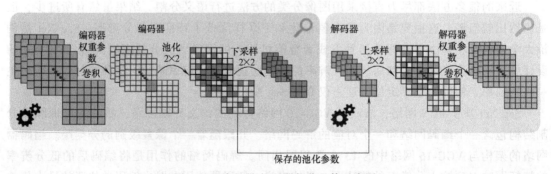

图 6-28　编码器-解码器部分具体示意图

Seg Net 是第一次在语义分割中应用编码器-解码器（encoder-decoder）的结构。其中，编码器使用池化层逐渐缩减输入数据的空间维度，而解码器通过反卷积层等网络层逐步恢复目标的细节和相应的空间维度。从编码器到解码器之间，通常存在直接的信息连接，来帮助解码器更好地恢复目标细节。不同于 FCN 网络的上采样方法，Seg Net 在下采样的时候记住最大值的位置，利用此信息在上采样的时候可以快速地进行尺寸扩张，也就是说上采样不涉及反卷积运算，可大大加速训练时间。

Seg Net 适用于自动驾驶场景下的语义分割任务，车道线也属于其分割任务中分割的种类之一，因此 Seg Net 同样能够进行车道线检测。Seg Net 的主要优势在于其网络架构小，计算量少，计算成本低，因此容易达到实时性的要求，但是也因此在精度上会有所损失。

6.4 车辆与行人识别与追踪

车辆与行人的检测与追踪的目的就是使计算机能够在现实场景中准确判断出车辆和行人的位置，在追踪序列的初始帧中，给出任意一个目标的位置和外形尺寸后，通过设计的算法预测目标在该序列的其他帧中所在的位置和目标尺寸，并将其框出。运用目标检测与追踪技术，可以获得目标在不同时刻的位置信息，为物体的运动行为分析提供数据支持。

目标检测与追踪技术作为车辆辅助驾驶系统中的重要部分，可以准确及时地检测出车辆前方的行人和车辆，并根据实际情况做出反应。现阶段辅助驾驶系统中的行人检测技术虽然越来越成熟，但在实际场景中的应用仍然面临一些挑战，可以总结如下：

（1）**形变与遮挡** 车辆与行人姿态不一，形状各异，增加了检测与追踪难度。

（2）**尺度不一** 在一帧视频或图像中，由于物体距离摄像头的距离不一样，不同的距离所呈现的目标尺度不一，这导致其包含的特征信息量不同。车辆或者行人尺度越大，其包含的特征量就越丰富，也就容易被识别，而尺度越小，其在图像中所占的像素也就越少，将导致特征信息不充分，不容易被检测到。

（3）**背景复杂** 在现实场景中，当光照条件较差，如下雨和大雾天，摄像头所采集到的画面就会较模糊，检测准确度就会降低。同时，所处环境的背景往往是时刻变化的，如在自动驾驶中，街景时刻在改变，都会使得情景识别变得更加困难。

（4）**实时性** 想要将车辆及行人的检测与追踪技术应用于更多领域，尤其是应用在自动驾驶和实时监测场景中，实时性是应用的一个前提。

6.4.1 车辆与行人传统检测算法

传统目标检测算法流程如图 6-29 所示。传统目标检测方法分为三部分：区域选择、特征提取、分类器，即首先在给定的图像上选择一些候选的区域，然后对这些区域提取特征，最后使用训练的分类器进行分类。下面对这三个阶段分别进行介绍。

图 6-29 传统目标检测算法流程

1. 区域选择

这一部分是为了对目标的位置进行定位。由于目标可能出现在图像的任何位置，而且目标的大小、长宽比例也不确定，所以最初采用滑动窗口的策略对整幅图像进行遍历，且需要设置不同的尺度和不同的长宽比。这种策略的缺点也是显而易见的，时间复杂度太高，产生冗余窗口太多，严重影响后续特征提取和分类的速度和性能。

2. 特征提取

由于目标的形态、光照变化、背景等存在多样性，使得设计一个鲁棒的特征并不是那么容易。然而提取特征效果的好坏直接影响到分类的准确性。常见的特征如下所述：

（1）方向梯度直方图（HOG）特征 方向梯度直方图（HOG）特征是一种在计算机视觉和图像处理中用来进行物体检测的特征描述子。它通过计算和统计图像局部区域的梯度方向直方图来构成特征。HOG 特征结合 SVM 分类器已经被广泛应用于图像识别中，尤其在行人检测中获得了极大的成功。

HOG 特征提取算法的实现过程：

1）灰度化（将图像看作一个具有 x、y、z 三个维度的灰度图像）。

2）采用 Gamma 校正法对输入图像进行颜色空间的标准化（归一化），目的是调节图像的对比度，降低图像局部的阴影和光照变化所造成的影响，同时可以抑制噪声的干扰。

3）计算图像每个像素的梯度（包括大小和方向），主要是为了捕获轮廓信息，同时进一步弱化光照的干扰。

4）将图像划分成较小的单元（cell）（如 6×6 像素/单元）。

5）统计每个单元的梯度直方图（不同梯度的个数），即可形成每个单元的描述子。

6）将每几个单元组成一个块（block）（如 3×3 个单元/块），一个块内所有单元的特征描述子串联起来便得到该块的 HOG 特征描述子。

7）将图像内的所有块的 HOG 特征描述子串联起来就可以得到目标的 HOG 特征描述子了。这个就是最终的可供分类使用的特征向量了。

（2）局部二值模式（local binary pattern，LBP） 局部二值模式是一种用来描述图像局部纹理特征的算子，它具有旋转不变性和灰度不变性等显著优点。

原始的 LBP 算子定义为在 3×3 的窗口内，以窗口中心像素为阈值，将相邻的 8 个像素的灰度值与其进行比较，若周围像素值大于中心像素值，则该像素点的位置被标记为 1，否则为 0。这样，3×3 邻域内的 8 个点经比较可产生 8 位二进制数（通常转换为十进制数即 LBP 码，共 256 种），即得到该窗口中心像素点的 LBP 值，并用这个值来反映该区域的纹理信息。

3. 分类器

分类器主要有 SVM、Adaboost 等，下面将分别介绍 SVM 分类器和 Adaboost 分类器的原理与使用。

（1）SVM 分类器 支持向量机（SVM）是一种基于统计学理论的机器学习方法。

由于 SVM 的求解最后转化成二次规划问题的求解，因此 SVM 的解是全局唯一的最优解。SVM 在解决小样本、非线性、高维模式识别问题中表现出许多特有的优势，并能够推广应用到函数拟合等其他机器学习问题中。

1）线性 SVM。对于二维、两类、线性可分三种情况，如图 6-30 所示。

中间实线是最优的分类线，H_1、H_2 分别是平行于最优分类线且经过两类中离最优分类线最近的训练样本，H_1、H_2 之间的垂直距离是分类间隔（margin），对于两类且线性可分情况，最优分类界面是能将两类样本无错误分开，分类间隔最大。

二维空间推广到高维空间，则最优分类边界的求取就变为最优分类面的求取。

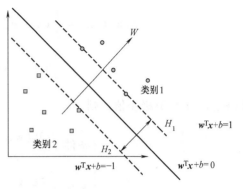

图 6-30 SVM 二维、两类、线性可分

设线性可分训练样本集：$\{x_i, y_i\}$，$i = 1, \cdots, n$，$x_i \in \mathbf{R}^d$，类别标号 $y_i \in \{-1, 1\}$，则 d 维空间的线性判别函数为

$$g(x) = w \cdot x + b \tag{6-30}$$

判别函数归一化 $\begin{cases} \text{两类所有样本满足} & |g(x)| \geq 1 \\ \text{离分类面最近的样本} & |g(x)| = 1 \end{cases}$

则对所有训练样本正确分类：

$$\begin{cases} g(x_i) \geq 1 & \text{对于 } y_i = 1 \\ g(x_i) \leq -1 & \text{对于 } y_i = -1 \end{cases} \tag{6-31}$$

即 $\qquad y_i \cdot g(x_i) \geq 1$ 或 $y_i(w \cdot x_i + b) - 1 \geq 0$

对于图 6-30，设 x^+ 为正平面 H_1 上任意点，x^- 为负平面 H_2 上最接近 x^+ 的点，$x^+ = x^- + \lambda w$，则

$$\begin{cases} w \cdot x^+ + b = 1 \\ w \cdot x^- + b = -1 \end{cases} \rightarrow w \cdot (x^- + \lambda w) + b = 1$$

$$\rightarrow w \cdot x^- + b + \lambda w \cdot w = 1 \rightarrow -1 + \lambda w \cdot w = 1 \tag{6-32}$$

$$\rightarrow \lambda = \frac{2}{w \cdot w} = \frac{2}{|w|^2} \rightarrow \text{margin} = \| x^+ - x^- \| = \| \lambda w \| = \frac{2}{\| w \|}$$

由此得出最优分类面：

$\begin{cases} \text{最大化分类间隔 margin} = \dfrac{2}{\| w \|} \Leftrightarrow \text{使} \| w \| \text{（或} \| w \|^2 \text{）最小} \\ \text{对所有样本正确分类} \Leftrightarrow y_i(w \cdot x_i + b) - 1 \geq 0 \quad i = 1, 2, \cdots, n \end{cases}$

它的约束优化问题为

$$\begin{cases} \min \phi(w) = \dfrac{1}{2} \| w \|^2 = \dfrac{1}{2}(w \cdot w) \\ y_i \cdot (w \cdot x_i + b) - 1 \geq 0 \quad i = 1, \cdots, n \end{cases} \tag{6-33}$$

Lagrange 极小值求取：w^*，b^*。

$$\begin{cases} \min \quad L(w, b, \alpha) = \dfrac{1}{2}(w \cdot w) - \displaystyle\sum_{i=1}^{n} \alpha_i [y_i \cdot (w \cdot x_i + b) - 1] \\ \alpha_i \geq 0 \qquad i = 1, 2, \cdots, n \end{cases} \tag{6-34}$$

$$L(\boldsymbol{w},b,\alpha) = \frac{1}{2}(\boldsymbol{w} \cdot \boldsymbol{w}) - \sum_{i=1}^{n} \alpha_i [y_i \cdot (\boldsymbol{w} \cdot \boldsymbol{x}_i + b) - 1]$$

$$= \frac{1}{2}(\boldsymbol{w}^{\mathrm{T}} - \boldsymbol{w}) - \sum_{i=1}^{n} \alpha_i y_i \boldsymbol{w}^{\mathrm{T}} - \boldsymbol{x}_i - b \sum_{i=1}^{n} \alpha_i y_i + \sum_{i=1}^{n} \alpha_i \quad (6\text{-}35)$$

$L(\boldsymbol{w}, b, \alpha)$ 有极小值，则

$$\begin{cases} \text{条件}1: \dfrac{\partial L(\boldsymbol{w},b,\alpha)}{\partial \boldsymbol{w}} = 0 \rightarrow \boldsymbol{w} = \sum_{i=1}^{n} \alpha_i y_i \boldsymbol{x}_i \\[4mm] \text{条件}2: \dfrac{\partial L(\boldsymbol{w},b,\alpha)}{\partial b} = 0 \rightarrow \sum_{i=1}^{n} \alpha_i y_i = 0 \end{cases} \quad (6\text{-}36)$$

该条件下，$L(\boldsymbol{w}, b, \alpha)$ 为

$$Q(\alpha) = \sum_{i=1}^{n} \alpha_i + \frac{1}{2}(\boldsymbol{w}^{\mathrm{T}} - \boldsymbol{w}) - \boldsymbol{w}^{\mathrm{T}} \sum_{i=1}^{n} \alpha_i y_i \boldsymbol{x}_i = \sum_{i=1}^{n} \alpha_i - \frac{1}{2} \boldsymbol{w}^{\mathrm{T}} \sum_{i=1}^{n} \alpha_i y_i \boldsymbol{x}_i$$

$$= \sum_{i=1}^{n} \alpha_i - \frac{1}{2} \Big(\sum_{j=1}^{n} \alpha_i y_i \boldsymbol{x}_i \Big)^{\mathrm{T}} \sum_{i=1}^{n} \alpha_i y_i \boldsymbol{x}_i = \sum_{i=1}^{n} \alpha_i - \frac{1}{2} \sum_{j=1}^{n} \sum_{i=1}^{n} \alpha_i \alpha_j y_i y_j \boldsymbol{x}_j^{\mathrm{T}} \boldsymbol{x}_i \quad (6\text{-}37)$$

$$= \sum_{i=1}^{n} \alpha_i - \frac{1}{2} \sum_{j=1}^{n} \sum_{i=1}^{n} \alpha_i \alpha_j y_i y_j (\boldsymbol{x}_j \cdot \boldsymbol{x}_i)$$

得到对偶问题：

$$\max Q(\alpha) = \sum_{i=1}^{n} \alpha_i - \frac{1}{2} \sum_{j=1}^{n} \sum_{i=1}^{n} \alpha_i \alpha_j y_i y_j (\boldsymbol{x}_j \cdot \boldsymbol{x}_i)$$

$$\text{条件}: \begin{cases} 1) \sum_{i=1}^{n} \alpha_i y_i = 0 \\[3mm] 2) \alpha_i \geqslant 0 \quad i = 1, \cdots, n \end{cases} \quad (6\text{-}38)$$

求得唯一解：$\alpha^* = (\alpha_1^*, \cdots, \alpha_n^*)$。

从而由式（6-38）得到

$$\boldsymbol{w}^* = \sum_{i=1}^{n} \alpha_i^* y_i \boldsymbol{x}_i \quad (6\text{-}39)$$

对于任意支持向量 $\boldsymbol{x}_j$，$\forall_j \in \{ k \mid \alpha_k^* > 0 \}$：$\boldsymbol{w}^* \cdot \boldsymbol{x}_j + b = y_j$

所以

$$b^* = y_j - \boldsymbol{w}^* \cdot \boldsymbol{x}_j = y_i - \sum_{i=1}^{l} \alpha_i^* y_i (\boldsymbol{x}_i \cdot \boldsymbol{x}_j)$$

推出最优分类函数：

$$f(\boldsymbol{x}) = \mathrm{sgn}[(\boldsymbol{w}^* \cdot \boldsymbol{x}) + b^*] = \mathrm{sgn}\Big[\sum_{i=1}^{n} \alpha_i^* y_i (\boldsymbol{x}_i \cdot \boldsymbol{x}) + b^* \Big] \quad (6\text{-}40)$$

式中，$\boldsymbol{x}_i$ 为支持向量。

最优分类面：$(\boldsymbol{w}^* \cdot \boldsymbol{x}) + b^* = 0$。

对于测试样本 $\boldsymbol{x}$：若 $f(\boldsymbol{x}) = \mathrm{sgn}[(\boldsymbol{w}^* \cdot \boldsymbol{x}) + b^*] = 1$，则 $\boldsymbol{x}$ 为第一类，否则为第二类。

2）广义线性 SVM。对于线性不可分的情况，其求解基本思路是折中思想，即最大分类间隔+最少错分样本，归一化判别函数 $g(x) = w \cdot x + b$。对所有训练样本，引入松弛变量 $\xi_i \geq 0$，有

$$\begin{cases} g(x_i) = w \cdot x_i + b \geq 1 - \xi_i & \text{若 } y_i = 1 \\ g(x_i) = w \cdot x_i + b \leq -(1 - \xi_i) & \text{若 } y_i = -1 \end{cases} \tag{6-41}$$

$$\Rightarrow \begin{cases} \text{最小化 } \phi(w, \xi) = \dfrac{1}{2} w \cdot w + C \sum\limits_{i=1}^{n} \xi_i \quad \sum\limits_{i=1}^{n} \xi_i^\sigma, \text{取 } \sigma = 1 \\ \text{条件：} \begin{cases} y_i \cdot (w \cdot x_i + b) - 1 + \xi_i \geq 0 \\ \xi_i \geq 0 \end{cases} \quad i = 1, \cdots, n \end{cases} \tag{6-42}$$

式中，C 为常数，控制错分样本的惩罚程度。

通过非线性映射，将原始数据由低维输入空间变换到高维特征空间。

原始数据输入空间→特征空间：

$$x = [x_1, x_2, \cdots, x_d]^\mathrm{T} \rightarrow \Phi(x) = [\Phi_1(x), \Phi_2(x), \cdots, \Phi_j(x)]^\mathrm{T} \tag{6-43}$$

在高维特征空间中，设计线性 SVM，寻求最优分类面。非线性变换是通过定义适当的内积函数实现的。

（2）Adaboost 分类器 Adaboost 分类器旨在找到一些分类能力比较好的特征（弱分类器）构成一个强分类器，最终将所得的多个强分类器构成级联分类器。具体训练流程如图 6-31 所示。

4. 传统目标检测算法

传统目标检测算法总结见表 6-12。总的来说，这些算法的目的都是在保证提取丰富、准确特征的前提下，快速地进行特征计算及预测。但传统算法提取的特征基本都是低层次、人工选定的特征，这些特征相对更直观、易理解，针对特定对象更有针对性，但不能很好地表达大量、多类目标。

（1）SIFT 算法 尺度不变特征变换（scale-invariant feature transform，SIFT）算法，通过查找不易受光照、噪声、仿射变换影响的特征点来匹配目标，是目前应用极为广泛的关键点检测和描述算法。该算法通过使用高斯模糊实现尺度空间，高斯差分函数（difference of Gaussian）进行极值检测，再通过对边缘主曲率的判定，筛除边缘响应的不稳定点，得到匹配稳定、抗噪能力强的关键点。最后利用方向直方图统计关键点邻域梯度和方向，获得描述符。

SIFT 算法通过一系列方法，保证提取的特征具有平移、缩放及旋转不变等特性，对于光线、噪声、少量视角改变也具有一定的鲁棒性，针对部分遮挡也有不错的识别率。但是 SIFT 算法存在复杂度高，检测速度慢，对模糊图像和光滑边缘很难提取有效特征点等问题

（2）PCA-SIFT 算法 对于 SIFT 存在的问题，Ke 等人提出了 PCA-SIFT 算法。该算法在 SIFT 的基础上，对其最后一步做出了改进。引入主成分分析（principal component analysis，PCA）方法，使用 PCA 替代直方图，来对描述子向量进行降维，以提高匹配效率。

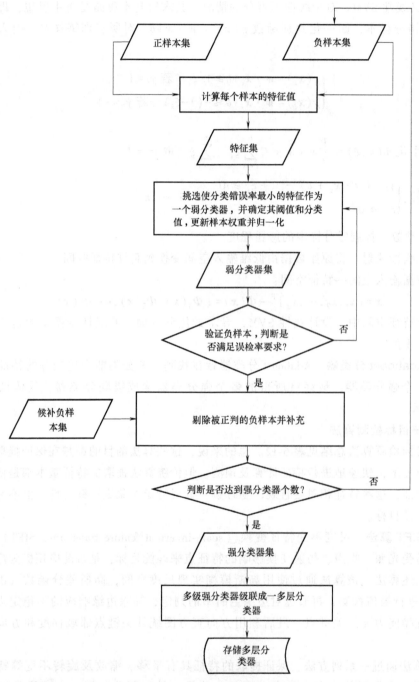

图 6-31　Adaboost 训练流程图

表 6-12　传统目标检测算法总结

方法	分类	算法逻辑	优点	缺点	适用场合
SIFT	实例检测	提取平移、缩放、旋转不变的描述子用以匹配	检测特征丰富,具有优秀匹配效果	计算量大,检测速度慢	图像识别(无速度要求)、图像拼接、图像恢复等

（续）

方法	分类	算法逻辑	优点	缺点	适用场合
PCA-SIFT	实例检测	PCA 降维减少运算	检测速度获得改善	不完全仿射不变，检测精度不高	特征点匹配
SURF	实例检测	近似 Hessian 矩阵，积分图减少降采样	检测速度快，精度较高，综合性能好	过于依赖主方向的选取准确度	物体识别、3D 重构
ORB	实例检测	Fast 检测特征点，Brief 计算特征点描述子	检测速度快，检测精度良好	不具备尺度不变性	实时视频处理

相较 SIFT，PCA-SIFT 维数更少且灵活可变，检测速度约为 SIFT 的 3 倍。但降维会损失部分信息，导致只对具有代表性的图像有较好效果，具有局限性。

6.4.2 深度学习车辆与行人检测算法

自从在图像分类比赛中使用卷积神经网络大幅度提高了图像分类的准确率后，便有学者尝试将深度学习应用到目标类别检测中。卷积神经网络不仅能够提取更高层、表达能力更好的特征，还能在同一个模型中完成对于特征的提取、选择和分类。

1. 目标检测性能指标

目标检测问题同时是一个回归和分类问题。首先，为了评估定位精度，需要计算交并比（intersection over union，IOU），其表示预测框与真实框之间的重叠程度，值介于 0 到 1 之间。IOU 越高，预测框的位置越准确。因而，在评估预测框时，通常会设置一个 IOU 阈值（如 0.5），只有当预测框与真实框的 IOU 值大于这个阈值时，该预测框才被认定为真阳性，反之就是假阳性。

对于目标检测，首先要单独计算各个类别的 AP（average precision）值，这是评估检测效果的重要指标。然后取各个类别的 AP 的平均值，就得到一个综合指标 mAP（mean average precision），mAP 指标可以避免某些类别比较极端化而弱化其他类别的性能这个问题。

除了检测准确度，目标检测算法的另外一个重要性能指标是速度，只有速度快，才能实现实时检测，这对一些应用场景极其重要。评估速度的常用指标是每秒帧率（frame per second，FPS），即每秒内可以处理的图片数量。当然对比 FPS 需要在同一硬件上进行。另外也可以使用处理一张图片所需时间来评估检测速度，时间越短，速度越快。

目前主流的目标检测算法主要是基于深度学习模型，其可以分成两大类：

（1）**二步法检测算法** 二步法（two-stage）检测算法将检测问题划分为两个阶段，首先产生候选区域（region proposal），然后对候选区域分类，一般还需要对位置精修。这类算法的典型代表是基于候选区域的 R-CNN 系列算法，如 R-CNN、Fast R-CNN、Faster R-CNN 等。

（2）**一步法检测算法** 一步法（one-stage）检测算法不需要产生候选区域阶段，直接产生物体的类别概率和位置坐标值，比较典型的算法如 YOLO 和 SSD。目标检测模型的主要性能指标是检测准确度和速度。对于准确度，目标检测要考虑物体的定位准确性，而不只是

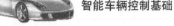
分类准确度。一般情况下，二步法算法在准确度上有优势，而一步法算法在速度上有优势。

2. 基于分类的检测算法

（1）Faster R-CNN　Faster R-CNN 网络如图 6-32 所示。

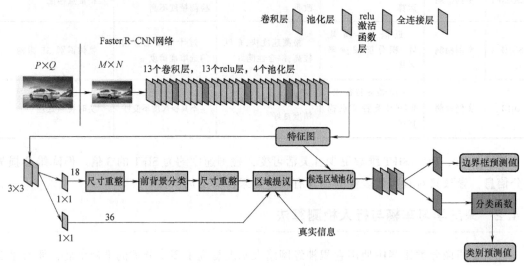

图 6-32　Faster R-CNN 网络

1）Faster R-CNN 首先使用一组基础的卷积层+relu 激活函数层+池化层提取图片的特征图。该特征图被共享用于后续的候选区域提议网络（region proposal networks，RPN）层和全连接层。

2）RPN 层是 Faster R-CNN 最大的亮点，RPN 网络用于生成候选区域锚框。该层通过分类函数判断锚点框属于前景或者背景，再利用边界框回归修正锚框获得精确的候选区域。

3）候选区域池化（ROI pooling）层收集输入特征图和候选区域，综合这些信息提取候选区域对应的特征图，送入后续的全连接层判定目标类别。

4）分类利用候选区域对应的特征图计算候选区域类别，同时再次利用边界框回归获得检验框的最终精确位置坐标。

Faster R-CNN 利用 RPN 网络使目标识别实现真正端到端的计算。如图 6-33 所示，RPN 网络通过在特征图上做滑窗操作，使用预设尺度的锚点框映射到原图，得到候选区域。RPN 网络输入的特征图和全连接层中的特征图共享计算。RPN 的使用，使 Faster R-CNN 能够在一个网络框架之内完成候选区域、特征提取、分类、定位修正等操作。

RPN 使得 Faster R-CNN 在候选区域生成阶段只需 10ms，检测速度达到 5 帧/s（包括所有步骤），并且检测精

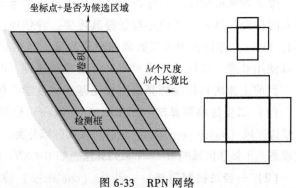

图 6-33　RPN 网络

度也得到提升，达到 63.2%。但是，Faster R-CN 使用候选区域池化操作，导致之后的网络

特征失去平移不变性，影响最终定位准确性；候选区域池化操作后每个区域经过多个全连接层，存在较多重复计算；Faster R-CNN 在特征图上使用锚点框对应原图，而锚点框经过多次下采样操作，对应原图一块较大的区域，导致 Faster R-CNN 检测小目标的效果并不是很好。

（2）Mask R-CNN　Mask R-CNN 在 Faster R-CNN 基础上加以改进，在分类和定位回归以外，加入了关于实例分割的并行分支，并将三者的损失联合训练。图 6-34 所示为 Mask R-CNN 的结构示意图。

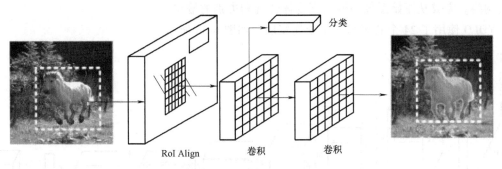

图 6-34　Mask R-CNN 结构示意图

实例分割要求实例定位的精准度达到像素级，而 Faster R-CNN 因为候选区域池化层的等比例缩放过程中引入了误差，导致空间量化较为粗糙，无法准确定位。Mask R-CNN 提出双线性插值 ROI Align 获得更准确的像素信息，使得掩码（mask）准确率提升 10% 到 50%；Mask R-CNN 在 COCO 数据集上的检测速度为 5 帧/s，检测准确性从 Faster R-CNN 的 19.7% 提升至 39.8%。

Mask R-CNN 在检测精度、实例分割方面都达到目前最高的层次。其后一些算法在性能上有所提升，但基本维持在同一水平。但是该算法的检测速度依旧难以满足实时要求，并且实例分割目前也还面临着标注代价过于昂贵的问题。

3. 基于回归的检测算法

（1）YOLO 目标检测算法　从 R-CNN 到 Faster R-CNN，目标检测始终遵循"候选区域+分类"的思路，训练两个模型必然导致参数、训练量的增加，影响训练和检测的速度。由此，YOLO 提出了一种"一步法检测"的思路。

如图 6-35 所示，YOLO 将图片划分为 $S \times S$ 的网格单元，各网格只负责检测落在该网格的目标，每个网格需要预测两个尺度的边界框和类别信息，一次性预测所有区域所含目标的边界框、目标置信度以及类别概率完成检测。

YOLO 采用以网格单元为中心的多尺度区域取代候选区域，舍弃了一些精确度以换取检测速度的大幅提升，检测速度可以达到 45 帧/s，足以满足实时要求；检测精度为 63.4%，较 Faster R-CNN 的 73.2%，差距较大。YOLO 在极大提高检测速度的情况下，也存在以下问题：

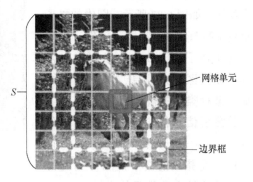

图 6-35　YOLO 网格划分示意

1）因为每个网格值预测两个边界框，且类别相同，因此对于中心同时落在一个网格中的物体以及小物体的检测效果差，多物体环境下漏检较多。

2）由于 YOLO 关于定位框的确定略显粗糙，因此其目标位置定位准确度不如 Faster R-CNN。

3）对于外形非常规则的物体检测效果不佳。

核心思想：YOLO 将物体检测作为回归问题来进行求解。所有的过程基于一个单独的端到端网络。完成从原始图像的输入到物体位置和类别的输出。

YOLO 使用了 24 个卷积和 2 个全连接层，如图 6-36 所示。

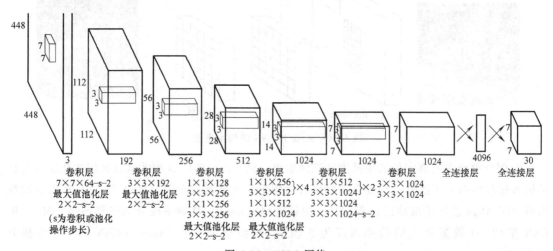

图 6-36　YOLO 网络

其中，卷积层用来提取特征，全连接层用来预测图像位置和类别概率值。

训练过程：

YOLO 将输入图像分成 $S×S$ 个格子，每个格子负责检测落入该格子的物体，即如果某物体的边界框的中心点落入该格子中，则该格子就负责检测出这个物体。如图 6-37 所示，图中的格子就负责预测图像中的物体——狗。

每个格子输出 B 个边界框（包含物体的矩形区域）信息，以及 C 个物体属于某种类别的概率信息。

检测框信息包含五个数据值，分别是 x、y、w、h 和 confidence。其中，x、y 是指当前格子预测得到的物

图 6-37　YOLO 检测

体的边界框的中心位置的坐标；w、h 分别是检测框的宽度和高度；confidence 反映当前检测

框是否包含物体以及物体位置的准确性，计算方式如下：

$$\text{confidence} = \Pr(\text{object}) \times \text{IOU}_{\text{pred}}^{\text{truth}} \tag{6-44}$$

式中，object 为检测物体；$\Pr(\text{object})$ 为检测框中包含物体的概率；IOU 为检测框和真实物体边界框的交集与并集之比。

若检测框包含物体，则 $\Pr(\text{object}) = 1$，否则为 0。

因此，YOLO 网络最终的全连接层的输出维度是 $S \times S \times (B \times 5 + C)$。由于输出层为全连接层，因此在检测时，YOLO 训练模型只支持与训练图像相同的输入分辨率。

虽然每个格子可以预测 B 个边界框，但是最终只选择 IOU 最高的边界框作为物体检测输出，即每个格子最多只预测出一个物体。当物体占画面比例较小，如图像中包含畜群或鸟群时，每个格子包含多个物体，但却只能检测出其中一个，这是 YOLO 的一个缺陷。

YOLO 的优点在于检测速度快，在 TitanX GPU 上，在保证检测准确率的前提下（63.4% mAP），可以达到 45 帧/s 的检测速度；背景误检率低且通用性强。但其缺点是识别物体位置精准性差，召回率低。

（2）SSD 目标检测算法 Faster R-CNN 检测精度高但检测速度慢，YOLO 检测精度不高但检测速度快，SSD 则结合两者的优点，在 YOLO 的基础上借鉴了 RPN 的思路，在保证高精度检测的同时，兼顾检测速度。

如图 6-38 所示，因为不同层的特征图具有对应大小的感受野，特定层的特征图只需要训练对应尺度的对象检测。因此，SSD 结合高层和底层的特征图，使用多尺度区域特征进行回归。

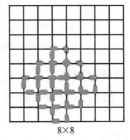
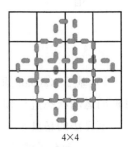

8×8　　　　　　　　4×4

图 6-38　特征图感受野示意图

SSD 算法与 YOLO 网络结构如图 6-39 所示。SSD300 的 mAP 能达到 73.2%，基本与 Faster R-CNN（VGG—16）持平，而检测速度达到 59 帧/s，比 Faster R-CNN 快 6.6 倍。

6.4.3　车辆与行人追踪算法

运动目标跟踪是无人驾驶中不可缺少的环节。在特定的场景中，有一些经典的算法可以实现比较好的目标跟踪效果。

1. 传统目标跟踪算法

一般将传统目标跟踪分为两个部分：特征提取、目标跟踪算法。其中提取的目标特征大致可以分为以下几种：

1）目标区域的颜色直方图。颜色特征具有旋转不变性，且不受目标物大小和形状变化的影响，在颜色空间中分布大致相同。

2）目标的轮廓特征。算法速度较快，并且在目标有小部分遮挡的情况下同样有较好的效果。

3）目标的纹理特征，纹理特征较轮廓特征跟踪效果会有所改善。

目标跟踪的算法大致可以分为：均值漂移算法、基于 Kalman 滤波的目标跟踪算法、基于粒子滤波的目标跟踪算法和基于对运动目标建模的方法等。

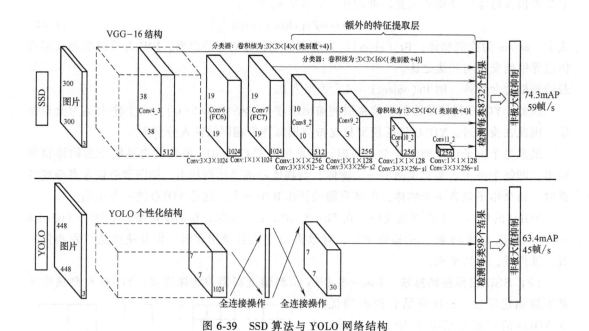

图 6-39　SSD 算法与 YOLO 网络结构

注：Conv 表示卷积核。

1）基于 Kalman 滤波的目标跟踪，该方法是认为物体的运动模型服从高斯模型，来对目标的运动状态进行预测，然后通过与观察模型进行对比，根据误差来更新运动目标的状态，该算法的精度不是很高。

2）基于粒子滤波的目标跟踪，每次通过当前的跟踪结果中采样粒子的分布，然后根据粒子的分布对粒子进行扩散，再通过扩散的结果来重新观察目标的状态，最后归一化更新目标的状态。

3）基于对运动目标建模的方法。该方法通过先验知识对要跟踪的目标进行建模，然后再利用该模型来进行实际的跟踪。

2. 基于深度学习的车辆与行人追踪算法

在视频序列的初始帧中给出任意一个目标的初始位置，并使用目标跟踪方法找到跟踪目标在该视频序列其余图像帧中所在的位置，这是一个典型的单目标跟踪过程。2015 年王乃岩在国际计算机视觉大会上提出，单目标跟踪系统框架能分解成 5 个模块，典型的单目标跟踪框架如图 6-40 所示。

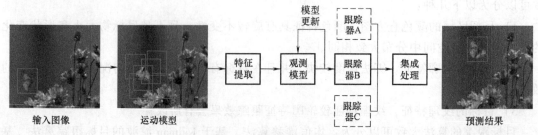

图 6-40　单目标跟踪框架

由图 6-40 可知，框架的 5 个模块分别是：

1）运动模型。该模块的作用是基于跟踪对象在视频前一帧的位置，预测产生可能包含目标的候选区域集合。

2）特征提取。该模块负责提取候选区域的特征，提取的特征要能较好地将目标和背景区分开。常用的特征有 CN 颜色特征、HOG 特征、纹理特征和灰度特征等。

3）观测模型。该模块根据提取的特征值逐一计算候选区域包含跟踪目标的概率，确定在当前帧中预测目标所在的位置和尺寸信息。该模块位于跟踪框架的关键位置。

4）模型更新。该模块控制观测模型的更新策略和更新频率，及时记录跟踪目标在运动过程中的变化，平衡模型的自适应性和目标的漂移。

5）集成处理。使用不止一个跟踪器进行跟踪时，将多个跟踪器的结果组合分析，得到最终的预测结果。

总体来说，目标跟踪过程首先是在视频的第一帧定义跟踪目标的边界框，并使用观测模型进行初始化。在接下来的每一帧中，运动模型将根据前一帧的预测估计生成可能包含目标的候选区域集。候选区域集被输入到观测模型中，计算候选区域与跟踪目标的匹配度，匹配度最高的候选区域作为当前帧预测估计的结果。根据观测模型的输出，模型更新控制器判断观测模型是否需要更新以及更新的频率。最后，视情况进行集成处理。

此处介绍全连接孪生网络的目标跟踪网络（SiameseFC）。

SiameseFC（fully-convolutional Siamese networks）中包含有两个输入 x 和 z，分别表示样本图像和检测图像，通过变换提取图像对的特征，分别得 6×6 和 22×22 的特征图，然后使用函数对得到的特征图进行互相关操作，输出一张相似度量的得分图，这张图定义在一个有限元的网格上。得分图中的数值表示以该点为中心，预设目标大小区域图像块和目标模板的相似度值，得分最高的值乘以网格步长表示当前帧中预测目标所在的位置。SiameseFC 的网络结构如图 6-41 示。SiameseFC 网络的优点有：

1）采用全卷积的结构，解除了对输入图片尺寸的限制。

2）对神经网络进行了离线训练，在线跟踪时不需要更新网络参数，实现了实时跟踪。

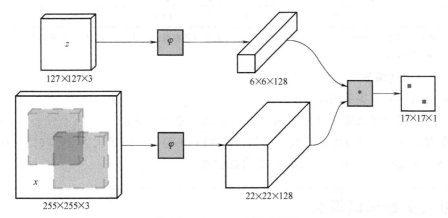

图 6-41　SiameseFC 网络结构

具体实现：

（1）损失函数　在训练模型时肯定需要损失函数，并通过最小化损失函数来获取最优模型。该算法为了构造有效的损失函数，对搜索区域的位置点进行了正负样本的区分，即将目标一定范围内的点作为正样本，这个范围外的点作为负样本，如图 6-41 最右侧生成的得分图中，左上角的点即正样本，右下角的点为负样本，它们都对应于搜索区域中的左上方矩形区域和右下方矩形区域。一般采用的是逻辑损失（logistic loss）函数，具体的损失函数中，对于得分图中了每个点的损失为

$$l(y,v) = \log[\,1+\exp(-yv)\,] \tag{6-45}$$

式中，v 是得分图中每个点真实值；$y \in \{+1, -1\}$，是这个点所对应的标签。

上面的是得分图中每个点的损失值，而对于得分图整体的损失，则采用的是全部点的损失的均值，即

$$L(y,v) = \frac{1}{D}\sum_{u \in D} l(y[\,u\,],v[\,u\,]) \tag{6-46}$$

这里的 $u \in D$ 代表得分图中的位置。

（2）**网络结构**　网络参数见表 6-13，其中池化层采用的是最大值池化，每个卷积层后面都有一个 ReLU 非线性激活层，但是第五层没有。另外，在训练的时候，每个 ReLU 层前都使用了批标准化操作，用于降低过拟合的风险。

表 6-13　网络参数

层	卷积核尺寸	通道映射	步长	激活后尺寸		
				模板图像	候选框搜索区域	通道数
				127×127	255×255	×3
Conv1	11×11	96×3	2	59×59	123×123	×96
Conv1	3×3		2	29×29	61×61	×96
Conv2	5×5	256×48	1	25×25	57×57	×256
Conv2	3×3		2	12×12	28×28	×256
Conv3	3×3	384×256	1	10×10	26×26	×192
Conv4	3×3	384×192	1	8×8	24×24	×192
Conv5	3×3	256×192	1	6×6	22×22	×128

注：卷积网络的结构参数与 Krizhevsky 等人的网络的卷积部分的参数是相似的。其中，通道映射参数表征的是每层卷积层的输入和输出的通道数。

（3）**一些实现细节**

1）训练采用的框架是 MatConv 网络。

2）训练采用的优化算法就是批 SGD 算法，批尺寸大小是 8。

3）跟踪时直接对得分图进行线性插值，将 17×17 的得分图扩大为 272×272，这样原来得分图中响应值最大的点映射回 272×272 目标位置。

6.5　道路交通标识识别

道路交通标识，简称交通标识，一般位于车辆前方道路的上方或两侧，它通过使用图案、符号和简洁的文字，向驾驶人和行人传递禁令、警告和指示等信息，使得驾驶人和行人

可以实时准确地获得路况信息，从而保证交通安全。交通标识在颜色、形状、文字、图像及边框等方面的设计具有严格的标准，根据我国《道路交通标志和标线》的规定，我国的道路交通标识的具体分类情况见表 6-14。

表 6-14 我国道路交通标识分类

名称	类别	作 用
禁止标志	45	对车辆和行人的交通行为进行禁止或者限制
指示标志	42	对车辆和行人的交通行为给予指示
警告标志	29	对车辆和行人的交通行为进行警告
指路标志	20	提供道路方向、地点、距离等信息
旅游标志	17	提供景点方向、地点、距离等信息

从表 6-14 可以看出，交通标识种类繁多，其中主要是禁令标志、指示标志和警告标志。从标志的作用来看，能够起到规范交通参与者行为、防止交通违法等作用的主要还是前三类交通标识。禁令标志边框多为红色，形状主要以圆形为主，指示标志填充颜色多为蓝色，形状主要为圆形和矩形，警告标志填充颜色多为黄色，形状为等边三角形（图 6-42）。这三种交通标识的特点如图 6-43 所示。

禁止向右转弯

禁止直行和向右转弯

禁止车辆临时或长时停放

禁止直行

禁止掉头

禁止车辆长时停放

禁止向左向右转弯

禁止超车

禁止鸣喇叭

a)

靠右侧道路行驶

环岛行驶

单行路(向左或者右)

靠左侧道路行驶

步行

单行路直行

直行车道

机动车行驶

允许掉头

b)

图 6-42 我国交通标识展示（部分）

a）禁令标志 b）指示标志

| T形交叉 | 环形交叉 | 连续弯路 | T形交叉 | 向左急转弯 |

| 上陡坡 | T形交叉 | 向右急转弯 | 下陡坡 |

c)

图 6-42　我国交通标识展示（部分）（续）

c）警告标志

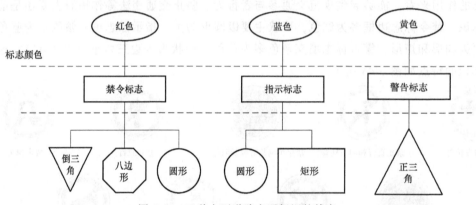

图 6-43　三种主要道路交通标识的特点

中科院的杨怡等人在 2015 年提供了一份公开的中国交通标识数据集（Chinese traffic sign dataset，CTSD），该数据集提供了 1100 多幅自然背景下的道路交通标识图片。该数据集可以作为道路交通标识数据库用于交通标识检测的训练。限速 40km/h 的部分训练样本如图 6-44 所示。

图 6-44　限速 40km/h 的部分训练样本

随着投入到交通标识识别（traffic sign recognition，TSR）研究的国家和机构越来越多，TSR 的研究也取得了较大的进展，研究人员先后提出了一些适应性较强的道路交通标识识别算法，在一定程度上减少了复杂背景和光照的干扰。然而，现有的算法总是很难在实时性、准确性和鲁棒性这三个方面都获得很好的效果。因此，针对自然背景的满足实时性、准确性和鲁棒性的算法依旧是各国学者研究的热点。目前的道路交通标识检测与识别算法主要分为传统道路交通标识检测与识别算法和基于深度学习的道路交通标识检测与识别算法。

6.5.1 传统道路交通标识检测与识别算法

传统道路交通标识检测与识别算法通常采用 HOG 特征提取+SVM 分类的方法。为了提高对感兴趣区域的提取效率，首先对输入的图像进行图像预处理，包括图像滤波和图像增强。然后采用三通道级联提取架构来提取感兴趣区域，该框架能够有效地提高感兴趣区域的提取效率。三通道级联提取架构包括颜色分割、候选区域预处理和形状检测三个部分，颜色分割部分，采用一种基于 RGB 空间和 YUV 空间的颜色分割算法，有效提高颜色分割准确性；候选区域部分主要对颜色分割后的图像进行膨胀腐蚀处理、连通区域面积的筛选和孔洞填充，对候选区域进行预处理有利于形状检测；形状检测部分采用了目前圆形检测效果较好的霍夫圆检测，以及针对矩形和三角形的形状检测，该算法能够提高形状检测的准确率。获取到感兴趣区域后，对感兴趣区域进行尺寸归一化，最后采用 HOG 特征提取+SVM 分类的方案对感兴趣区域进行特征识别。算法示意图如图 6-45 所示。

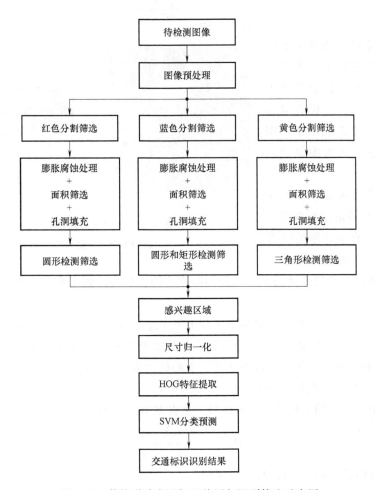

图 6-45 传统道路交通标识检测与识别算法示意图

1. 图像预处理

自然场景下采集到的图像可能会存在噪声，而噪声会降低图像的质量，采集图像的过程中可能会出现摄像机的抖动，拍摄过程中光照的过亮或者过暗，道路交通标识由于时间久远自然性的褪色等问题，这些都会对后续道路交通标识的识别造成困难。因此，在保证检测实时性的前提下，为了提高感兴趣区域提取的效率，需要对输入图像进行图像滤波和图像增强。

（1）图像滤波　自然场景下采集到的图像中最为常见的噪声为高斯噪声和脉冲噪声（椒盐噪声）。中值滤波能够有效地处理脉冲噪声，但中值滤波的缺陷是在处理尖顶、点、线等细节较多的图像时会引起图像信息的缺失。高斯滤波在降低噪声的同时能较好地保持图像的边缘。道路交通标识识别系统的输入图像中具有较多的尖顶和线等细节，因此，一般采用高斯滤波来完成输入图像的降噪过程。

高斯滤波的具体操作就是使用标准模板对图像中的每一个像素进行扫描，在扫描过程中，处于模板中心像素点的灰度值将被模板邻域内像素点的灰度值的加权平均值所替换。高斯函数在二维空间定义为

$$G(x, y) = Ae^{\frac{-(x-\mu)^2}{2\sigma_x^2} + \frac{-(y-\mu)^2}{2\sigma_y^2}} \tag{6-47}$$

（2）图像增强　如图 6-46 所示，在获取自然场景下的图像的过程中，光照的多样性会导致图像的质量参差不齐，进而会对道路交通标识的检测造成困难。图像增强可以减弱光照对图像带来的影响。

常用的图像增强算法，如基于 HSV 空间上 V 通道的直方图均衡化，它的原理就是对原始图像进行非线性拉伸，重新分配像素

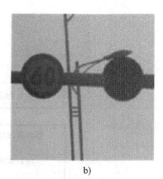

a)　　　　　　　　　　　b)

图 6-46　光照多样性带来的影响

a) 光照过亮　b) 光照过暗

值，使原始图像的直方图变换为呈均匀分布的直方图，从而达到丰富灰度细节和增强图像对比度的效果。

一幅数字图像在 $[0, T]$ 范围共有 L 个灰度级，直方图为以下离散函数：$h(r_k) = n_k$，r_k 为 $[0, T]$ 内的第 K 级灰度，n_k 表示图像中灰度级为 r_k 的像素数。对于图像为 uint8 类的，T 的值为 255，对于图像为 uint16 类的，T 的值为 65535，且对于 uint8 类和 uint16 类的图像 $T = L-1$，对于浮点图像 $T = 1.0$。

假设图像中像素点的个数为 n，则其归一化直方图公式为

$$P(r_k) = \frac{h(r_k)}{n} = \frac{n_k}{n} \tag{6-48}$$

式中，对于整数图像，$k = 0, 1, 2, \cdots, L-1$。

$P(r_k)$ 可以认为是灰度级 r_k 出现的概率的估计，即对于离散的灰度级图像，令 $P(r_k)$

为该幅图像灰度级相关联的直方图，可知其均衡变换公式为

$$S_k = \sum_{j=0}^{k} P(r_j) = \sum_{j=0}^{k} \frac{n_j}{n} \qquad k = 0, 1, 2, \cdots, L-1 \qquad (6\text{-}49)$$

式中，S_k 为输出图像中的灰度值，对应于输入图像中的灰度值 r_k。

对 RGB 空间上的 R、G、B 通道进行直方图均衡化时会带来较大的颜色失真，而对 HSV 空间上的 V 通道进行直方图均衡化，既改善了图像的亮度也没有影响图像的其他信息，这有利于提高道路交通标识识别的效率。

2. 提取感兴趣区域

经过预处理得到的图像称为待处理图像，待处理图像包括的道路交通标识可能有红色的、蓝色的和黄色的，一定会包含圆形、矩形和三角形的一种或多种。通过对国内道路交通标识的分析可知，道路交通标识的特点很明显，仅存在红色圆形、蓝色圆形和蓝色矩形以及黄色三角形。为了提高感兴趣区域提取的实时性和准确性，此处介绍三通道级联提取架构提取 ROI 的架构，该架构如图 6-47 所示。

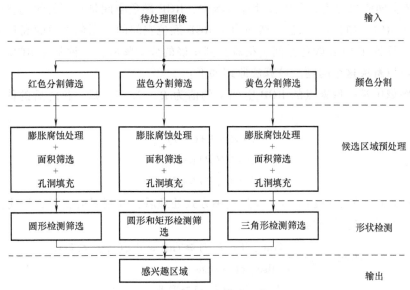

图 6-47　三通道级联提取架构

通道级联提取架构提取感兴趣区域的基本流程是：

1）将经过简单预处理之后的图像输入到三通道级联提取架构，对图像进行颜色分割，分割成红色通道图像、蓝色通道图像和黄色通道图像。

2）颜色分割完成后，分别对三个通道的图像进行候选区域预处理，包括形态学处理、区域面积筛选和孔洞填充。

3）候选区域预处理完成后，分别对红色通道的图像进行圆形检测，对蓝色通道的图像进行圆形和矩形检测，对黄色通道的图像进行三角形检测。

4）形状检测完成后，输出感兴趣区域的坐标范围，根据坐标范围确定感兴趣区域。

三通道级联提取架构提取 ROI 的优势在于：

1）减少了提取感兴趣区域的计算量。三通道级联提取架构在形状检测部分均是有针对

性的检测，在红色通道只进行圆形检测，在蓝色通道只进行圆形和矩形检测，在黄色通道只进行三角形检测。相比于针对整个区域进行形状检测，该框架的形状检测的候选区域大大减小，有效地减少了提取感兴趣区域的计算量。

2）提高了感兴趣区域提取的准确性。如果不进行通道隔离，就不能筛选掉红色三角形物体、红色矩形物体、蓝色三角形物体、黄色圆形物体、黄色矩形物体，这些未被筛选的物体就很有可能通过形状检测后进入到感兴趣区域，导致误检。

3）提高了 TSR 算法的效率。三通道级联提取架构保证了感兴趣区域在最大化保留道路交通标识区域的同时，将引入非道路交通标识区域的可能性降低到最小。准确地提取感兴趣区域不仅能有效地提高 TSR 算法的准确性，而且能够通过减小特征识别的计算量来保证 TSR 的实时性。

（1）颜色分割　通过前面的内容可知，道路交通标识具有显著的颜色特点，即道路交通标识的颜色只有红色、蓝色和黄色。构建快速有效的道路交通标识颜色分割算法是整个 TSR 算法中非常重要的一部分，此处介绍两种颜色分割算法。

1）RGB 空间颜色分割。在图像处理领域中，RGB 颜色空间是常用的颜色空间，且红色和蓝色均属于 RGB 空间的三原色。然而由于 RGB 颜色空间的三原色之间的高相关性和光照变化的影响，导致在 RGB 颜色空间上很难找到正确的分割阈值，一种基于 RGB 空间的相对归一化算法可以解决这个问题。该算法原理如下：

假设在图像中某一像素点的 RGB 空间下的值为 R、G、B，归一化之后的值 r、g、b 分别为

$$
\begin{aligned}
r &= R/(R+G+B) \\
g &= G/(R+G+B) \\
b &= B/(R+G+B)
\end{aligned}
\tag{6-50}
$$

由式（6-50）可知，$r+g+b=1$。经过这种方式处理后，分割阈值就很容易找到，在该空间下，检测所用的判定条件为

$$
\begin{cases}
\mathrm{Red}(i,j) = \begin{cases} \mathrm{True}, & \text{if } r(i,j) \geqslant \mathrm{ThR} \text{ and } g(i,j) \leqslant \mathrm{ThG} \\ \mathrm{False}, & \text{otherwise} \end{cases} \\
\mathrm{Blue}(i,j) = \begin{cases} \mathrm{True}, & \text{if } b(i,j) \geqslant \mathrm{ThB} \\ \mathrm{False}, & \text{otherwise} \end{cases} \\
\mathrm{Yellow}(i,j) = \begin{cases} \mathrm{True}, & \text{if } r(i,j)+g(i,j) \geqslant \mathrm{ThY} \\ \mathrm{False}, & \text{otherwise} \end{cases}
\end{cases}
\tag{6-51}
$$

设定的具体颜色阈值见表 6-15。

表 6-15　颜色阈值设定

ThR	ThG	ThB	ThY
0.4	0.3	0.4	0.85

该算法的效果如图 6-48 所示，从试验结果来看，该算法对于红色和蓝色的分割效果表现优异，但是由于在 RGB 颜色空间内，黄色与红色的关联性非常大，导致该算法对黄色的分割效果并不理想，因此采用基于 RGB 颜色空间的增强分割算法进行红色和蓝色的分割。

图 6-48 RGB 空间颜色分割效果图

a）红色原图 b）蓝色原图 c）黄色原图 d）红色分割效果 e）蓝色分割效果 f）黄色分割效果

2）YUV 空间颜色分割。针对目前颜色分割中准确性较差的黄色分割，基于 YUV 颜色空间的黄色分割具有较好的分割效果。该算法的思想就是首先在 YUV 颜色空间里分割出黄色区域，然后与图中的红色区域进行反相与运算，得到最终的黄色区域。

YUV（又称 YCrCb）颜色空间是一个通过亮度和色度来表示颜色分量的颜色空间。其中"Y"表示亮度，"U"和"V"表示色度，YUV 颜色空间的最大优点就是亮度"Y"和色度"U""V"是相互分离的。式 6-52 为 YUV 颜色空间和 RGB 颜色空间的转换关系。在该空间下，检测所用的判定条件见式（6-53）和式（6-54）。

$$
\begin{cases}
Y = 0.299R + 0.587G + 0.144B \\
U = -0.148R - 0.289G + 0.437B \\
V = 0.615R - 0.515G - 0.100B
\end{cases}
\tag{6-52}
$$

$$
\mathrm{Yellow}(i,j) = \begin{cases}
\mathrm{True}, & \mathrm{if}(U(i,j) - 1.5V(i,j)) \geq 0.5\max(U(i,j) - 1.5V(i,j)) \\
\mathrm{False}, & \mathrm{otherwise}
\end{cases}
\tag{6-53}
$$

$$
\mathrm{Yellow}(i,j) = \mathrm{Yellow}(i,j) \& \widetilde{R}
\tag{6-54}
$$

一般 YUV 颜色空间分割是在 RGB 空间颜色分割的基础上进行的，由于 RGB 空间颜色分割已经在 RGB 空间里准确地分割出了红色区域，因此在 YUV 空间下不再进行红色分割，直接将在 YUV 颜色空间分割出的黄色区域和在 RGB 空间分割出的红色区域进行反相与运算。

YUV 空间颜色分割与基于 RGB 空间分割的对比效果图如图 6-49 所示，从试验结果来看，该算法对于黄色的分割效果更好，因此采用该算法进行黄色分割。

目前常用的算法思想就是在 RGB 空间里利用 RGB 增强分割算法分割红色和蓝色，在 YUV 空间和 RGB 空间里分割黄色，两种方法相结合进行颜色分割，获取候选区域。

（2）候选区域预处理 颜色分割得到的候选区域不能直接用来进行形状检测，因为里

a)   b)   c)

图 6-49　黄色分割效果对比图

a）原图　b）RGB 空间分割　c）YUV 空间+RGB 空间分割

面不仅包含很多细小的交通标识干扰区域，而且还包含交通标识区域间相黏连的噪声点和线等。为了提高形状检测的效率，需要在形状检测之前进行候选区域预处理，对候选区域采用的预处理包括膨胀腐蚀处理、连通区域面积的筛选和孔洞填充。

（3）形状检测

1）圆检测。现阶段，圆形检测算法较成熟，常用的检测圆形的算法是霍夫圆变换（circles Hough transform），该算法由于其对噪声、遮挡和光照多样性较好的鲁棒性，一直被广泛用于图像处理中的圆形检测。

2）矩形检测和三角形检测。相比于圆形检测算法，矩形和三角形检测算法目前还没有一个在准确性和鲁棒性方面都很优秀的算法。一种基于目标区域质心到边界的"角度-距离"图的形状检测算法在矩形检测和三角形检测方面的准确性和鲁棒性上表现还不错。

3. 特征识别

传统道路交通标识识别的方法是结合特征提取和 SVM 分类进行特征识别。HOG 特征是常用的图像特征描述算子，此处介绍 HOG 特征和 SVM 分类器相结合的算法，利用此经典目标识别算法对道路交通标识进行分类。

（1）尺寸归一化　在 TSR 系统实际应用的过程中，由于 TSR 系统的摄像设备与道路交通标识的距离在不断发生变化，导致所获得的图像中的道路交通标识的尺寸大小不一致，如在距离道路交通标识较近的位置拍摄的图像中交通标识的尺寸大小为 16×16，在较远的位置图像中交通标识的尺寸有可能就是 128×128。因此，在特征识别之前对感兴趣区域进行尺寸归一化是非常重要的一步。尺寸归一化就是将图像进行扩大或者缩小到某固定大小，不管是扩大还是缩小，原始图像的像素个数都会被改变，这就导致了无论采用何种尺寸变换算法都会不可避免地带来图像失真。不过，只要选择的尺度变换算法能够保证图片的失真程度在可允许的范围内，且不影响算法的实时性，TSR 算法的识别效果就能够得到保证。

现阶段，较常用的尺寸变换方法主要有最近邻插值、双线性插值和双三次插值。最近邻插值的算法思想就是某像素点经过变换后的像素值等于距离它最近的像素点的输入像素值。双线性插值的算法思想是某像素点经过变换后的像素值是由原图像中该像素点附近的 2×2 区域的 4 个邻近像素点的像素值的加权平均得到的。双三次插值的算法思想是基于相邻像素点的像素值的大小和变化率。三种尺寸变换算法的比较见表 6-16。

表 6-16　三种尺寸变换算法效果比较

算法	图像失真度	实时性
最近邻插值	大	好
双线性插值	较小	较好
双三次插值	小	差

通过对三种尺寸变换算法的比较会发现双线性插值算法最适合 TSR 系统，该算法的原理如下：

如图 6-50 所示，假设已知函数 f 在 $Q_{11}(x_1, y_1)$、$Q_{12}(x_1, y_2)$、$Q_{21}(x_2, y_1)$ 和 $Q_{22}(x_2, y_2)$ 四个点的值，要求得函数 f 在图中 $P(x, y)$ 点的值，其中 R_1 的坐标为 (x, y_1) 和 R_2 的坐标为 (x, y_2)。

首先在 x 方向进行线性插值，有

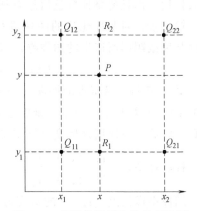

图 6-50　双线性插值法数学理论图

$$f(R_1) \approx \frac{x_2-x}{x_2-x_1}f(Q_{11}) + \frac{x-x_1}{x_2-x_1}f(Q_{21}) \qquad (6\text{-}55)$$

$$f(R_2) \approx \frac{x_2-x}{x_2-x_1}f(Q_{12}) + \frac{x-x_1}{x_2-x_1}f(Q_{22}) \qquad (6\text{-}56)$$

然后在 y 方向进行线性插值，有

$$f(P) \approx \frac{y_2-y}{y_2-y_1}f(R_1) + \frac{y-y_1}{y_2-y_1}f(R_2) \qquad (6\text{-}57)$$

即函数 f 在图中 $P(x, y)$ 点的值，则

$$f(x, y) \approx \frac{(x_2-x)(y_2-y)}{(x_2-x_1)(y_2-y_1)}f(Q_{11}) + \frac{(x-x_1)(y-y_1)}{(x_2-x_1)(y_2-y_1)}f(Q_{21}) +$$
$$\frac{(x_2-x)(y-y_1)}{(x_2-x_1)(y_2-y_1)}f(Q_{12}) + \frac{(x-x_1)(y-y_1)}{(x_2-x_1)(y_2-y_1)}f(Q_{22}) \qquad (6\text{-}58)$$

函数 f 在图中 $P(x, y)$ 点的值即为像素点 (x, y) 点经过双线性插值变换后的值。假设归一化的大小为 64×64，效果如图 6-51 所示。

116像素

116像素

64像素

64像素

图 6-51　尺寸归一化

（2）HOG 特征提取+SVM 分类

1）HOG 特征的基本思想。HOG 特征的思想是统计和计算目标的梯度强度在梯度方向上的分布来表征目标的特征。HOG 特征关注的是目标局部区域内梯度方向直方图的分布，

这决定了它对目标的形变和光照多样性具有较好的鲁棒性。道路交通标识具有特定的纹理，且容易受到形变和光照等因素的影响，HOG 特征非常适用于 TSR 算法。

2）HOG 特征提取的算法流程。

① 图像预处理。在图像预处理过程中，主要进行两步操作。第一步，将样本图像转化为灰度图像，HOG 特征的基本思想是基于图像的梯度和边缘分布的，图像的颜色信息没有太大作用，而且忽略掉颜色信息有利于减少计算的复杂程度，进而提高 HOG 特征的提取效率；第二步，对灰度化后的图像进行伽马（Gamma）归一化，通过归一化，使图像中由于光照强度或阴影所产生的图像噪声得到一定程度的抑制。伽马压缩公式为

$$I_g(x, y) = I(x, y)^{Gamma}, \ Gamma = 1/2 \tag{6-59}$$

② 计算每个像素点的梯度（包括大小和方向）。在该步骤中，不同的梯度算子会影响最终的 HOG 特征提取，由于一维中心对称模板能够很好地反映图像的水平和垂直方向的边缘信息，因此一般使用该梯度算子来实现 HOG 特征提取。计算过程如下：

梯度算子：$\begin{cases} [-1, \ 0, \ 1] & \text{水平边缘算子} \\ [-1, \ 0, \ 1]^T & \text{垂直边缘算子} \end{cases}$

图像中像素点 (i, j) 的梯度为

$$\begin{aligned} G_x(x, y) &= H(x+1, \ y) - H(x-1, \ y) \\ G_y(x, y) &= H(x, \ y+1) - H(x, \ y-1) \end{aligned} \tag{6-60}$$

式中，$G_x(x, y)$ 为像素点 (x, y) 的水平方向梯度；$G_y(x, y)$ 为像素点 (x, y) 的垂直方向梯度；$H(x, y)$ 表示像素点 (x, y) 的像素值。

像素点 (x, y) 的梯度幅值和梯度方向为

$$\begin{cases} G(x, y) = \sqrt{G_x(x, y)^2 + G_y(x, y)^2} \\ \alpha(x, y) = \arctan\left[\dfrac{G_y(x, y)}{G_x(x, y)}\right] \end{cases} \tag{6-61}$$

③ 将图像分割为单元格。HOG 特征中最小的结构单位就是单元格，而且单元格也决定了后续步骤中的块和窗口滑动的步长。因此，首先需要将图像划分成一个个的单元格，如图 6-52c 所示。

④ 为每个单元格构建梯度方向直方图。像素点的梯度方向的取值范围是 [0°，360°]，把该范围均分为 n 个通道。假设 n 为 9，即采用 9 个条目（bin）来统计一个单元格的梯度方向信息。具体方法是假如当前单元格内的某个像素点的梯度方向在 [20°，40°] 这个范围内，该像素点的梯度强度为 2，那么就需要直方图的相应通道的记数上加 2。这样，对单元格里面所有的像素点在直方图上进行以梯度强度为权值的投影，即可得到该单元格所对应的梯度方向直方图。

⑤ 单元格合成块（block）单元并归一化块梯度方向直方图。首先将 2×2 或 3×3 个单元格合成一个矩形块，块之间相互重叠，如图 6-52c 所示，然后按照对单元格求梯度方向直方图的方法对每个块求块梯度方向直方图。但是由于前景-背景对比度的变化和局部光照的变化，使得得到的块梯度方向直方图的梯度强度的变化范围非常大。为了避免这一问题，需要在计算的过程中对每个块进行梯度强度归一化，梯度强度的归一化可以进一步压缩边缘、光

照和阴影。为了使 HOG 特征能够很好地适应光照不均，每个块的归一化参数可以不一样。

⑥ 生成 HOG 特征。将所有块的梯度方向直方图合并成一个长向量，这个长向量就是这幅图像的 HOG 特征向量，如图 6-52d 所示。假设图像窗口的大小为 64×64 个像素，单元格的大小为 8×8，每个单元格由 9 个条目组成，每个块由 2×2 个共 4 个单元格组成，横向共计 7 个块，纵向也是 7 个块，那么最终该图像窗口的 HOG 特征向量的维数为 9×4×7×7 = 1764 维。

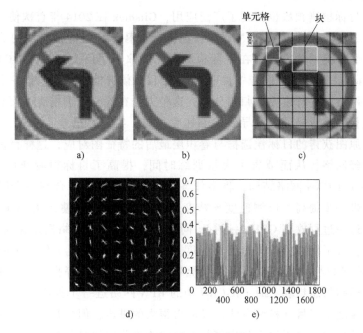

图 6-52　方向梯度直方图特征提取过程

a）原图　b）灰度图　c）划分单元格和块　d）HOG 特征　e）HOG 特征直方图

3）支持向量机（SVM）分类。SVM 旨在给定一些标记好的训练样本，SVM 算法输出一个能够将不同类样本在样本空间分隔的超平面从而将不同类样本分开，其中超平面是指划分数据的决策边界，离这个超平面最近的点就叫作支持向量，点到超平面的距离叫间隔。SVM 分类就是要使超平面和支持向量之间的间隔尽可能的大，这样超平面才可以将两类样本准确地分开。

在进行交通标识识别时利用训练样本的 HOG 特征和相对应的标签训练即可得到支持向量机模型，然后利用训练好的 SVM 模型对提取到的 HOG 特征进行分类，即可实现对输入图像进行预测达到交通标识识别的功能。

6.5.2　基于深度学习的交通标识检测与识别算法

卷积神经网络（convolutional neural network，CNN）作为深度学习不可或缺的一部分，在目标检测识别领域获得了令人瞩目的成果，研究人员将其应用到交通标识识别领域，也取得了较好的效果。与传统交通标识识别方法不同的是，CNN 可以在训练过程中提取图像特征，并且在检测性能上优于传统的交通标识识别方法。由于 CNN 具备自动获取图像特征的特点，所以基于 CNN 的标识检测算法只需直接处理原图像即可，而不需要对图像进行前期复杂处理，算法分类准确率普遍较高。在 2011 年举办的 IJCNN2011（2011 International Joint Conference on Neural Networks）交通标识识别大赛中，卷积神经网络在 GTSRB 数据集上分类任务取得了优异的成绩。Jin 等使用铰链随机梯度下降损失函数的方法，通过训练卷积神经网络提取交通标识特征进行交通标识识别，在 GTSRB 交通标识数据集上获得了更高的稳定性和 99.65% 的识别正确率。

深度学习在目标检测领域也得到了广泛应用，Girshick 在 2014 年首次使用候选区域结合卷积神经网络的思想，设计了 R-CNN 目标检测框架代替传统目标检测使用的滑动窗口结合人工设计特征训练分类器的方法，在目标检测研究中取得了巨大进展。R-CNN 根据选择搜索窗（selective search）算法在图像中提取 2000 个目标候选框，然后把每一个目标候选区域输入到卷积神经网络中进行边界回归与分类，这种方法在检测识别精度方面取得了较好的效果，但是存在大量数据重复训练，导致检测速度很慢，实时性很差。He K. 提出了 SPPNet 网络结构，将在原图获得的目标候选框与卷积层最后的特征图对应，这样目标候选框只需要经过一次卷积神经网络，从而节省了大量训练时间，提高了目标检测速度。Girshick 等在 2015 年提出 Faster R-CNN 网络结构，将多任务损失与边界回归整合到一个网络中，实现了端到端的训练，进一步提高了检测速度与精度。Faster R-CNN 中使用 RPN 网络获取目标候选区域，并且把这一过程放在 GPU 上运行，同时可以使用一个网络模型完成端到端的检测，在目标检测领域获得了极高的检测速度与精度。Redmon J. 等提出一种基于回归的目标检测算法 YOLO，提高了目标检测速度，但是检测精度不高。LiuW. 等提出 SSD 目标检测方法，结合 YOLO 算法回归的思想和 Faster R-CNN 中的 RPN 网络进一步提高了目标检测的速度与精度。虽然基于深度学习目标检测方法已经取得很大的进步，但是目前将这种方法用于交通标识识别研究的还很少。由于这部分内容与前面 6.4 小节中的检测算法基本一致，前面已经做了介绍，所以此处不做过多赘述。

6.6　多传感器融合

近年来，多传感器数据融合技术被越来越多的研究者应用到智能车辆环境感知系统中来。多传感器融合技术已成为军事、工业和高技术开发等多领域关心的问题。这一技术广泛应用于 C3I（command，control，communication and intelligence）系统、复杂工业过程控制、机器人、自动目标识别、交通管制、惯性导航、海洋监视和管理、农业、遥感、医疗诊断、图像处理、模式识别等领域。与单传感器系统相比，运用多传感器数据融合技术在解决探测、跟踪和目标识别等问题方面，能够提高整个系统的可靠性和鲁棒性，增强数据的可信度，并提高精度，扩展整个系统的时间、空间覆盖率，增加系统的实时性和信息利用率等。

6.6.1　多传感器融合相关理论

多传感器数据融合的定义可概括为：充分利用不同时间与空间的多传感器数据资源，采用计算机技术对按时间序列获得的多传感器观测数据，在一定准则下进行分析、综合、支配和使用，获得对被测对象的一致性解释与描述，进而实现相应的决策和估计，使系统获得比它的各组成部分更充分的信息。

1. 多传感器数据融合技术原理

多传感器数据融合技术的基本原理就像人脑综合处理信息一样，充分利用多个传感器资源，通过对多传感器及其观测信息的合理支配和使用，把多传感器在空间或时间上冗余或互补信息依据某种准则来进行组合，以获得被测对象的一致性解释或描述。具体地说，多传感器数据融合步骤如下：

1）N 个不同类型的传感器（有源或无源的）收集观测目标的数据。

2）对传感器的输出数据（离散的或连续的时间函数数据、输出向量、成像数据）进行特征提取的变换，提取代表观测数据的特征向量 Y_i。

3）对特征向量 Y_i 进行模式识别处理（如聚类算法、自适应神经网络或其他能将特征向量 Y_i 变换成目标属性判决的统计模式识别算法等）完成各传感器关于目标的说明。

4）将各传感器关于目标的说明数据按同一目标进行分组，即关联。

5）利用融合算法将每一目标各传感器数据进行合成，得到该目标的一致性解释与描述。

2. 多传感器数据融合方法

利用多个传感器所获取的关于对象和环境全面、完整的信息，主要体现在融合算法上。因此，多传感器系统的核心问题是选择合适的融合算法。对于多传感器系统来说，信息具有多样性和复杂性，因此，对信息融合方法的基本要求是具有鲁棒性和并行处理能力。此外，还有算法的运算速度和精度；与前续预处理系统和后续信息识别系统的接口性能；与不同技术和方法的协调能力；对信息样本的要求等。一般情况下，基于非线性的数学方法，如果它具有容错性、自适应性、联想记忆和并行处理能力，则都可以用来作为融合方法。

多传感器数据融合虽然未形成完整的理论体系和有效的通用融合算法，但在不少应用领域根据各自的具体应用背景，已经提出了许多成熟并且有效的融合方法。多传感器数据融合的常用方法基本上可概括为随机和人工智能两大类，随机类方法有加权平均法、卡尔曼滤波法、多贝叶斯估计法、证据推理法（dempster-shafer，D-S）证据推理、产生式规则等；而人工智能类则有模糊逻辑理论、神经网络、粗糙集理论、专家系统等。可以预见，神经网络和人工智能等新概念、新技术在多传感器数据融合中将起到越来越重要的作用。

（1）常见的随机类多传感器数据融合方法

1）加权平均法。信号级融合方法中最简单、最直观的是加权平均法，该方法将一组传感器提供的冗余信息进行加权平均，结果作为融合值，该方法是一种直接对数据源进行操作的方法。

2）卡尔曼滤波法。卡尔曼滤波主要用于融合低层次实时动态多传感器冗余数据。该方法用测量模型的统计特性递推，决定统计意义下的最优融合和数据估计。如果系统具有线性动力学模型，且系统与传感器的误差符合高斯白噪声模型，则卡尔曼滤波将为融合数据提供统计意义下的最优估计。卡尔曼滤波的递推特性使系统处理不需要大量的数据存储和计算。但是，采用单一的卡尔曼滤波器对多传感器组合系统进行数据统计时，存在很多严重的问题，例如，①在组合信息大量冗余的情况下，计算量将以滤波器维数的三次方剧增，实时性

不能满足；②传感器子系统的增加使故障随之增加，在某一系统出现故障而没有及时被检测出时，故障会污染整个系统，使可靠性降低。

3）多贝叶斯估计法。贝叶斯估计为数据融合提供了一种手段，是融合静环境中多传感器高层信息的常用方法。它使传感器信息依据概率原则进行组合，测量不确定性以条件概率表示，当传感器组的观测坐标一致时，可以直接对传感器的数据进行融合，但大多数情况下，传感器测量数据要以间接方式采用贝叶斯估计进行数据融合。多贝叶斯估计将每一个传感器作为一个贝叶斯估计，将各个单独物体的关联概率分布合成一个联合的后验的概率分布函数，通过使用联合分布函数的似然函数为最小，提供多传感器信息的最终融合值，融合信息与环境的一个先验模型提供整个环境的一个特征描述。

4）D-S 证据推理法。D-S 证据推理是贝叶斯推理的扩充，其三个基本要点是：基本概率赋值函数、信任函数和似然函数。D-S 方法的推理结构是自上而下的，分三级。第一级为目标合成，其作用是把来自独立传感器的观测结果合成为一个总的输出结果（ID）；第二级为推断，其作用是获得传感器的观测结果并进行推断，将传感器观测结果扩展成目标报告。这种推理的基础是一定的传感器报告以某种可信度在逻辑上会产生可信的某些目标报告。第三级为更新，各种传感器一般都存在随机误差，所以，在时间上充分独立的来自同一传感器的一组连续报告比任何单一报告可靠。因此，在推理和多传感器合成之前，要先组合（更新）传感器的观测数据。

5）产生式规则。产生式规则采用符号表示目标特征和相应传感器信息之间的联系，与每一个规则相联系的置信因子表示它的不确定性程度。当在同一个逻辑推理过程中，两个或多个规则形成一个联合规则时，可以产生融合。应用产生式规则进行融合的主要问题是每个规则的置信因子的定义与系统中其他规则的置信因子相关，如果系统中引入新的传感器，则需要加入相应的附加规则。

（2）常见的人工智能类多传感器数据融合方法

1）模糊逻辑推理。模糊逻辑是多值逻辑，通过指定一个 0 到 1 之间的实数表示真实度，相当于隐含算子的前提，允许将多个传感器信息融合过程中的不确定性直接表示在推理过程中。如果采用某种系统化的方法对融合过程中的不确定性进行推理建模，则可以产生一致性模糊推理。与概率统计方法相比，逻辑推理存在许多优点，它在一定程度上克服了概率论所面临的问题，对信息的表示和处理更加接近人类的思维方式，一般比较适合于在高层次上的应用（如决策），但是，逻辑推理本身还不够成熟和系统化。此外，由于逻辑推理对信息的描述存在很大的主观因素，所以信息的表示和处理缺乏客观性。

模糊集合理论对于数据融合的实际价值在于它外延到模糊逻辑，模糊逻辑是一种多值逻辑，隶属度可视为一个数据真值的不精确表示。在多传感器数据融合过程中，存在的不确定性可以直接用模糊逻辑表示，然后使用多值逻辑推理，根据模糊集合理论的各种演算对各种命题进行合并，进而实现数据融合。

2）人工神经网络法。神经网络具有很强的容错性以及自学习、自组织和自适应能力，能够模拟复杂的非线性映射。神经网络的这些特性和强大的非线性处理能力，恰好满足了多传感器数据融合技术处理的要求。在多传感器系统中，各信息源所提供的环境信息都具有一定程度的不确定性，对这些不确定信息的融合过程实际上是一个不确定性推理过程。神经网络根据当前系统所接受的样本相似性确定分类标准，这种确定方法主要表现在网络的权值分布上，同时，可以采用学习算法来获取知识，得到不确定性推理机制。利用神经网络的信号处理能力和自动推理功能，实现了多传感器数据融合。

3. 多传感器数据融合的系统结构模型

多传感器数据融合的系统结构模型一般有三种基本形式：集中式、分布式和混合式。

在集中式结构中，多个传感器获取的原始数据不需要进行任何处理，直接送入信息融合中心。该结构的优点是具有较高的融合精度，算法多样，实时性好；缺点是数据流向单一，缺少底层传感器之间的信息交流，并且由于处理中心运算量大，需要维护较大的集中数据库，降低了工作速度，增加了硬件成本。

分布式结构在各独立节点都设置了相应的处理单元，用于初步处理传感器获取的原始信息，然后再送入统一的信息融合中心，配合数据融合算法进行多维优化、组合、推理，以获取最终结果。该结构计算速度快，在某一传感器失灵的情况下仍能继续工作，可靠性更高。适用于远距离传感器信息反馈，但在低通信带宽中传输会造成一定损失，精度较低。

混合式同时具有分布式和集中式两种结构，兼顾二者的优点，能够根据不同需要灵活且合理地完成信息处理工作，但是对结构设计要求高，降低了系统的稳定性。

6.6.2 多传感器标定

传感器标定是自动驾驶的基本需求，良好的标定是多传感器数据融合的基础，一辆车上装了多个/多种传感器，而它们之间的坐标关系是需要确定的。标定过程可分成两部分：内部参数标定和外部参数标定。内部参数是决定传感器内部的映射关系，比如摄像头的焦距、偏心和像素横纵比（畸变系数）；而外部参数是决定传感器和外部某个坐标系的转换关系，比如姿态参数等。

摄像头的标定是计算机视觉中三维重建的前提，著名的张氏标定法，利用绝对圆锥曲线（absolute conic）不变性得到的平面标定算法简化了控制场。另外在自动驾驶研究中，GPS-IMU 和摄像头或者激光雷达的标定、雷达和摄像头之间的标定也是常见的。不同传感器之间标定最大的问题是如何衡量最佳，因为获取的数据类型不一样：

1）摄像头是 RGB 图像的像素阵列。

2）激光雷达是 3D 点云距离信息。

3）GPS-IMU 给的是车身位置姿态信息。

4）微波雷达是 2D 反射图。

1. 标定场地的选择

一个理想的标定场地可以显著地提高标定结果的准确度。建议选取一个纹理丰富的场地，如有树木、电线杆、路灯、交通标识牌等静止的物体和清晰车道线。

2. 相机到相机

智能车辆一般会有多个相机，长焦距的用来检测远处场景（视野小），短焦距检测近处场景（视野大）。

基本方法：根据长焦相机投影到短焦相机的融合图像进行判断，绿色通道为短焦相机图像，红色和蓝色通道是长焦投影后的图像，目视判断检验对齐情况。在融合图像中的融合区域，选择场景中距离较远处（50m 以外）的景物进行对齐判断，能够重合则精度高，出现粉色或绿色重影（错位），则存在误差，当误差大于一定范围时（范围依据实际使用情况而定），标定失败，需重新标定（正常情况下，近处物体因受视差影响，在水平方向存在错位，且距离越近错位量越大，此为正常现象；垂直方向不受视差影响）。

3. 相机到多线激光雷达标定

基本方法：在产生的点云投影图像内，可寻找其中具有明显边缘的物体和标志物，查看其边缘轮廓对齐情况。如果 50m 以内的目标，点云边缘和图像边缘能够重合，则可以证明标定结果的精度很高。反之，若出现错位现象，则说明标定结果存在误差。当误差大于一定范围时（范围依据实际使用情况而定），该外部参照物（外参）不可用。

4. 相机到毫米波雷达标定

基本方法：为了更好地验证毫米波雷达与相机间外参的标定结果，引入激光雷达作为桥梁，通过同一系统中毫米波雷达与相机的外参和相机与激光雷达的外参，计算得到毫米波雷达与激光雷达的外参，将毫米波雷达数据投影到激光雷达坐标系中与激光点云进行融合，并画出相应的鸟瞰图进行辅助验证。在融合图像中，白色点为激光雷达点云，绿色实心圆为毫米波雷达目标，通过毫米波雷达目标是否与激光雷达检测目标重合匹配进行判断。如果大部分目标均能对应匹配，则满足精度要求，否则需重新标定。

6.6.3　多传感器融合算法

智能车辆感知和定位中多传感器融合成了无人驾驶领域的趋势，融合按照实现原理分为硬件层的融合、数据层融合以及任务层融合。硬件层融合如禾赛和 Mobileye 等传感器厂商，利用传感器的底层数据进行融合；数据层融合，利用各种传感器得到后期数据，即每个传感器各自独立生成目标数据，再由主处理器融合这些特征数据来实现感知任务；任务层融合，先由各传感器完成感知或定位任务，如障碍物检测、车道线检测、语义分割和跟踪，以及车辆自身定位等，然后添加置信度进行融合。

1. 数据层融合

有些传感器之间很难在硬件层融合，比如摄像头或者激光雷达和毫米波雷达之间，因为毫米波雷达的目标分辨率很低（无法确定目标大小和轮廓），但可以探索在数据层上融合，比如目标速度估计、跟踪的轨迹等。

激光雷达和摄像头的数据融合，实际是将激光雷达点云投影在摄像头图像平面形成的深度和图像估计的深度进行结合，理论上可以将图像估计的深度反投到三维空间形成点云和激光雷达的点云融合。但深度图的误差在三维空间会放大，并且三维空间的点云分析手段不如图像的深度图成熟，因此应用较少。

激光雷达和摄像头的数据层融合原因：在智能车辆环境感知设备中，激光雷达和摄像头有各自的优缺点。摄像头的优点是成本低廉，用摄像头做算法开发的人员也比较多，技术相对比较成熟；摄像头的劣势是获取准确三维信息非常难，而且受环境光限制比较大。激光雷达的优点在于其探测距离较远，而且能够准确获取物体的三维信息；另外它的稳定性相当高，鲁棒性好。但目前激光雷达成本较高，而且产品的最终形态也还未确定。

2. 任务层融合

任务层融合包括障碍物检测/分类、跟踪、分割和定位。对于激光雷达和摄像头的感知任务来说，都可用于进行车道线检测。除此之外，激光雷达还可用于路牙检测。对于车牌识别以及道路两边，如限速牌和红绿灯的识别，主要还是用摄像头来完成。如对障碍物的识别，摄像头可以很容易通过深度学习把障碍物进行细致分类，而对激光雷达而言，它对障碍物只能分一些大类，但对物体运动状态的判断主要靠激光雷达完成。

思 考 题

6-1 试分析激光雷达、红外相机、超声波传感器、普通相机在实际应用中存在的问题，以及微波雷达得以广泛应用的原因。

6-2 用 Matlab 实现经典立体匹配算法中的 SAD 算法。

6-3 与霍夫变换相比，卷积神经网络的引入有何显著效果？

6-4 传统目标跟踪算法中的目标特征大致可分为哪几种？

6-5 利用 Matlab 使用双线性内插法实现对图像的缩放。

6-6 多传感器融合的系统结构模型有哪几种？各自的特点是什么？

第7章

智能车辆定位导航

定位技术用来提供车辆导航过程中实时的位置和姿态等信息，是实现无人驾驶的基础。定位技术一般分为基于信号的定位、航迹推算定位、视觉定位和激光定位等，本章从这四个方面对智能车辆定位技术进行介绍。

针对基于信号的定位，最为典型是全球定位系统（GPS）。对于 GPS，主要从 GPS 定位原理、定位特性以及定位误差三个方面进行阐述，最后结合差分 GPS 详细阐述 GPS 工作原理。

针对航迹推算定位，可通过 IMU、视觉里程计甚至激光里程计实现，主要从航迹推算的解算过程进行阐述。

针对视觉定位，主要从视觉即时定位与地图构建（simultaneous localization and mapping，SLAM），也称为并发建图与定位（concurrent mapping and localization，CML），以及视觉里程计两个方面进行阐述。对于视觉 SLAM，详细阐述了视觉 SLAM 框架、视觉 SLAM 实现过程，以及视觉 SLAM 的发展前景及面临的挑战；对于视觉里程计，详细阐述了视觉里程计的概念、代表性方法以及未来发展方向。

针对激光定位，主要从激光 SLAM、激光里程计、激光雷达点云定位技术等三个方面进行阐述。对于激光 SLAM，首先详细阐述了激光 SLAM 的算法框架，并分别对前端匹配、后端优化、回环检测、地图构建四个部分的主流算法思想及概念做出总结，其次统计对比了近三十年内开源的激光 SLAM 算法，细致列举了这些算法的开源时间、算法特性等；对于激光里程计，主要讲述了实现原理；对于激光点云匹配定位技术，主要结合 SSD 直方图滤波器讲解实现过程。

针对融合定位，主要阐述融合方式，包括切换式融合定位、加权平均式融合定位以及数据滤波融合定位等，最后以基于 Kalman 滤波的 GPS/DR/激光融合定位作为实例对融合定位做出解释说明。

单独使用一种传感器所实现的定位技术，各有优劣，而采用多传感器融合实现定位的方案，则可以利用优势互补，提高定位精度。一般可采用 GPS/DR 融合定位，进一步地可以融合视觉里程计、激光里程计或者激光点云定位等定位技术，提升融合定位精度。因此，对于智能车辆定位导航而言，基于多传感器的融合定位的实现是关键性技术，也是亟需攻克的难题。

7.1　GPS 定位

7.1.1　GPS 定位原理

全球定位系统（global positioning system，GPS）是美国的卫星导航系统，是目前应用最为广泛的卫星导航定位技术，可以向用户提供连续、实时、高精度的三维位置、三维速度和时间信息。该系统由 24 颗卫星、地面上的 1 个主控站、3 个数据注入站和 5 个监测站以及 GPS 接收机组成。其中，21 颗卫星为工作卫星，3 颗为备用卫星。24 颗卫星均匀分布在 6 个轨道平面上，即每个轨道面上有 4 颗卫星；最少只需其中 4 颗卫星，就能迅速确定用户端在地球上所处的位置及海拔高度。所能接收连接到的卫星数越多，解码出来的位置就越精确。GPS 具有全天候、高精度和自动测量等特点。

GPS 卫星在空中连续发送带有时间和位置信息的无线电信号，供 GPS 接收机接收。测量出已知位置的卫星到用户接收机之间的距离，然后综合多颗卫星的数据就可知道接收机的具体位置。

为达到这一目的，卫星的位置可以根据星载时钟所记录的时间在卫星星历中查出。而用户到卫星的距离则通过记录卫星信号传播到用户所经历的时间，再将其乘以光速得到（由于大气层电离层的干扰，这一距离并不是用户与卫星之间的真实距离，而是伪距）。

为了计算用户的三维位置和接收机时钟偏差，伪距测量要求至少接收来自 4 颗卫星的信号。通过接收机时钟得到时间差，从而知道 4 个信号从卫星到接收机的不准确距离（包含同一误差值，由接收机时钟误差导致），用这 4 个不准确距离和 4 颗卫星的准确位置构建 4 个方程，解方程组就得到接收机位置，从而实现定位。一般来说，GPS 系统提供的定位精度是优于 10m 的。

7.1.2 GPS 定位特性

GPS 定位的优点如下：

1）几乎覆盖全球，确保实现全球全天候连续的导航定位服务。

2）室外无遮盖环境下，定位精度高。GPS 相对定位精度在 50km 以内可达 10~6m，100~500km 可达 10~7m，1000km 可达 10~9m。

3）高效率，低成本，测站间无须通视。GPS 测量只要求测站上空开阔，不要求测站之间互相通视，因而不再需要建造觇标，这一优点可大大减少测量工作的经费和时间。

4）操作简便，GPS 测量的自动化程度越来越高，只需要一台 GPS 接收机即可准确确定用户所在位置。

5）GPS 不限制终端数，在 GPS 卫星信号不被阻挡的情况下，在地球上任何地点、时间，任何 GPS 终端都可以得到正确的位置和时间。

6）功能多，应用广泛，可应用于军事、道路、车辆、船舶导航等多种应用中。

GPS 也存在诸多不足，比如，受天气和位置的影响较大。当遭遇不佳天气或者接收器上空存在遮盖时，会屏蔽 GPS 信号，定位精度就会受到相当大的影响，甚至无法进行定位服务。此外，GPS 更新频率低，并不能满足实时计算的要求。

7.1.3 差分 GPS

GPS 误差源主要组成部分为时钟误差、星历误差以及接收器自身的噪声等。大抵可分为两类，一类是随时间、空间快速变化而相关性极弱的随机误差，如接收器自身的噪声；另一

类是随时间和空间变化缓慢但相关性很强的随机偏移误差，如电离层、对流层的附加延时等。

差分 GPS（differential GPS，DGPS），首先利用已知精确三维坐标的差分 GPS 基准台，求得伪距修正量或位置修正量，再将这个修正量实时或事后发送给用户（GPS 导航仪），对用户的测量数据进行修正，以提高 GPS 定位精度。

差分 GPS 根据基准站发送的信息方式分为三类，即位置差分、伪距差分和相位差分。根据差分所用的信号信息，又可分为码相位和载波相位。

位置差分是一种最简单的差分方法，任何一种 GPS 接收机均可改装和组成，由于存在轨道误差、时钟误差、大气影响、多径效应及其他误差，解算出的坐标与基准站的已知坐标是不一样的。基准站利用数据链将此修正数发送出去，由用户站接收，并且对其解算的用户站坐标进行修正。最后得到的修正后的用户坐标已消去了基准站和用户站的共同误差，如卫星轨道误差、大气影响等，提高了定位精度。以上先决条件是基准站和用户站观测同一组卫星的情况。位置差分法适用于用户与基准站间距离在 100km 以内的情况。

伪距差分是目前用途最为广泛的一种技术。几乎所有的商用差分 GPS 接收机均采用该技术。在基准站上的接收机求得它至可见卫星的距离，并将此计算出的距离与含有误差的测量值加以比较，利用滤波器将此差值滤波并求出其偏差，然后将所有卫星的测距误差传输给用户，用户利用此测距误差来修正测量的伪距。最后，用户利用修正后的伪距来解出本身的位置，就可消去公共误差，提高定位精度。与位置差分相似，伪距差分能将公共误差抵消，但随着用户到基准站距离的增加又出现了系统误差，该误差难以消除。用户和基准站之间的距离对精度有决定性影响。

载波相位差分技术又称为 RTK（real time kinematic）技术，以实时处理两个测站的载波相位为基础。它能实时提供观测点的三维坐标，可达厘米级的高精度。与伪距差分原理相同，由基准站通过数据链实时将其载波观测量及站坐标信息一同传送给用户站。用户站接收 GPS 卫星的载波相位与来自基准站的载波相位，组成相位差分观测值并进行实时处理。实现载波相位差分 GPS 的方法分为两类：修正法和差分法。前者与伪距差分相同，基准站将载波相位修正量发送给用户站，以修正其载波相位，然后求解坐标信息。后者将基准站采集的载波相位发送给用户台，然后进行解算。

为弥补 GPS 的不足，智能车辆的实际定位方案通常是将 GPS 与航迹推算配合使用，航迹推算的特点是不易受外界干扰且更新频率高，虽存在累计误差，但二者具有互补性。在未来智能车辆的发展过程中，将 GPS 和航迹推算结合使用以提高定位精度和系统的抗干扰、跟踪能力，是大势所趋。

7.2 航迹推算定位

航迹推算（dead reckoning，DR）作为常见的三种定位智能技术之一，广泛应用于车辆定位系统中。航迹推算定位的原理是利用上一时刻智能车辆的位置和方位推断现在的位置和方位。常用的传感器为惯性测量单元（inertial measurement unit，IMU）。航迹推算定位通过 IMU 获取智能车辆相对于惯性空间的角运动和线运动参数，经过解算得到智能车辆的位置和方向。

　　惯性测量单元主要由加速度计和陀螺仪组成。以牛顿力学定律为基础，加速度计能够测量出载体相对于惯性空间的瞬时加速度；陀螺仪能够测量出载体沿陀螺仪轴向的瞬时旋转角速度或旋转增量。当智能车辆在路面上行驶时，如果利用航迹推算定位方法进行定位，就可以看作智能车辆在三维空间中做平移和旋转。

7.2.1　平移

　　三维空间坐标系中，平移可以用向量表示为

$$\boldsymbol{t} = [t_x,\ t_y,\ t_z]^{\mathrm{T}} \tag{7-1}$$

平移空间中的点 $\boldsymbol{p} = (x,\ y,\ z)^{\mathrm{T}}$，可以表示为

$$\boldsymbol{p}' = \boldsymbol{p} + \boldsymbol{t} \tag{7-2}$$

则平移后的 $\boldsymbol{p}'$ 表示为

$$\boldsymbol{p}' = [x',\ y',\ z']^{\mathrm{T}} \tag{7-3}$$

7.2.2　旋转

　　三维空间的旋转的表达方式有很多种，有欧拉角、旋转矩阵、四元数等。其中，四元数是简单的超复数。复数是由实数加上虚数单位 i 组成，一般可表达为 $a+bi$，其中 $i^2 = -1$，a、b 是实数。四元数是由实数加上三个虚数单位 i、j、k 组成，一般可表示为 $w+xi+yj+zk$，其中 $i^2 = j^2 = k^2 = -1$，w、x、y、z 为实数。

　　对于 i、j、k 本身的几何意义可以理解为一种旋转，其中 i 旋转代表 x 轴与 y 轴相交平面中 x 轴正向向 y 轴正向的旋转，k 旋转代表 z 轴与 x 轴相交平面中 z 轴正向向 x 轴正向的旋转，j 旋转代表 y 轴与 z 轴相交平面中 y 轴正向向 z 轴正向的旋转。

　　设定四元数 $\boldsymbol{q}$ 来表示空间旋转，则

$$\boldsymbol{q} = w + xi + yj + zk \tag{7-4}$$

为了方便，可写为

$$\boldsymbol{q} = (x,\ y,\ z,\ w) = (\boldsymbol{v},\ w) \tag{7-5}$$

式中，$\boldsymbol{v}$ 为向量 $(x,\ y,\ z)$；w 为常数。

　　定义四元数 $\boldsymbol{q}_a$ 与四元数 $\boldsymbol{q}_b$ 之间的乘法计算为

$$\begin{aligned}
\boldsymbol{q}_a\boldsymbol{q}_b = &\ w_a w_b - x_a x_b - y_a y_b - z_a z_b \\
&+ (w_a x_b + x_a w_b + y_a z_b - z_a y_b)\,\mathrm{i} \\
&+ (w_a y_b - x_a z_b + y_a w_b + z_a x_b)\,\mathrm{j} \\
&+ (w_a z_b + x_a y_b - y_a x_b + z_a w_b)\,\mathrm{k}
\end{aligned} \tag{7-6}$$

　　如何表示空间中的一点相对于空间的旋转？首先定义一个旋转表达 $\boldsymbol{q}$：空间某向量 $v = (vx,\ vy,\ vz)$ 和其旋转角度 θ，则使用四元数表达为

$$\boldsymbol{q} = \left(\cos\frac{\theta}{2},\ \sin\frac{\theta}{2}vx,\ \sin\frac{\theta}{2}yx,\ \sin\frac{\theta}{2}vz\right) \tag{7-7}$$

共轭函数为

$$q^{-1} = \left(\cos\frac{\theta}{2}, \ -\sin\frac{\theta}{2}vx, \ -\sin\frac{\theta}{2}yx, \ -\sin\frac{\theta}{2}vz \right) \tag{7-8}$$

使用以上旋转表达对空间中的点 $P = (px, \ py, \ pz)$ 执行一个旋转，首先将 P 点扩展到四元数空间：

$$p = (0, \ P) = (0, \ px, \ py, \ pz) = 0 + pxi + pyj + pzk \tag{7-9}$$

执行旋转后的四元数为

$$p' = qpq^{-1} \tag{7-10}$$

旋转后的坐标为

$$P' = (px', \ py', \ pz') \tag{7-11}$$

7.2.3 解算过程

假设，下标 w 表示世界坐标系 world，下标 b 表示 IMU 所在的智能车辆车体的坐标系 body，下标 wb 表示车体坐标系 body 到世界坐标系 world 的坐标转换，g 表示重力加速度。通过 IMU 可以得到的测量值有加速度 a、角速度 ω、四元数 q。那么可以计算出位置 p、速度 v 和四元数 q 对时间 t 的导数为

$$\dot{p}_{wb_t} = v_t^w \tag{7-12}$$

$$\dot{v}_t^w = a_t^w \tag{7-13}$$

$$\dot{q}_{wb_t} = q_{wb_t} \begin{pmatrix} 0 \\ \dfrac{1}{2}\omega^{b_t} \end{pmatrix} \tag{7-14}$$

其中根据上面的导数关系，可以对第 i 时刻的位置、速度和四元数进行积分，得到第 j 时刻的位置、速度和四元数，即

$$p_{wb_j} = p_{wb_i} + \int_{t \in [i, j]} v_t^w \mathrm{d}t + \iint_{t \in [i, j]} (q_{wb_t} a^{b_t} - g^w) \mathrm{d}t^2 \tag{7-15}$$

$$v_j^w = v_i^w + \int_{t \in [i, j]} (q_{wb_t} a^{b_t} - g^w) \mathrm{d}t \tag{7-16}$$

$$q_{wb_j} = \int_{t \in [i, j]} q_{wb_t} \begin{pmatrix} 0 \\ \dfrac{1}{2}\omega^{b_t} \end{pmatrix} \mathrm{d}t \tag{7-17}$$

其中，$q_{wb_t} a^{b_t}$ 表示四元数对加速度进行旋转，旋转的计算公式可以参照式(7-7)~式(7-10)。

基于 IMU 传感器的航迹推算定位的优点在于，IMU 可以输出六自由度的信息，并且在短时间内输出精度高。但由上述公式可以看出航迹推算定位方法是根据对时间的积分计算出位置和方向的，于是在长时间积分后会导致累计误差越来越大。通常智能车辆会采用多传感器融合的方式来消除误差，提升定位精度，常见的是将 IMU 与 GPS 进行融合。

7.3 视觉定位

在智能车辆的行驶过程中，对车辆的实时位置的检测更新是必不可少的，换句话说，在

无人驾驶算法框架中，定位算法是非常重要的一部分。定位有很多种实现方式：GPS、磁感应、惯导、视觉和激光雷达的 SLAM 等多种方法，每种方法都有其优缺点，随着计算机视觉的发展，基于视觉传感器信息的车辆定位算法越来越受到重视。常用的视觉传感器分为单目、双目、深度摄像头等，相对于其他定位方案，视觉定位算法有许多优势。首先视觉定位可以直接测量旋转平移，且不会受到车辆打滑等影响；其次，视觉传感器普遍体积较小，在车辆上布置方便；最后，相对于激光等传感器，视觉传感器成本更低，且能提供非常丰富的信息，获取到的图像更能运用在目标检测、障碍物识别等算法中，还能实现远程监控。但视觉定位方案并不是万能的，它同时面临一些困难需要克服。首先，图像信息易受遮挡、运动物体和天气等因素干扰，如 Orb-SLAM 算法，就对运动物体非常敏感；其次快速运动时容易丢失信息；最后，视觉信息的处理非常消耗计算资源，如何提高处理的速度，减小资源占用也是一个需要考虑的问题。这些问题在实际的算法研究中需要研究者们解决，也是当前视觉定位技术中重要的研究方向。由于视觉定位的直接性，特别是与深度学习的技术相结合，具有较好的应用前景，因此本节主要介绍视觉 SLAM 和视觉里程计基本原理和相关研究情况。

7.3.1 视觉 SLAM

通常所说的定位，是在环境地图已知的情况下进行的，此时智能车辆是根据里程计、地图等信息计算更新自身当前在环境地图中的位置。由于不可能拥有每一个地方的环境地图，当车辆面临一个全新的环境时，此时如何计算车辆的位置就是一个问题。SLAM 即所谓的即时定位与地图构建算法，其作用是将对象车辆放入未知环境中的未知位置，而能让车辆一边移动一边逐步描绘出此环境完全的地图。通俗地说，一个健全的 SLAM 系统需要让车辆在一个未知环境中逐步绘制此环境的增量式地图，并同时根据地图与传感器信息计算自身的位置信息。建图与定位是 SLAM 最重要的两个功能，环境地图的创建需要计算车辆实时的位置，而定位需要当前环境下的地图，它们之间联系紧密，是不可分割的关系，而视觉 SLAM 就是利用视觉传感器信息实现的 SLAM，是当下 SLAM 研究中有应用前景的方向。

1. 视觉 SLAM 框架

视觉 SLAM 发展研究十几年，众多研究者已经总结了一个比较完备的 SLAM 框架，如图 7-1 所示。

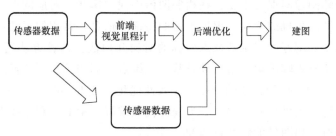

图 7-1 典型的视觉 SLAM 框架

一个典型的视觉 SLAM 框架包括了传感器数据、视觉前端、视觉后端、建图和回环检测几个部分。系统首先读取视觉传感器的信息并进行图像的预处理，然后视觉前端即视觉里程计估算相邻图像间相机的运动，以及创建局部地图，之后视觉后端接收不同时刻视觉前端位

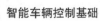

姿以及回环检测的信息，对它们进行优化，得到最优的位姿估计和地图，最后根据估计的位姿，建立地图。而回环检测作用则是判断车辆是否曾经到达过先前的位置，并把数据传送给后端进行处理。

2. 视觉 SLAM 实现

（1）**特征点匹配**　特征点是图像中比较有代表性的点，它们在相机运动之后可以保持稳定。可以将相邻图像的同一个特征点进行匹配，依据其在两幅图像中的不同信息如坐标、深度等，可以计算出图像间相机的运动状况。可以将图像中的角点、边缘和区块都当成图像中有代表性的地方，但其提取难度依次递增，这是由于所占像素量的增大导致的。可以把角点当成特征点，角点即区域之间的交点，易于提取，数量较多，但是单纯的角点虽然数量多，却极不稳定。因此又出现了人工设计的特征—块特征，对于人工设计的特征，一般是由关键点和描述子两部分组成。关键点包含特征点本身的信息如位置、朝向等，描述子是人为设计的描述关键点周围环境信息的数据。

比较常用的特征有 SIFT、SURF、ORB、FAST 等，性能精确度上大致可以认为 SIFT>SURF>ORB>FAST，效率上可以认为 FAST>ORB>SURF>SIFT。其中，SIFT 当属最为经典的一种。它充分考虑了在图像变换过程中出现的光照、尺度、旋转等变化，就实现效果而言，SIFT 特征的精度和鲁棒性都非常好，但代价是计算量的增多，普通个人计算机设备很难满足 SIFT 特征的实时计算，于是出现了 ORB 等性能与质量折衷的方案。当然，SLAM 算法的设计者也可以考虑增加设备的硬件成本，用计算力换取精度，这就需要开发者们在实际工程中进行考量。

特征点的匹配则是通过计算描述子相似性来实现的，实际是计算描述子间的距离。当特征点数目较少时，可以直接利用暴力匹配法，即对两帧图像的所有特征点相似度进行一一对比，找出每一对相似度最高的特征点，但这种方法的坏处是计算量随着特征点个数增加而急剧增加，此时可以采用快速近似最近邻算法进行特征点匹配。在实际工程中，这些算法都集成在 OpenCV 库里，可以直接调用。

（2）**帧间运动估计**　如何根据两帧图像的信息计算相机的运动是视觉 SLAM 中的一个核心任务。在计算机中，图像是以矩阵形式存储的，如果直接从矩阵层面考虑运动，面对的是一个个数值，将会非常困难，所以会对图像进行处理，处理的内容主要是特征点的提取和匹配。这些点在相邻图像间保持不变，在相邻图像中找到这些相对应的点，并根据一对对点的坐标等信息，计算出相机的运动。根据不同的特征点信息，常用的运动估计方法分为以下几种：第一种是基于匹配好的二维特征点坐标的对极几何法，这种方法通过建立对极约束，并通过本质矩阵或单应矩阵求解；第二种是基于三维点坐标和其投影位置的方法，包括直接线性变换 DLT、用三对点估计位姿的 P3P、非线性优化方法 bundle adjustment 等；第三种是基于匹配好的三维特征点坐标的方法，分为线性代数求解（SVD）和非线性优化求解。而运动估计的基础则是对两幅图像的特征点匹配。

（3）**后端优化**　后端优化主要指处理 SLAM 过程中噪声的问题，视觉前端从图像估计出相机运动之后，还要关心这个估计带有多大的噪声，噪声是如何传递的，以及当前的估计的准确程度。后端具体工作时接收前端传送的待优化的数据，并负责整个系统的优化过程。后端是 SLAM 中极其重要的部分，曾经被直接称为"SLAM 研究"，一般后端采用滤波与非线性优化算法。过去后端大多采用滤波方案，比如扩展卡尔曼滤波（EKF）是过去主要采用的方案。但由于其假设了马尔可夫性质，只利用前一状态来估计当前状态的值，很难做到全局的优化，所以现在普遍采用非线性优化方法，如 bundle adjustment，此方法也在相机运动估计中提到过，把所有数据都考虑进来，放在一起优化，虽然会增大计算量，但可以通过构建稀疏观测矩阵解决。现在学术界也普遍认为后端使用非线性优化方法要好于滤波。

（4）**回环检测**　回环检测其意义在于解决位置估计随时间漂移的问题。SLAM 对相机位置的估计会难以避免地产生偏移，回环检测通过让系统知道车辆到达了曾经经过的地方这件事来建立约束，从而消除位置估计中的漂移误差。其核心是如何使车辆识别曾到过的地方，可以通过设立路标、判断图像间相似性等方法实现。回环检测的作用十分重要，有助于建立全局一致的轨迹和地图。

经典的 SLAM 研究成果见表 7-1。

表 7-1　经典的 SLAM 研究成果

名称	时间	传感器	前端方法	后端方法	特点
MonoSLAM	2007 年	单目	特征点法	EKF 滤波	首个实时视觉 SLAM
PTAM	2007 年	单目	特征点法	非线性优化	首个以优化为后端
DTAM	2011 年	单目	直接法	非线性优化	单目稠密地图，需要 GPU
KinectFusion	2013 年	双目/RGB-D	特征点法	非线性优化	首次实现 RGB-D 实时稠密
RTAB-MAP	2013 年	双目/RGB-D	特征点法	非线性优化	支持较大场景
DVO	2013 年	RGB-D	直接法	非线性优化	稠密地图
SVO	2014 年	单目	半直接法	非线性优化	稀疏直接法
LSD-SLAM	2014 年	单目	直接法	非线性优化	直接法+半稠密地图
OKVIS	2015 年	单目/多目+IMU	特征点法	非线性优化	优化为主的关键帧 VIO
ROVIO	2015 年	单目+IMU	直接法	EKF 滤波	以 EKF 为主的 VIO
DSO	2016 年	单目	直接法	非线性优化	目前效果最好的直接法
VINS-Mono	2017 年	单目+IMU	特征点法	非线性优化	基于紧耦合 VIO 框架
ORB-SLAM2	2017 年	单目为主	特征点法	非线性优化	ORB 特征+三线程结构

3. 视觉 SLAM 的发展

（1）**与深度学习结合**　深度学习对提高 SLAM 的鲁棒性有所帮助，SLAM 运作过程中可以通过深度学习识别各种不同的动态障碍物，进行精度增强或精确识别，深度学习在图像或视频分割中产生了很好的效果。

应用深度学习技术进行场景语义构图也可以对视觉 SLAM 技术的应用做进一步扩展。稠密 SLAM 算法可以产生三维点云图，然后将三维点云图通过深度学习进行像素级的标记，就可以产生场景语义三维图。场景语义三维图对自导航，增强现实等领域的应用十分有益。

（2）**与其他传感器融合**　智能车辆传感器通常携带多种传感器，多传感器融合是必然，现在的图像传感器继承 IMU 测量单元，用视觉与惯导融合进行 SLAM，为 SLAM 小型化与低成本化提供了非常有效的方向，结合稀疏直接法，有望在低端硬件上取得良好的 SLAM 效果，是非常有前景的一个方向。

（3）**专用计算平台的开发**　视觉 SLAM 需要适合的处理平台，要有各种各样的异构处理器，一方面能够保证算力性能，比如用更高配置的 ARM 核、DSP 核进行算力上的增强，同时也要有类似 MCU 这种 Cortex M 系列的处理器核，提高实时性性能，这样它才能够容易地应用在各种各样的场景中。

4. 面临的挑战

（1）**硬件性能**　常见的特征点提取算法性能主要包括匹配精度、特征点的数量和空间分布等。为了在性能和效率上取得折衷，通常采用 FAST 或者 ORB，只能舍弃性能更好的SIFT、SURF 等。

并且由于地图尺寸和关键帧数量的增长，回环检测将变得很慢，优化算法也会需要更长的时间，从而使得系统的实时性能变得很差。

（2）**数据规模**　随着环境的尺度增大，SLAM 地图的大小会变得很大。当环境是大尺度的，如数公里之远，三维点云，甚至是稀疏的三维点云的数据量也会变得很大，以致于加载缓慢，甚至无法存储和处理。

（3）**适用环境**　在大尺度环境中，系统会变得脆弱，鲁棒性也将随之降低，而且很有可能 SLAM 系统将会面临一些极具挑战性的场景，如特征少的场景，较差的白平衡、图像失真、夜间等，这些场景构成了特征检测的挑战。

7.3.2　视觉里程计

1. 视觉里程计概念

视觉里程计通过分析处理相关图像序列来确定机器人的位置和姿态，是一项基于计算机视觉的技术。最近十几年的时间里广泛用于各类机器人的导航之中，比如美国 NASA 开发的火星探测器"勇气号"和"机遇号"等，在无人驾驶领域也有广阔的应用场景。相比传统的里程计技术，视觉里程计更具优势。它仅利用相机完成，无须场景和运动的先验信息；不会存在编码器读数不准、传感器精度降低或惯导漂移等因素引起的数据误差；可以运用于非结构化的环境或非常规的任务和平台，如 GPS 不能满足的星际探索和导航等任务，条件复杂的城市环境或室内环境等。另外，系统在利用视觉信息完成里程计的同时，还可以提供丰富的景象特征，完成障碍物识别、目标检测和可通行区域的划分等任务，为机器人的实时导航提供更充分的支持。本节将详细介绍视觉里程计的原理及发展情况。

2. 代表性方法

随着计算机视觉技术的发展，视觉里程计技术已经获得了诸多成果。相邻图像间的相似性，为相机运动提供了依据。目前，视觉里程计的主要方法分为基于特征点的方法和不使用特征点的直接法两种。特征点方法也叫稀疏方法，而使用特征点描述的方法也叫稠密方法。

（1）**直接法**　作为数据关联方式的一种，直接法假设帧间光度值具有不变性，即相机运动前后特征点的灰度值是相同的，数据关联时，根据灰度值对特征点进行匹配。

P 是一个已知位置的空间点，在 RGB-D 相机下，可以把任意像素反投影到三维空间，然后投影到下一个图像中，并最小化两个投影的量度误差。如果在单目相机中，可以使用已经估计好位置的特征点（虽然是特征点，但直接法里是可以避免计算描述子的）。根据 P 的来源数量，直接法可分为三类：P 来自于稀疏特征点，称之为稀疏直接法；P 来自部分像素，称之为半稠密直接法；P 为所有像素，称为稠密直接法。

可以看到，从稀疏到稠密重构，都可以用直接法来计算。它们的计算量是逐渐增长的。稀疏方法可以快速地求解相机位姿，而稠密方法可以建立完整地图。

（2）**非直接法** 另外一种帧间数据关联是非直接法，又称为特征法，该方法提取图像中的特征进行匹配，最小化重投影误差得到位姿。图像中的特征点以及对应描述子用于数据关联，通过特征描述子的匹配，完成初始化中 2D-2D 以及之后的 3D-2D 的数据关联。常用的旋转、平移、尺度等不变性特征及描述子，可用于完成帧间点匹配。

基于特征的方法是当前视觉里程计的主流方式，有很长时间的研究历史。特征方法认为，对于两张图像，应该首先选取一些具有代表性的点，称为特征点。之后，仅针对这些特征点估计相机的运动，同时估计特征点的空间位置。图像里其他非特征点的信息，则被丢弃了。特征点方法把一个对图像的运动估计转换为对两组点之间的运动估计。人们设计了很多特征点提取方法，包括图像中的角点、色块等。对于人工设计的特征点，一般是由关键点和描述子两部分组成。关键点包含特征点本身的信息，如位置、朝向等；描述子是人为设计的描述关键点周围环境信息的数据。特征点的匹配则是通过计算描述子相似性来实现的，之后根据匹配好的特征点集进行计算。

在普通的单目成像中，只知道这两组点的像素坐标。而在双目和 RGB-D 配置中，还知道该特征点离相机的距离。因此，该问题就出现了多种形式。2D-2D 形式：通过两个图像的像素位置来估计相机的运动。3D-2D 形式：假设已知其中一组点的 3D 坐标，以及另一组点的 2D 坐标，求相机运动。3D-3D 形式：两组点的 3D 坐标均已知，估计相机的运动。这三种情况运动估计既可以单独计算，也可以统一到一个大框架里去计算。单独计算的时候，2D-2D 使用对极几何的方法，3D-2D 使用 PnP 求解算法，而 3D-3D 则称为 ICP 方法（准确地说，ICP 不需要各点的配对关系）。统一的框架，就是指把所有未知变量均作为优化变量，而几何关系则是优化变量之间的约束。由于噪声的存在，几何约束通常无法完美满足。于是，把与约束不一致的地方写进误差函数。通过最小化误差函数，来求得各个变量的估计值。

直接法和非直接法的优缺点见表 7-2。

表 7-2 直接法与非直接法优缺点对比

	非直接法	直接法
目标函数	最小化重投影误差	最小化光度值误差
优点	比较精确,对于运动和结构的计算效率高;适用于帧间大幅运动	可以使用图像中的所有信息;使用帧间的增量计算,减小计算量
缺点	耗时,实时性差;需要使用鲁棒估计方法	不适用图像间运动较大的情况;对运动结构密集的优化比较耗时

（3）**半直接法** 特征点法不适用于缺少特征的场景和没有明显纹理的地方，并且特征点提取和描述子计算很耗时；直接法存在非凸性、单个像素没有区分度和灰度不变性假设性太强等问题。但二者也有各自的优点，因此 2014 年 Forster 等在特征点法和直接法优点的基础上，提出了半直接法视觉里程计（semi-direct visual odometry，SVO），该系统是基于半直

接法的单目视觉里程计。SVO 结合了基于特征方法的成功因素与直接方法的准确性和速度，虽然还是通过直接法获取位姿，但该方法比之前的单一方法更精确、更稳健、更快速。SVO 系统采用单目相机，所以深度估计是构建点云地图的前提与核心。它采用高斯分布和均匀分布的混合概率模型建图。首先使用直接法求解位姿进行匹配，然后使用经典的 Lucas-Kanade 光流法匹配得到子像素精度，最后结合点云地图计算最小化重投影误差实现优化。

3. 未来发展方向

目前移动机器人的视觉方法仍然存在多个方面的问题，也是研究人员为之努力的方向，而视觉里程计作为视觉 SLAM 的一个模块，其发展方向与视觉 SLAM 是息息相关的。

(1) 深度学习 语义分析和深度学习网络在视觉定位中的作用越来越重要。在未来发展中，语义分析与视觉定位的结合可能表现有以下几种形式：通过语义分割完成图像的区域分割，物体检测结果和图像区域的分割结果建立新的约束实现相机更加精确的定位；另外可以通过对重建的三维点云分割建立更加紧凑的语义地图，降低对空间资源的需求。

通过深度卷积网络的特征提取有望取代手工设计的特征提取和匹配，通过离线或在线的训练，定位系统利用的特征更加贴近应用场景，提高在相应的应用场景下的鲁棒性和定位精度。在未来有望通过 RNN 网络取代视觉里程计的帧间数据关联，通过 LSTM 等网络的记忆特性，使得深度网络更加方便地处理图像帧序列并保存其中的历史信息，通过深度网络的端到端的训练实现场景识别，有望实现大规模的建图，消除定位过程的累积误差。

(2) 专用硬件平台开发 由于视觉计算对计算资源的高占用和高并行性的特点，对于视觉处理的专用硬件平台的需求也越来越迫切，这对于提高计算速度及降低主机尺寸有着巨大的作用，比如嵌入式系统便是一个很好的方向。随着移动处理的发展，嵌入式系统的性能变得更加接近个人计算机，但是计算能力仍然较弱。而移动机器人和无人机等常使用嵌入式系统作为视觉处理系统。如英伟达公司的 Jetson TX1、TX2 使得开发者可以在嵌入式系统中使用 GPU，便于在无人机和移动机器人对功耗和载重等要求严格的系统完成视觉定位算法。

(3) 多传感器融合 由于单一定位方法难以满足机器人对定位精度的要求，因此多传感器融合方法应运而生。如前文所述视觉+IMU 定位方案，因其比较良好的应用效果，现在很多研究者也在对其进行深入研究，如 VINS-Mono 开源算法，其他的还有视觉+GPS、视觉+激光雷达等方案。

7.4 激光定位

同步定位与地图构建（SLAM）是指搭载环境传感器的运动物体依据传感器信息，一边估计自身位姿变化与运动轨迹，同时构建环境地图的过程。最初该技术是为了解决机器人在未知环境下运动时的定位与地图构建问题。目前，SLAM 主要应用于机器人、无人机、无人驾驶、AR、VR 等领域。

根据传感器的不同，SLAM 可分为激光 SLAM 和视觉 SLAM。视觉 SLAM 基于摄像头返回的图像信息，激光 SLAM 基于激光雷达返回的点云信息。本节主要介绍激光 SLAM。激光 SLAM 的工作原理是以激光雷达为中心，测量雷达与环境边界的距离从而形成一系列空间点，通过帧间点集的扫描匹配进行位姿估计，同时建立周围环境的地图。

7.4.1 激光 SLAM 算法框架

激光 SLAM 分为传感器信息读取、前端匹配、后端优化、回环检测、地图构建五个关键步骤。其算法框架如图 7-2 所示。

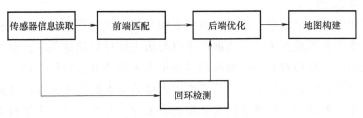

图 7-2 激光 SLAM 算法框架

（1）**传感器信息读取** 主要为 2D 或 3D 激光雷达信息的读取，并辅以 IMU（惯性测量单元）和里程计等位姿传感器（位姿传感器不是必须）信息的读取。

（2）**前端匹配** 前端匹配主要任务是根据已知上一帧位姿及相邻两帧位姿相互关系推算当前帧的位姿，并给出当前局部地图。

（3）**后端优化** 无法避免的误差累积，使得后端优化成为激光 SLAM 中重要一环，后端优化长时间扫描不同时刻帧的位姿和地图信息并且接收回环检测信息，对它们做优化，从而得到全局一致的轨迹与地图。

（4）**回环检测** 回环检测判断车辆是否到达过先前位置，如果检测到曾经到过这个位置即回环，则会将信息提供给后端处理，以减少全局地图的漂移现象。

（5）**地图构建** 地图构建会通过推算的轨迹，负责生成与维护全局地图。

1. 前端匹配

激光 SLAM 前端通过匹配前后两次扫描之间的传感器位姿，扫描匹配可以通过直接优化、特征匹配、空间变换等多种方法进行。

（1）**直接优化** 直接优化的典型代表是 hector-SLAM。直接优化的方法通常需要给定一个目标函数，将激光数据扫描匹配问题建模成为非线性最小二乘优化问题。这种方法的优点是可以限制误差的累积，且在不需要里程计先验的情况下也可以进行。该方法的限制在于对于初值的选择较为重要，只有初值选择恰当，建图才能达到较高精度。

（2）**特征匹配** 特征匹配方法是从前后两组扫描帧中分别提取特征，特征可以是点、线段、角点、多边形等，寻找两组特征之间的属性对应关系来最小化特征对之间的误差。较为典型的是 ICP 算法及其变种 PL-ICP、PP-ICP 等。ICP 算法利用带匹配的两帧点云欧式距离最小化，恢复相对位姿变换信息。

（3）**空间变换** 将点云转换到其他运算空间进行匹配，较为典型的是 HSM 方法，该方法在霍夫空间中表示点云，设计出一种霍夫谱的匹配方法来计算点云之间的刚体变化。类似的还有将傅里叶变化应用在扫描匹配中。

2. 后端优化

后端优化的主要目的是为了解决累积误差，激光 SLAM 技术发展到今天主要有两种方式来解决累积误差：滤波和图优化。

（1）**滤波** 在激光 SLAM 发展初期主要使用的是卡尔曼滤波或者粒子滤波方法，典型的代表是 Gmapping 算法。所有滤波问题其实都是求感兴趣状态的后验概率分布，只是由于针对特定条件的不同，可通过求解递推贝叶斯公式获得后验概率的解析解（卡尔曼滤波 KF、扩展卡尔曼滤波 EKF、无迹卡尔曼滤波 UKF），也可通过大数统计平均求期望的方法来获得后验概率（粒子滤波 PF）。

滤波法往往使用临近帧数据，难以利用历史帧数据，这将更容易产生累积误差；系统的马尔可夫假设也使得在回环发生时，当前帧难以与历史帧进行数据关联；此外，典型的滤波方法存在线性化误差，且随着时间的推移难以维护庞大的协方差矩阵。粒子滤波法在一些特定的 SLAM 算法中有着较好的效果，但其需要用大量的样本数量才能很好地近似状态的概率密度，而大量的样本数量会造成算法的复杂度急剧增加；此外，对样本进行重采样的过程可能导致粒子退化从而影响估计结果。几种滤波形式总结见表 7-3。

表 7-3　滤波形式总结

滤波方法	优　点	缺　点
卡尔曼滤波 KF	计算简单	高斯线性模型约束
扩展卡尔曼滤波 EKF	可以近似非线性问题	高斯噪声约束，新型化引入了误差，可能导致滤波发散
无迹卡尔曼滤波 UKF	模型无损失，计算精度高	高斯噪声约束
粒子滤波 PF	模型噪声无限制，原理简单	计算量大，抽样枯竭

（2）**图优化** 图是由节点和边构成的，激光 SLAM 怎么构成图呢？在 graph-based SLAM 中，车辆的位姿是一个节点（node）或顶点（vertex），将节点或顶点之间空间约束关系用边（edge）表示。在图优化的方法中，处理数据的方式就和滤波的方法不同了，它不是在线地纠正位姿，而是把所有数据记下来，最后一次性算账。实际表现为一旦图构建完成了，就要调整车辆的位姿去尽量满足这些边构成的约束。

所以图优化 SLAM 问题能够分解成两个任务：

第一，建图，车辆位姿当作顶点，位姿间关系当作边，这一步常常被称为前端（front-end），往往是传感器信息的堆积。

第二，优化图，调整车辆位姿顶点尽量满足边的约束，这一步称为后端（back-end）。

图优化过程：先堆积数据，车辆位姿为构建的顶点。边是位姿之间的关系，可以是编码器数据计算的位姿，也可以是通过 ICP 匹配计算出来的位姿，还可以是闭环检测的位姿关系。比较经典的图优化前后效果对比如图 7-3 和图 7-4 所示。

3. 回环检测

根据以上内容，前端扫描匹配的地图和传感器位姿会在后端中被优化，但优化后仍无法避免累积误差的出现，不同时刻在同一场景的建图会出现偏差，由此导致漂移现象产生而无法得到全局一致性的地图。所以需要在 SLAM 系统中加入除时间优化外的地点优化，使得当激光雷达在不同时刻经过同一地点时，SLAM 系统能够识别该地点，将该地点的当前数据与历史数据关联，进一步减小原有数据之间的误差，这就是所谓的回环检测。

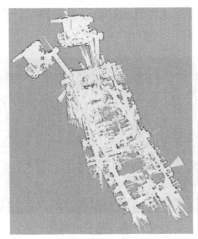

图 7-3 优化前效果图

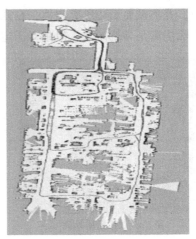

图 7-4 优化后效果图

激光 SLAM 回环检测的方法较多，主要有当前帧与历史帧（scan-to-scan）、当前帧与历史子图（scan-to-map）、当前子图与历史子图（map-to-map）等方法。

（1）**当前帧与历史帧** 该方法通过旋转和平移判断两帧激光数据之间的相似性以达到闭环检测效果。该方法不适用于 2D 激光 SLAM，主要原因是 2D 激光雷达单帧激光信息量过少，易导致与无关帧出现错误匹配。

（2）**当前帧与历史子图** 典型代表即目前激光 SLAM 中最为火热的 cartographer 算法。以 cartographer 为例，创建局部地图时，每个扫描都会匹配得到一个子图，称之为 submap。使用非线性优化将扫描数据与子图进行匹配，这个过程被称为扫描匹配（scan matching）。创建全局地图时，随着时间的推移，扫描匹配存在累积误差，扫描次数越少，累积误差越小，而创建大量子图需要更大的空间，采取稀疏姿态调整（sparse pose adjustment）的方法，优化所有扫描器的位姿和子图。当子图不再变化，除相对位姿外，扫描器和子图成对进入闭环。扫描匹配器在后台运行，一旦找到好的匹配，对应的相对位姿就加入到优化中，从而去除累积误差。

（3）**当前子图与历史子图** 该种检测方法改善了激光数据信息量少的缺点，其主要原理是将当前的 N 帧激光数据整合成局部子图，与之前的子图进行匹配。

4. 地图构建

SLAM 构建的地图是对传感器周围环境的描述，地图的存在是车辆进行定位与导航的基础。在 SLAM 中大体上可以将地图分为三种：度量地图、拓扑地图、语义地图。

（1）**度量地图** 度量地图强调精确表示地图中物体的位置关系，构建的地图与实际环境尺度保持一致。二维度量地图（图 7-5）是由许多小方格（grid）组成，而三维地图（图 7-6）则是由许多小方块（voxel）组成。栅格地图（图 7-7）将环境均等地划分为栅格，并标记每个栅格被占用的状态，从而区分可通过区域与障碍物区域。占据栅格地图中的每一个栅格是独立的，估计环境的地图只需要对每一个独立的栅格进行估计，该算法对某一个栅格进行操作时，只有加法计算，因此具有非常高的更新速度。这样的地图可以用于各种导航算法，类似于 A^*、DWA 等。

在度量地图中还有一种地图被称为几何地图，也称稀疏地图。几何地图进行了一定程度的抽象，并不需要表达所有物体，在几何地图中将环境描述为稀疏的点、线等路标。几何地图虽然无法满足导航需求，但是对于定位来说已经足够。

图 7-5　2D 栅格地图

图 7-6　3D 点云地图

图 7-7　三维栅格地图

（2）**拓扑地图**　拓扑地图将环境表示为包含节点和边的图（graph），其中节点表示环境中的地点，节点间的边表示地点间的联系。图 7-8 所示拓扑地图为扫地机器人清扫房间时所建立的，室内重要位置（如拐角、门等）表示为节点，走廊表示为边，连接节点。拓扑地图舍去了环境的度量信息，只保留了与任务相关的地点以及地点间的连通性。拓扑地图放

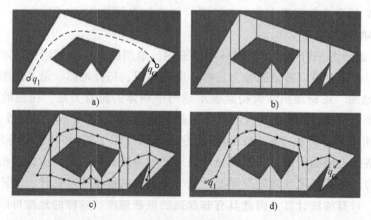

图 7-8　拓扑地图

a）起始位置节点　b）位置全局　c）重点位置节点　d）行驶路径中的重点位置节点

松了对精确位置的需要，去掉了地图的细节问题，是一种更为紧凑的表达方式。然而拓扑地图不擅长表达具有复杂结构的地图，通常情况下拓扑地图被用于大尺度环境下的路径规划。

（3）**语义地图** 语义地图目前还没有形成一个统一的概念，通俗来讲语义地图就是在传统的 SLAM 地图（如点云地图）上添加语义特征，以便 SLAM 系统识别。所谓语义特征就是把本地特征进一步进行归纳组织，达到人所理解的分类层面。语义地图被一致认为是 SLAM 地图的发展方向，主要原因有两点：

第一点，目前 SLAM 方案中的目标特征语义级别太低，造成特征的可区别性太弱。

第二点，采用当前方法所构建出来的点云地图对不同的物体并没有进行区分。这样的点云地图因为包含信息不足，再利用性非常有限。

语义地图不是一个单独的图层，语义地图能够以以上任何一种地图作为载体，将语义映射到其中。举个例子，红绿灯这个物体作为一个语义：

1）在几何图上，表示为一个点，有经纬度。

2）在矢量图上，与其对应的道路的可行进方向一致。

3）在路网图上，表示为一个带标签的点或遵守画红绿灯规范画法的多边形。

4）在点云图或特征图上，表示为一小片点云，这些点是红绿灯表面结构被传感器扫描到的点，记录其三维坐标。

5）在动态图上，表示为一个遵守此路口交通信号灯计时规范，与真实交通信号灯同步，一定时间后改变颜色表示是否可行驶的多边形。

6）在语义未映射前，在图像上，是一片被分割为红绿灯的像素。

其实上述各种语义地图均属于概率图范畴，是世界的一个简化概率模型，为无人驾驶提供先验知识。语义可以利用随机森林分类器、纹理基元森林等传统方法或深度学方法从图像中获得，语义也可以由人的知识定义，只要这种定义和表示够普适和简洁。

7.4.2 经典 SLAM 方案对比

SLAM 的理念最先由 Smith Self 和 Cheeseman 在 1986 年的 IEEE 机器人与自动化会议上提出，其主要的发展历程可以根据研究侧重点的不同分为以下三个时代。

（1）**传统时代**（classical age，1986—2004） SLAM 问题的提出，并且将该问题转换为一个状态估计问题，利用扩展卡尔曼滤波、粒子滤波以及最大似然估计等手段来求解。

（2）**算法分析时代**（algorithmic-analysis age，2004—2015） 研究 SLAM 的基本特性，包括观测性、收敛性和一致性。

（3）**鲁棒性-预测性时代**（robust-perception，2015 至今） 鲁棒性、高级别的场景理解，计算资源优化、任务驱动的环境感知。

三十年来经典的激光 SLAM 算法对比见表 7-4。

表 7-4 经典激光 SLAM 算法对比

开源时间	算法名称	传感器类型	特 点
1988 年	EKF-SLAM	2D 激光	构建特征地图,计算量大,稳定性差
2007 年	Gmapping	2D 激光	构建栅格地图,依赖里程计,耗费内存资源,粒子耗散问题严重

（续）

开源时间	算法名称	传感器类型	特　点
2010 年	RBPF	2D 激光	减小粒子耗散问题,使用精度更高的激光信息进行预采样
2010 年	Karto SLAM	2D 激光	首个基于图优化的开源 SLAM 方案,计算量较大
2011 年	Hector-SLAM	2D 激光	不需要里程计信息,旋转和长走廊情况时效果较差
2014 年	LOAM	2D 激光+旋转电动机	实时性好,匀速运动假设,无回环检测
2016 年	V-LOAM	3D 激光+摄像头	加入视觉里程计,精度较高,无回环检测
2016 年	Cartographer	2D 和 3D 激光	CSM 与梯度优化的前端,图优化的后端,有回环检测
2016 年	VELO	3D 激光+摄像头	有回环检测,无运动畸变假设
2018 年	IMLS	3D 激光	不依赖其他传感器,精度较高,低漂移
2018 年	LVIO	3D 激光+摄像头	对低光照、旋转等环境鲁棒性好

7.4.3　激光雷达定位技术

激光雷达是通过发射激光束来探测目标的位置、速度等特征量的雷达系统。通过向目标发射激光束,然后将接收到的从目标反射回来的激光束与发射激光束进行比较,做适当处理,就可获得目标的有关信息,如距离、方位、速度、姿态等,相关数据以点云形式储存。因此,可以利用车载的激光雷达的实时点云数据进行定位。

激光雷达用作定位技术一般有两种方法,一种是类似于视觉里程计,结合航迹推演的原理,将激光雷达视作激光里程计,实时预测激光雷达的位姿,从而实现车辆的定位;另一种是结合环境特征匹配的方法,利用激光雷达的实时点云数据,将实时点云数据与地图进行匹配,计算激光雷达的位姿,从而实现车辆的定位。

1. 激光里程计

激光里程计类似基于航迹推演的 IMU 和视觉里程计,利用增量激光扫描配准工具,接收到连续的激光雷达信息并进行扫描匹配,发布预测的激光雷达的位姿,从而实现定位。

激光里程计在使用过程中,只要输入为二维点云数据或者三维点云数据,就可以实时预测激光雷达的位姿,实现定位。同时,结合 IMU 的航向角信息修正激光里程计的姿态信息;结合编码器的位置信息和航向角信息修正激光里程计的位置信息。

在激光里程计使用过程中,扫描时部分噪声不可避免,因此,即使对于静止不动的机器人,增量变换也可能为非零,这将导致机器人位姿的缓慢漂移。可利用基于关键帧的扫描匹配消除缓慢漂移现象,位姿的变化由当前激光雷达扫描帧与关键帧计算得出,在移动一定距离之后关键帧会更新。因此,如果机器人处于静止状态,关键帧不会发生变化,就会减少缓慢漂移现象。

激光里程计的优点是不需要依靠其他传感器就可实现定位,作为独立的里程计使用。当提供多种其他传感器的位姿输入之后,可以提高扫描速度和定位精度;其缺点是在环境特征较少区域或者高动态环境中,容易丢失定位。

2. 点云定位

激光雷达会将周围环境信息以点云形式存储,将车辆的实时点云与地图上的环境特征进行匹配，结合基于 2D 概率地图的直方图滤波器匹配定位，从而计算激光雷达的位置和姿态。

基于激光雷达的点云定位的优点是可以在无 GPS 情况下工作，鲁棒性比较好；缺点是需要预先制作地图，同时要定期更新地图。而且雨雪天气较多时点云数据会被折射，反射收到的点云数据变少，定位精度变差。

激光点云定位算法框架如图 7-9 所示。对于点云定位，其输入由三个部分组成：激光雷达点云数据、地图以及输出的定位结果反馈。经过航向角的优化和平移方向 x、y 计算，输出定位结果。结合图像对齐实现航向角优化，结合滤波器实现平移方向 x、y 计算。

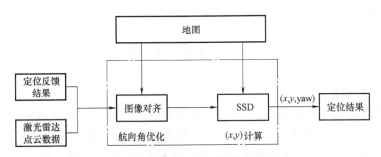

图 7-9　激光点云定位算法框架

对于航向角优化，因为在定位的时候很容易产生角度误差，尤其在最开始的时候误差非常大。如果不做航向角优化，直接进行基于 SSD 的平移方向 x、y 计算，定位误差将会达到米级。航向角优化可通过基于图像处理 Lucas-Kanade 算法的图像对齐实现，以自适应融合的方式，分别计算反射值和高度值的直方图分布，由直方图分布的优劣决定权重。

对于平移方向 x、y 计算，可采用多种滤波器，其中常用的为 SSD（sum of squared），即直方图滤波器。把每个激光点的反射值或者高度值和地图对应值相减，然后把差的二次方加起来，每个度量值越小说明位置匹配越好。

目前，激光 SLAM 在室内场景及特征稠密且规模不大的户外场景应用已经相对成熟，但考虑到无人驾驶对高精度地图的需求，目前主流的激光 SLAM 算法仍有很大的发展空间。结合深度学习领域中物体检测、识别和解析算法，进行语义 SLAM 以及三维重建是未来 SLAM 的重要方向。面对复杂多变的环境，多传感器融合的 SLAM 将成为趋势。考虑到无人驾驶领域中最重要的安全问题，SLAM 算法的鲁棒性与实时性仍有待提高。通过对激光雷达定位技术的学习，可以更好理解什么是定位，同时也进一步认识到了点云数据以及点云匹配的重要性。

7.5　GPS/DR/激光融合定位

对于上述的 GPS 定位、航迹推演、视觉定位和激光雷达定位等定位方式，每个方式均有优劣。

GPS 定位依赖 RTK 差分技术可以实现厘米级定位，但是基站铺设成本较高，同时在桥洞和高楼大厦等环境中，易受到遮挡，信号丢失，无法实现定位。

航迹推算的优点是输出频率非常高，短时精度高；缺点是传感器本身存在随机漂移和随机误差，定位误差随着时间而累积。

激光定位的优点是可以不依赖 GPS 实现定位，弥补 GPS 信号丢失的问题，鲁棒性比较好；缺点是雨雪天气时，点云数据会由于折射较多，收到的点云数据变少。同时，激光里程计对环境特征较少区域定位效果较差，而点云定位需要适时刷新环境地图，总而言之，基于激光雷达的定位技术的环境适应性相对较差。

基于以上三种定位技术，提出多传感器融合定位，既做到优势互补，也提高了稳定性，增强了定位精度。

7.5.1　融合方式

传感器融合实现定位的方法有很多种，包括切换式融合、加权平均式融合、数据滤波融合等。

1. 切换式融合定位

切换式融合定位的原理很简单，当 GPS 数据有效的情况下，即车辆在空旷、无遮挡场景时，单一地使用 GPS 实现定位；当出现 GPS 数据无效时，利用最后时刻有效 GPS 数据提供起始信息，再利用 DR 定位或者激光雷达定位技术实现定位。（图 7-10）。

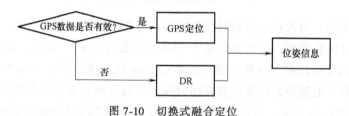

图 7-10　切换式融合定位

切换式融合定位的优点是原理简单，易于实现；缺点主要是该融合方式只是单纯解决了 GPS 信号丢失的问题，未将 GPS 信息和 DR 信息或者激光雷达点云信息融合在一起，无法实现定位精度的提升。

2. 加权平均式融合定位

对于切换式融合定位可以采取另一种工作模式，将 GPS、DR 以及点云定位输出的位姿和速度进行加权平均，即为加权平均融合定位（图 7-11）。

图 7-11　加权平均式融合定位

加权平均式融合定位的工作模式，在短时间工作情况下，定位精度有一定提高；但由于 DR 随着时间积累而定位误差逐渐增大，因此 DR 的输出加权值将逐渐减小，从而在长时间工作时，定位精度和切换式定位基本一致。

3. 数据滤波融合定位

数据滤波融合的方式有很多，Kalman 滤波方法是其中应用最多，也是最为典型的一种。将 GPS 信息和 DR 信息以及点云信息均用于定位解算，不断消除 DR 中随时间累积的定位误差。

而对于 Kalman 滤波器的数据滤波融合定位方式又分为松耦合和紧耦合两种。

松耦合方式的特点是只使用 GPS 解算后的定位信息。其优点是结构简单易实现，各个系统可以独立工作，定位信息有一定冗余度；缺点是 GPS 输出的位置和速度误差具有时间相关性，而且 Kalman 滤波器要求测量噪声为白噪声才能保证估计的无偏性。

紧耦合方式的特点是需要 GPS 接收机输出原始的伪距、伪距率等数据作为观测量。其优点是原始的伪距、伪距率等观测量的观测误差可以进行估计和矫正，提高组合精度，同时 DR 输出的信息可以辅助 GPS 的接收与锁相，提高 GPS 定位精度；缺点是软、硬件设计过于复杂，计算量大。

7.5.2　融合定位实例

结合本章前述内容，可形成 GPS/DR/激光融合定位方案。所使用的传感器包含 GPS、IMU 以及激光雷达，利用基于 Kalman 滤波的松耦合方式，实现融合定位。

其原理框图如图 7-12 所示。左边为融合定位方案依赖的硬件，包含惯性测量单元 IMU、GPS 以及激光雷达；中间为 RTK 差分技术以及激光点云定位模块；右边为融合框架，包括惯性导航解算和 Kalman 滤波。融合定位的结果为六自由度位姿信息。

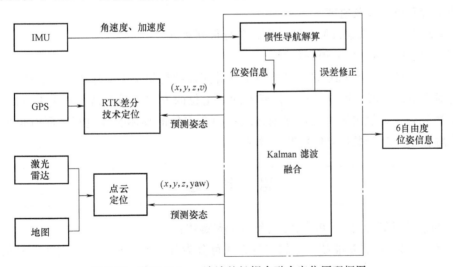

图 7-12　基于 Kalman 滤波的松耦合融合定位原理框图

IMU 结合 DR 中的惯性导航解算，可以得到实时速度、位置和姿态等信息输出。GPS 利用 RTK 差分技术输出位置和速度信息，激光雷达配合地图输出位置和航向角信息。

GPS 输出的位置和速度信息和激光雷达输出的位置和航向角新信息会经过 Kalman 滤波器，估计 DR 随时间而累积的定位误差，对惯性导航解算的结果进行修正，从而得到一个更加准确的六自由度位姿信息。融合定位结果同时会反馈到 GPS 定位和激光雷达点云定位中，进一步修正 GPS 定位误差和激光雷达点云定位的定位误差。

对于惯性导航解算，包含以下步骤，其原理框图如图 7-13 所示。

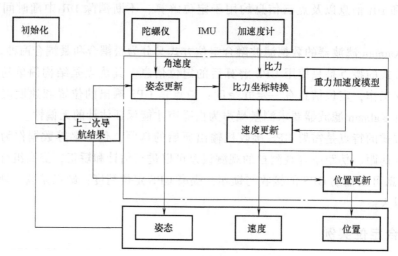

图 7-13　惯性导航解算原理框图

1) 姿态更新，对陀螺仪输出的角速度进行积分得到姿态增量，叠加到上次姿态中。

2) 比力坐标转换。比力是指加速度计所测量的是车辆相对惯性空间的绝对加速度和重力加速度之和，非载体的运动加速度。IMU 所测得的比力和角速度都是载体坐标系在惯性坐标系下的测量值，一般情况都会建立一个导航坐标系，需要利用比力坐标转换，得到导航坐标系下的位置和姿态以及速度。

3) 速度更新，去除重力加速度，通过积分得到速度。

4) 位置更新，通过积分得到位置。

其中，GPS 可以提供 IMU 进行惯性导航解算所需的初始位置信息和速度信息。

通过对本节的学习，可以了解多传感器融合定位的方式，同时结合基于 Kalman 滤波的 GPS/DR/激光融合定位实例，更加深刻地理解融合定位的具体实现过程，同时也更加清晰地认识到融合定位对于提升定位精度的意义。

思　考　题

7-1　与航迹推算相比，GPS 的特点和不足有哪些？

7-2　差分 GPS 根据基准站发送的信息方式可分为几类？根据差分所用的信号信息可分为几类？

7-3　为什么在旋转表达中常用四元数而不常使用欧拉角？

7-4　请简述 SLAM 的基本概念。

7-5　拓扑地图的特性是什么？

7-6　融合定位的融合方式有哪几种？

参 考 文 献

［1］ 朱军. 新能源汽车动力系统控制原理及应用［M］. 上海：上海科学技术出版社，2013.

［2］ Apollo 开发者社区. Apollo 开放平台架构［EB/OL］. (2018-01-02)［2020-02-13］. https：//mp. weixin. qq. com/s? src = 11&timestamp = 1581842429&ver = 2161&signature = 3rtF0jYuqAft49-1610eJigKiWkoAw7-LwUwY0DPH9XPgCC24d0LNWHUCx3OLWL4xI1wu9DO3yBsg6R04ZlcxA3ZT4JD22V7Jgn ∗ Wy-WJgo04zkrJU 8l9MlGZFyadGoy&new = 1.

［3］ 日本自动车技术会. 汽车工程手册5［M］. 北京：北京理工大学出版社，2010.

［4］ 雨宫好文. 数字控制入门［M］. 北京：科学出版社，2000.

［5］ 杨叔子，杨克冲，吴波，等. 机械工程控制基础［M］. 7版. 武汉：华中科技大学出版社，2018.

［6］ 丁能根. 汽车主动控制系统中参数估计的方法与应用［M］. 北京：北京航空航天大学出版社，2013.

［7］ MOON S, MOON I, YI K. Design, tuning, and evaluation of a full-range adaptive cruise control system with collision avoidance［J］. Control Engineering Practice, 2009, 17 (4)：442-455.

［8］ PANWAI S, DIA H. Comparative evaluation of microscopic car-following behavior［J］. IEEE Transactions on Intelligent Transportation Systems, 2005, 6 (3)：314-325.

［9］ HOEDEMAEKER M. Driving behaviour with ACC and the acceptance by individual drivers［C］. // 2000 IEEE Intelligent Transportation Systems conference proceedings. Dearborn, MI：IEEE, 2000：506-509.

［10］ YI K, CHUNG J. Nonlinear brake control for vehicle CW/CA systems［J］. IEEE/ASME transactions on mechatronics, 2001, 6 (1)：17-25.

［11］ MOON S, YI K. Human driving data-based design of a vehicle adaptive cruise control algorithm［J］. Vehicle System Dynamics, 2008, 46 (8)：661-690.

［12］ KURAGAKI S, KURODA H, MINOWA T, et al. An adaptive cruise control using wheel torque management technique［R］. Detroit：SAE Technical Paper, 1998：1122-1126.

［13］ IIJIMA T, HIGASHIMATA A, TANGE S, et al. Development of an adaptive cruise control system with brake actuation［R］. Detroit：SAE Technical Paper, 2000：403-407.

［14］ 张磊. 基于驾驶人特性自学习方法的车辆纵向驾驶辅助系统［D］. 北京：清华大学，2009.

［15］ 侯德藻. 汽车纵向主动避撞系统的研究［D］. 北京：清华大学，2004.

［16］ 李亮，康铭鑫，宋健，等. 车辆牵引力控制系统的变参数自适应 PID 控制［J］. 机械工程学报，2011，47 (12)：92-98.

［17］ OLSON P L, SIVAK M. Perception-response time to unexpected roadway hazards［J］. Human Factors, 1986, 28 (1)：91-96.

［18］ ZHANG Y. Engineering design synthesis of sensor and control systems for intelligent vehicles［D］. Pasadena：California Institute of Technology, 2006.

［19］ MCLAUGHLIN S B, HANKEY J M, DINGUS T A, et al. Development of an FCW algorithm evaluation methodology with evaluation of three alert algorithms［R］. Springfield：National Highway Traffic Safety Administration Technical Report, 2009：1-120.

［20］ 过学迅，邓亚东，黄妙华. 汽车设计［M］. 2版. 北京：人民交通出版社，2013.

［21］ 陈俐，李雄，程小宣，等. 汽车线控转向系统研究进展综述 ［J］. 汽车技术，2018，511（4）：27-38.

［22］ 喻厚宇. 基于四轮协调的电动轮车辆纵横向耦合动力学控制研究 ［D］. 武汉：武汉理工大学，2011.

［23］ 陈家瑞. 汽车构造：下册 ［M］. 4版. 北京：人民交通出版社，2002.

［24］ RAJAMANI R. Vehicle Dynamics and Control ［M］. 2nd ed. New York：Springer，2012.

［25］ 余志生. 汽车理论 ［M］. 3版. 北京：机械工业出版社，2000.

［26］ ABBAS M A，MILMAN R，EKLUND J M. Obstacle avoidance in real time with nonlinear model predictive control of autonomous vehicles ［J］. Canadian Journal of Electrical & Computer Engineering，2017，40（1）：12-22.

［27］ 段建民，田晓生，夏天，等. 基于模型预测控制的智能汽车目标路径跟踪方法研究 ［J］. 汽车技术，2017（8）：6-11.

［28］ 方成. 商用车四轮转向控制系统的研究与开发 ［D］. 武汉：武汉理工大学，2013.

［29］ 王仲范. 汽车平顺性研究 ［J］. 武汉工学院学报，1984（2）：13-27.

［30］ 喻凡. 车辆动力学及其控制 ［M］. 北京：机械工业出版社，2013.

［31］ KUO Y P，LI T S S. GA-based fuzzy PI/PD controller for automotive active suspension system ［J］. IEEE Transactions on Industrial Electronics，1999，46（6）：1051-1056.

［32］ 李国勇. 神经模糊控制理论及应用 ［M］. 北京：电子工业出版社，2009.

［33］ SZÁSZI I，BOKOR J，GÁSPÁR P. Mixed H_2/H_∞ control design for active suspension structures ［J］. Periodica Polytechnica Transportation Engineering，2000，28（1-2）：3-16.

［34］ ACKERMANN J，ODENTHAL D. Damping of vehicle roll dynamics by gain scheduled active steering ［C］//1999 European Control Conference. Karlsruhe，Germany：IEEE，1999：4100-4106.

［35］ 郭景华，罗禹贡，李克强. 智能电动车辆横纵向协调与重构控制 ［J］. 控制理论与应用，2014，31（9）：1238-1244.

［36］ 曹坤，罗禹贡，戴一凡. 分布式电驱动车辆纵-横-垂向力协同控制 ［J］. 汽车工程学报，2015，9（37）：985-991.

［37］ BORENSTEIN J，KOREN Y. Real-time obstacle avoidance for fast mobile robots in cluttered environments ［C］// Proceedings of the 1990 IEEE International Conference on Robotics and Automation. Cincinnati，OH：IEEE，1990：572-577.

［38］ DOLGOV D，THRUN S，MONTEMERLO M，et al. Path planning for autonomous vehicles in unknown semi-structured environments ［J］. The International Journal of Robotics Research，2010，29（5）：485-501.

［39］ KARAMAN S，FRAZZOLI E. Sampling-based algorithms for optimal motion planning ［J］. The International Journal of Robotics Research，2011，30（7）：846-894.

［40］ KUWATA Y，TEO J，FIORE G，et al. Real-time motion planning with applications to autonomous urban driving ［J］. IEEE Transactions on Control Systems Technology，2009，17（5）：1105-1118.

［41］ BERLIN T. Spirit of berlin：an autonomous car for the DARPA urban challenge hardware and software architecture ［J］. Retrieved Jan，2007（5）：2010.

［42］ DONG Z，WAN L，LI Y，et al. Trajectory tracking control of under actuated USV based on modified backstepping approach ［J］. International Journal of Naval Architecture and Ocean Engineering，2015，7（5）：817-832.

［43］ CHEN W，WU X，LU Y. An improved path planning method based on artificial potential field for a mobile robot [J]. Cybernetics and Information Technologies, 2015, 15 (2): 181-191.

[44] KAVRAKI L, LATOMBE J C. Randomized preprocessing of configuration for fast path planning [C] //Proceedings of the 1994 IEEE International Conference on Robotics and Automation. San Diego, CA: IEEE, 1994: 2138-2145.

[45] BAKDI A, HENTOUT A, BOUTAMI H, et al. Optimal path planning and execution for mobile robots using genetic algorithm and adaptive fuzzy-logic control [J]. Robotics and Autonomous Systems, 2017 (89): 95-109.

[46] NAUGHTON M M, URMSON C, DOLAN J M, et al. Motion planning for autonomous driving with a conformal spatiotemporal lattice [C] //2011 IEEE International Conference on Robotics and Automation. Shanghai, China: IEEE, 2011: 4889-4895.

[47] ZHAO P, CHEN J, MEI T, et al. Dynamic motion planning for autonomous vehicle in unknown environments [J]. IEEE, 2011, 32 (14): 284-289.

[48] DELSART V, FRAICHARD T, MARTINEZ L. Real-time trajectory generation for car-like vehicles navigating dynamic environments [C] //2009 IEEE International Conference on Robotics and Automation. Kobe, Japan: IEEE, 2009: 3401-3406.

[49] KJÆRGAARD M, ANDERSEN N A, RAVN O. Generic trajectory representation and trajectory following for wheeled robots [C] //2014 IEEE International Conference on Robotics and Automation. Hong Kong, China: IEEE, 2014: 4073-4080.

[50] ZIEGLER J, STILLER C. Spatiotemporal state lattices for fast trajectory planning in dynamic on-road driving scenarios [C] //2009 IEEE/RSJ International Conference on Intelligent Robots and Systems. St. Louis, MO: IEEE, 2009: 1879-1884.

[51] MURPHY L, NEWMAN P. Risky planning: path planning over cost maps with a probabilistically bounded speed-accuracy tradeoff [C] //2011 IEEE International Conference on Robotics and Automation. Shanghai, China: IEEE, 2011: 3727-3732.

[52] ZHANG X, ZHAO Y, DENG N, et al. Dynamic path planning algorithm for a mobile robot based on visible space and an improved genetic algorithm [J]. International Journal of Advanced Robotic Systems, 2016, 13 (3): 91.

[53] 王磊, 王严, 程海波, 等. 浅谈智能驾驶中的环境感知 [J]. 汽车实用技术, 2018, 263 (8): 35-37.

[54] 谢志萍, 雷莉萍. 智能网联汽车环境感知技术的发展和研究现状 [J]. 成都工业学院学报, 2016, 19 (4): 87-92.

[55] 马飞跃, 王晓年. 无人驾驶汽车环境感知与导航定位技术应用综述 [J]. 汽车电器, 2015 (2): 1-5.

[56] 崔胜民, 俞天一, 王赵辉. 智能网联汽车先进驾驶辅助系统关键技术 [M]. 北京: 化学工业出版社, 2019.

[57] 佚名. 自动驾驶中的激光雷达目标检测 [EB/OL]. (2018-12-27) [2020-02-13]. https://cloud.tencent.com/developer/news/377875.

[58] 陈琳琳. 基于微波雷达的汽车盲区监测系统研究与设计 [D]. 衡阳: 南华大学, 2018.

[59] 曹金佩. 毫米波雷达 [J]. 上海航天, 1992 (6): 23-27.

[60] 李晓璇. 车载测距系统的研究与设计 [D]. 合肥: 安徽建筑大学, 2018.

[61] 郑刚. 基于伪随机码调制的车载激光雷达距离速度同步测量方法 [D]. 武汉: 武汉科技大学, 2018.

［62］ 刘曰. 基于组合毫米波雷达的智能车环境感知方法 ［D］. 烟台：烟台大学，2016.

［63］ 王科. 城市交通中智能车辆环境感知方法研究 ［D］. 长沙：湖南大学，2013.

［64］ 莫春媚. 基于视觉与雷达信息融合的智能车环境感知算法研究 ［D］. 重庆：重庆大学，2018.

［65］ 陈政宏，李爱娟，邱绪云，等. 智能车环境视觉感知及其关键技术研究现状 ［J］. 河北科技大学学报，2019，40（1）：15-23.

［66］ SUN J, ZHENG N N, SHUM H Y. Stereo matching using belief propagation ［J］. IEEE Transactions on Pattern Analysis and Machine Intelligence, 2003, 25（7）：787-800.

［67］ 刘建国，李雪松，覃琴，等. 一种基于倾斜聚集窗口的高效双目匹配算法研究 ［J］. 云南大学学报（自然科学版），2016，38（4）：550-556.

［68］ 刘建国，俞力，柳思健，等. 基于改进 Census 变换和多尺度空间的立体匹配算法 ［J］. 华南理工大学学报（自然科学版），2017，45（12）：43-49.

［69］ WANG Z F, ZHENG Z G. A region based stereo matching algorithm using cooperative optimization ［C］//2008 IEEE Conference on Computer Vision and Pattern Recognition. Anchorage, AK：IEEE Computer Society, 2008：1-8.

［70］ HIRSCHMÜLLRE H. Semi-global matching-motivation, developments and applications ［C］// Photogrammetric Week'11. Wichmann, 2011：173-184.

［71］ YANG Q, WANG L, YANG R, et al. Stereo matching with color-weighted correlation, hierarchical belief propagation, and occlusion handling ［J］. IEEE Transactions on Pattern Analysis and Machine Intelligence, 2008, 31（3）：492-504.

［72］ ZBONTAR J, LECUN Y. Computing the stereo matching cost with a convolutional neural network ［C］//2015 IEEE Conference on Computer Vision and Pattern Recognition. Boston, MA：IEEE Computer Society , 2015：1592-1599.

［73］ LUO W, SCHWING A G, URTASUN R. Efficient deep learning for stereo matching ［C］// 2016 IEEE Conference on Computer Vision and Pattern Recognition. Las Vegas, NV：IEEE Computer Society, 2016：5695-5703.

［74］ 李松泽. 基于深度学习的车道线检测系统的设计与实现 ［D］. 哈尔滨：哈尔滨工业大学，2016.

［75］ 彭湃. 自主车辆道路线检测与偏离预警方法研究 ［D］. 长沙：湖南大学，2015.

［76］ 王帅帅. 基于深度学习的道路实景图像的语义分割研究 ［D］. 武汉：武汉理工大学，2019.

［77］ 陈静思，张爱军. 基于道路特征的车道线检测方法综述 ［J］. 中国科技纵横，2017（8）：247-249.

［78］ 张学鹏. 基于深度学习的图像语义分割方法研究与实现 ［D］. 成都：电子科技大学，2018.

［79］ HE B, AI R, YAN Y, et al. Accurate and robust lane detection based on dual-view convolutional neutral network ［C］// 2016 IEEE Intelligent Vehicles Symposium. Gothenburg, Sweden：IEEE, 2016：1041-1046.

［80］ 宁天夫. 数字图像处理技术的应用与发展 ［J］. 舰船电子工程，2009，29（1）：38-41.

［81］ 刘伸展. 实时车道线检测系统的设计和实现 ［D］. 成都：电子科技大学，2017.

［82］ 徐彩云. 图像分割算法的研究综述 ［J］. 电脑知识与技术，2014，10（11）：2637-2639.

［83］ 韩强，戎蒙恬，刘文江. 图像信号处理器中自动白平衡的算法研究 ［J］. 信息技术，2009，33（11）：55-59.

［84］ 宋振电，侯蓝田，张辉. 彩色图像与灰度图像间转换的程序设计 ［J］. 电子技术，2008，45（9）：35-38.

［85］ 陈家凡. 基于机器视觉的车道线识别与预警［D］. 杭州：浙江理工大学，2018.

［86］ 滕今朝，邱杰. 利用 Hough 变换实现直线的快速精确检测［J］. 中国图象图形学报，2018，13（2）：234-237.

［87］ KIM J，PARK C. End-to-end ego lane estimation based on sequential transfer learning for self-driving cars［C］// 2017 IEEE Conference on Computer Vision and Pattern Recognition Workshops. Honolulu，HI：IEEE Computer Society，2017：1194-1202.

［88］ BADRINARAYANAN V，KENDALL A，CIPOLLA R. Segnet：a deep convolutional encoder-decoder architecture for image segmentation［J］. IEEE Transactions on Pattern Analysis and Machine Intelligence，2017，39（12）：2481-2495.

［89］ 罗杰. 基于深度学习的行人检测系统研究［D］. 武汉：武汉理工大学，2019.

［90］ DALAL N，TRIGGS B. Histograms of oriented gradients for human detection［C］// 2005 IEEE Computer Society Conference on Computer Vision and Pattern Recognition. San Diego，CA：IEEE Computer Society，2005：886-893.

［91］ FREUND Y，SCHAPIRE R E. Experiments with a new boosting algorithm draft — please do not distribute［C］// Thirteenth International Conference on Machine Learning. San Mateo：Morgan Kaufmann Publishers Inc. 1996：148-156.

［92］ 方路平，何杭江，周国民. 目标检测算法研究综述［J］. 计算机工程与应用，2018，908（13）：17-24.

［93］ GIRSHICK R. Fast r-cnn［C］//Proceedings of the IEEE international Conference on Computer vision. Santiago，Chile：IEEE，2015：1440-1448.

［94］ HE K，GKIOXARI G，DOLLÁR P，et al. Mask r-cnn［C］//Proceedings of the IEEE International Conference on Computer Vision. Venice，Italy：IEEE，2017：2961-2969.

［95］ REDMON J，DIVVALA S，GIRSHICK R，et al. You only look once：unified，real-time object detection［C］//Proceedings of the IEEE Conference on Computer Vision and Pattern Recognition. Las Vegas：IEEE Computer Society，2016：779-788.

［96］ LIU W，ANGUELOV D，ERHAN D，et al. Ssd：single shot multibox detector［C］//European Conference on Computer Vision. Amsterdam：Springer，2016：21-37.

［97］ 代芳. 基于深度学习的目标跟踪算法研究［D］. 武汉：武汉理工大学，2019.

［98］ WANG N，SHI J，YEUNG D Y，et al. Understanding and diagnosing visual tracking systems［C］// Proceedings of the IEEE International Conference on Computer Vision. Santiago，Chile：IEEE，2015：3101-3109.

［99］ 中国国家标准化管理委员会. GB 5768—1999. 道路交通标志和标线［S］.

［100］ 戴兴. 基于 IMX6 平台的道路交通标志识别系统研究［D］. 武汉：武汉理工大学，2017.

［101］ YANG Y，LUO H，XU H，et al. Towards real-time traffic sign detection and classification［J］. IEEE Transactions on Intelligent Transportation Systems，2015，17（7）：2022-2031.

［102］ 许庆志. 基于深度学习的交通标志识别及实现［D］. 北京：北京交通大学，2018.

［103］ JIN J，FU K，ZHANG C. Traffic sign recognition with hinge loss trained convolutional neural networks［J］. IEEE Transactions on Intelligent Transportation Systems，2014，15（5）：1991-2000.

［104］ HE K，ZHANG X，REN S，et al. Spatial pyramid pooling in deep convolutional networks for visual recognition［J］. IEEE Transactions on Pattern Analysis & Machine Intelligence，2014，37（9）：1904-1916.

［105］ 续春荣. 多传感器数据融合技术研究进展［J］. 地壳构造与地壳应力，2005（4）：19-22.

[106] 何友, 陆大瑜, 彭应宁. 多传感器数据融合算法综述 [J]. 火力与指挥控制, 1996 (1): 12-21.

[107] 宋晓君, 孙洪伟. 浅析多传感器数据融合技术存在的问题和发展展望 [J]. 活力, 2011 (7): 234.

[108] 佚名. 多传感器 [EB/OL]. (2015-04-01) [2020-02-13]. https: //wenku. baidu. com/view/2ab-20a42cfc789eb162dc81e. html.

[109] 龚元明, 萧德云, 王俊杰. 多传感器数据融合技术 (上) [J]. 冶金自动化, 2002 (4): 4-7.

[110] 赵中敏. 基于多传感器信息融合的加工过程监控 [J]. 化工自动化及仪表, 2008 (3): 1-5.

[111] 黄学斌. 基于组合方法的复合光源视觉传感器标定 [J]. 焊接, 2014 (5): 63-67.

[112] ZHANG Z. A flexible new technique for camera calibration [J]. IEEE Transactions on Pattern Analysis and Machine Intelligence, 2000, 22 (11): 1330-1334.

[113] ZHENG Z Y, DANG Y M, LU X S, et al. Prediction model with periodic item and its application to the prediction of GPS satellite clock bias [J]. Acta Astronomica Sinica, 2010, 51 (1): 95-102.

[114] 朱海印. 试论 GPS 的工作原理及其在生活中的应用 [J]. 科技创新导报, 2016, 13 (29): 28-29.

[115] 任宏, 汤敏, 赵冉. GPS 测量的误差及精度控制 [J]. 建材与装饰, 2017 (52): 207.

[116] LI T, ZHANG H, NIU X, et al. Tightly-coupled integration of multi-GNSS single-frequency RTK and MEMS-IMU for enhanced positioning performance [J]. Sensors, 2017, 17 (11): 2462-2484.

[117] 薄江辉, 王茂锋. GPS 与惯性导航系统的组合应用研究 [J]. 通讯世界, 2019, 26 (6): 254-255.

[118] YU B, DONG L, XUE D, et al. A hybrid dead reckoning error correction scheme based on extended Kalman filter and map matching for vehicle self-localization [J]. Journal of Intelligent Transportation Systems, 2019, 23 (1): 84-98.

[119] YANG C, SHI W, CHEN W. Robust M-M unscented Kalman filtering for GPS/IMU navigation [J]. Journal of Geodesy, 2019, 93 (8): 1093-1104.

[120] SHOEMAKE K. Animating rotation with quaternion curves [C]//Proceedings of the 12th Annual Conference on Computer Graphics and Interactive Techniques. San Francisco, CA: Association for Computing Machinery, 1985: 245-254.

[121] 李传立, 尚俊娜, 李芳. 里程计技术发展综述 [J]. 软件导刊, 2019, 18 (12): 6-10.

[122] 丁文东, 徐德, 刘希龙, 等. 移动机器人视觉里程计综述 [J]. 自动化学报, 2018, 44 (3): 385-400.

[123] FORSTER C, PIZZOLI M, DAVIDE S. SVO: fast semi-direct monocular visual odometry [C]// 2014 IEEE International Conference on Robotics and Automation. Hong Kong, China: IEEE, 2014: 15-22.

[124] 吕霖华. 基于视觉的即时定位与地图重建 (V-SLAM) 综述 [J]. 中国战略新兴产业, 2017 (4): 67-70.

[125] 苑全德. 基于视觉的多机器人协作 SLAM 研究 [D]. 哈尔滨: 哈尔滨工业大学, 2016.

[126] GRISETTIYZ G, STACHNISS C, BURGARD W. Improving grid-based SLAM with Rao-Blackwellized Particle Filters by adaptive proposals and selective resampling [C]// Proc of IEEE International Conference on Robotics and Automation. Piscataway, NJ: IEEE Press, 2005: 2432-2437.

[127] 危双丰, 庞帆, 刘振彬, 等. 基于激光雷达的同时定位与地图构建方法综述 [J/OL]. 计算机应用研究, 2019, 37(2): 1-8[2020-02-13]. http: //kns. cnki. net/kcms/detail/51. 1196. TP. 20181219.

1936. 001. html.

[128] 高翔，张涛，等. 视觉 SLAM 十四讲：从理论到实践 [M]. 北京：电子工业出版社，2017.

[129] 王常虹，窦赫暄，陈晓东，等. 无人平台 SLAM 技术研究进展 [J]. 导航定位与授时，2019，6 (4)：12-19.

[130] CADENA C, CARLONE L, CARRILLO H, et al. Past, present, and future of simultaneous localization and mapping：toward the robust-perception age [J]. IEEE Transactions on Robotics，2016，32 (6)：1309-1332.

[131] 李磊，肖世德，李兴坤，等. 多传感器融合的智能车定位导航系统设计 [J]. 工程设计学报，2019，26 (2)：182-189.

[132] 何壮壮，丁德锐，王永雄. 基于多传感器融合的移动机器人定位 [J]. 计算机与数字工程，2019，47 (2)：325-329.

[133] 康盟. 多传感器信息融合的移动机器人定位技术综述 [J]. 数码设计，2018 (12)：1-2.

[134] ZHANG Q, WANG P, CHEN Z. An improved particle filter for mobile robot localization based on particle swarm optimization [J]. Expert Systems with Applications，2019 (135)：181-193.

[135] GUAN R P, RISTIC B, WANG L, et al. KLD sampling with Gmapping proposal for Monte Carlo localization of mobile robots [J]. Information Fusion，2019 (49)：79-88.